广西第二期中职名师培养工程成果书系

丛书总主编：黄明宇 王 晞

THE INNOVATIVE WAY OF VOCATIONAL AND
TECHNICAL PERSONNEL TRAINING:
THE TEACHING REFORM ACHIEVEMENT COLLECTION OF
THE SECOND STAGE OF GUANGXI VOCATIONAL AND
TECHNICAL TEACHERS TRAINING PROJECT

职业技术人才培养创新之路

广西第二期中职名师培养工程
学员教学改革成果集

李红波 主 编
潘 盼 顾慧雯 副主编

北京理工大学出版社
BEIJING INSTITUTE OF TECHNOLOGY PRESS

版权专有　侵权必究

图书在版编目（CIP）数据

职业技术人才培养创新之路：广西第二期中职名师培养工程学员教学改革成果集 / 李红波主编. -- 北京：北京理工大学出版社, 2025.1.

ISBN 978-7-5763-5038-8

Ⅰ. G718.3

中国国家版本馆 CIP 数据核字第 2025H60E29 号

责任编辑：施胜娟	文案编辑：施胜娟
责任校对：周瑞红	责任印制：李志强

出版发行 / 北京理工大学出版社有限责任公司
社　　址 / 北京市丰台区四合庄路 6 号
邮　　编 / 100070
电　　话 / (010) 68914026（教材售后服务热线）
　　　　　 (010) 63726648（课件资源服务热线）
网　　址 / http://www.bitpress.com.cn

版 印 次 / 2025 年 1 月第 1 版第 1 次印刷
印　　刷 / 廊坊市印艺阁数字科技有限公司
开　　本 / 710 mm×1000 mm　1/16
印　　张 / 18.5
字　　数 / 255 千字
定　　价 / 96.00 元

图书出现印装质量问题，请拨打售后服务热线，负责调换

总 序

2008年，广西全面启动了首轮3年职业教育攻坚战；2009年，广西壮族自治区人民政府与教育部签订了《国家民族地区职业教育综合改革试验区共建协议》；2011年，广西又进行了为期5年的深化职业教育攻坚；2013年再次与教育部签署了深化共建试验区的协议。两轮职业教育攻坚、两次部区共建职业教育试验区，推动广西职业教育发展迈入快车道。

党和国家历来高度重视职业教育。党的十八大以来，出台了一系列职业教育改革发展的重大举措，《现代职业教育体系建设规划（2014—2020年）》《国家职业教育改革实施方案》《职业教育提质培优行动计划（2020—2023年）》《深化新时代职业教育"双师型"教师队伍建设改革实施方案》《关于推动现代职业教育高质量发展的意见》等文件，明晰了职业教育的类型及教育定位，明确了职业教育改革发展的思路框架。特别是第十三届全国人民代表大会常务委员会第三十四次会议修订通过的《中华人民共和国职业教育法》，对于深化全面依法治教，推动职业教育高质量发展，建设教育强国、人力资源强国和技能型社会，推进社会主义现代化建设具有重要意义。"前景广阔、大有可为"的职业教育正在深化改革的大道上行稳致远。

"兴教之道在于师"，完善现代职业教育体系，推动现代职业教育高质量发展，关键在教师。广西壮族自治区教育厅从2010年开始实施广西中等职业学校名师培养工程，为广西中职名师的脱颖而出铺路架桥，着力打造一支高素质、高层次、专家型的广西中职名师队伍，提高广西中职学校教师队伍整体水平。在广西第一期中等职业学校名师培养工程（2010—2015年）取得良好成效的基础上，作为承办单位，广西师范大学不断优化第二期中等职业学校名师培养工程（2016—2019年）实施过程，进一步探索中职教师专业发展规律，采取"多元开放、理实交融、项目驱动、道技相长"四位一体的培养模式和"结构化与个性化结合、技能性与学理性并重、导师制与自驱动共融"的培训策略，将阶段性集中培训、岗位自主研修和全过程跟踪指导有机结合，实现对中职名师培养对象的多维度、系统化培养。

教师的发展与提高，一靠内生动力，二靠资源条件。教师专业化培训是帮助教师学习、提高教育教学技能与实践创新能力的重要途径。广西中等职业学校名师培养工程为有发展潜质和强烈进取精神的优秀中职教师搭建一个视野宽广、资源丰富的学习和锻炼的高层次平台，创造一个中职优秀教师集聚的学习型组织、一个共同发展的精神家园。然而，中职名师并非可以通过培养工程项目结业一蹴而就，因为中职名师需要实践的锤炼和时光的磨砺，需要更多实绩的证明和社会的认同。如果培养对象有强烈的自主发展意识，有主动学习的动力，珍惜培养机会，挖掘自身潜能，认真向导师、同伴学习，在教育教学实践中不断超越自我、追求卓越，则善教学、会研究、有创新，获得学生欢迎、行业认可的中职名师定会迭代赓续，层出不穷。

令人欣喜的是，广西第二期中等职业学校名师培养工程的学员们在3年培养期里取得了突出成绩，涌现出国家"万人计划"教学名师、全国优秀教师、广西教学名师、特级教师等新一代中职教育领军人物，在广西中职教师群体中发挥了示范引领作用，成为广西职业教育发展的中坚力量。广西中等职业学校名师培养工程已经成为广西中职师资培训的特色品牌，被誉为"着眼和服务广西职业教育未来发展的教师教育工程"，在广西中职教师队伍建设工作中具有里程碑的意义。

着眼于进一步发挥中职名师培养对象的示范引领作用，总结推广培训基地师资培养培训经验，特别组织出版"广西第二期中职名师培养工程成果书系"，使广大中职教育同仁能够共享这一优秀师资培训工程的资源与成果。在这套成果书系中，生动地呈现了善学习、会思考、充满责任感和使命感的培养对象、专家导师等个体形象，以及由他们共同组成的优秀教师群体和专业化培训团队的立体形象。学海无涯，总结提炼广西第二期中职名师培养对象求索成长路上的进取与感悟、心得与智慧，对促进广西中等职业学校教师专业发展具有积极的借鉴意义。

高水平中职教师队伍建设，任重道远；中职教师教育创新发展，前路漫漫。诚愿广西中等职业学校名师培养工程系列成果能在关心广西中职教育的教育工作者和业界朋友中引起共鸣，进一步激活广西中职教育发展的蓬勃力量和无穷智慧，为广西职业教育改革发展提供人才保障和智力支持做出更多贡献。

是以为序，与广大中职教育同仁共励共勉。

总主编

前 言

为全面贯彻落实《中共广西壮族自治区委员会、广西壮族自治区人民政府关于加快改革创新全面振兴教育的决定》（桂发〔2014〕2号）、《广西壮族自治区人民政府关于贯彻〈国务院关于加快发展现代职业教育的决定〉的实施意见》（桂政发〔2014〕43号）精神，加强中等职业学校名师队伍建设，全面提升我区中等职业学校教师队伍整体素质，促进广西职业教育持续快速健康发展，2016年，在总结广西第一期中等职业学校名师培养工程经验和成果的基础上，启动实施广西第二期中等职业学校名师培养工程（以下简称"广西二期中职名师培养工程"）。

经广西各市教育局和区直学校推荐报名、入围答辩，遴选出50名在职在岗的中职学校专业骨干教师作为广西二期中职名师培养工程的培养对象，旨在培养一批师德高尚、专业素养优良、双师素质突出、发展潜能强劲的中等职业学校名师。从2016年5月开始，对培养对象进行了为期三年的系统培训，分为"启动与规划、学习与实践、收获与推广"三个培养阶段。根据职教师资成长特点，采取"多元开放、理实交融"的培养模式和"结构化与个性化结合、技能性与研究性并举、导师制与学徒制共融"的策略，将阶段性集中培训和中长期跟踪指导有机结合，通过集中学习、企业跟岗实践、课题研究、名校考察交流、示范教学展示、主题研讨论坛、网络自主研修等多种方式，为培养对象搭建专业发展和发挥示范辐射作用的平台。

通过三年的培养，培养对象逐步形成了先进的职业教育理念、厚实的专业素养、较深刻的学术思想、较强的专业实践能力、较高的教研水平、独特的教学风格，有效促进了培训对象的专业化发展，强化了培养对象的引领、示范和辐射影响，从而带动广西中职教师队伍素质整体提升，创新职业技术人才培养途径，推进广西中职教育整体发展和改革创新。

本书分为三大板块，是广西二期中职名师培养工程学员教研能力培训的物化成果之一。记载了他们在职业教育教学改革道路上不断实践、不断探索、不断反思、不断总结、不断成长的点点滴滴，也是他们进一步改善教育教学行为，提高教育教学质量，提升教育教学研究能力的一种折射。本书呈现两个明显的特点：

一是论文的实践性强。学员多以自己从教的学校、课程和学生为研究对象，对自己的从教经历进行思考，针对人才培养、专业建设、实训基地建设、教学改革、课程开发、团队建设、技能竞赛指导、班主任工作、中职教师职业生涯发展等中职教育教学中遇到的实际问题进行总结和探讨，引发深思。学员宝贵经验的总结，体现了锐意创新的新见解，以及对职业教育教学改革的感悟。

二是注重利用信息技术推进职业教育教学的改革。随着信息时代的到来，学员对信息技术的相关研究有很高的热情，研究的关注点从德育课堂到文化理论课堂再到各专业课程的探究，触及职业教育教学全域。从研究的角度看，涉及课程资源的设计、开发和利用，教学内容、教学方法的改革，以及课程的评价及监测等。

本书由李红波教授担任主编，负责整体框架、审稿和部分文章的修改；潘盼副教授负责审稿和部分文章的修改；顾慧雯老师为本书的出版做了大量工作。感谢所有参加本书撰写、修改的人员！

由于时间仓促，编写水平有限，书中尚存错漏之处。是为憾！

编 者

2022 年 4 月

目 录

第一篇 专业建设与培养模式

中职建筑装饰专业校企联合培养的
现代学徒制探索 ················· 陈　良（003）
中职会计专业"任务驱动、项目导向"
教学模式的探讨 ················· 陈伟梅（009）
依托技能大赛推进中职专业内涵建设
——以柳州市二职校汽车营销为例 ········ 李　娜（014）
民族工艺人才"德技身一体、四段晋级"育人模式的
探索与实践——以广西华侨学校为例 ······· 林翠云（020）
基于工作过程系统化的汽车美容课程
教学模式探索 ··················· 农金圆（026）
中职学校单一性别班级"差异化设计 立体式共育"
心理健康教育模式的构建与实践 ········· 盛志榕（034）
中职船舶驾驶专业人才培养模式改革与实践 ···· 韦景令（045）
口腔工艺技能竞赛机制的构建与实践 ······· 韦振飞（051）
基于中高职衔接的物流管理专业人才培养探讨 ··· 钟　莹（059）
基于就业导向驱动的汽车运用与维修专业
现代学徒制人才培养模式探索 ·········· 黄　懿（064）
浅谈现代中职教育花盆效应 ············ 彭　秀（070）

第二篇 基地建设与课程开发

县级职业教育发展的问题与合理应对分析 ····· 曾瑞玲（079）

中职农产品电商实训基地建设的实践 …………… 陈宇前（085）
服务教学型校企合作项目的建设与探索
——以"德联车护"专业人才培养基地为例 ……… 李显贵（098）
基于校本培训的职校教师专业发展的实践研究 ….. 陈　莹（104）
浅谈中职学校班主任专业化发展的策略 …………… 戴星媚（109）
县级职教中心教师来源类型及其特点研究 ………… 莫炎坚（117）
利用微课促进中职教师信息技术应用能力提升
——以广西物资学校为例 ………………………… 农丽艳（123）
基于服务区域产业链的中职专业群体系构建研究 …… 李小卓（131）
基于服务茉莉花产业发展的课程体系构建与实践 … 麦秀芬（138）
基于工作过程系统化的"食用菌生产技术"课程
开发探究 ……………………………………………… 黎德荣（144）
基于工作过程导向的"急救护理学"课程开发实践 … 周　薇（155）
中职物流专业现代学徒制项目实施的研究与探索 …… 张　杰（162）

第三篇　教学改革与教学实践

信息化教学在中职德育生本课堂的运用和实践 …… 陈　静（171）
基于校园微课网络平台的中职"护理学基础"
教学实践 ……………………………………………… 高　文（182）
微课在中职教育教学中的应用探究 ………………… 李　想（186）
微课在中职"基础会计"教学中的应用
——以银行存款余额调节表的编制为例 ………… 凌　霞（191）
利用多媒体加强中职音乐教学课堂互动性的探究 … 罗秋怡（197）
中职"民族服饰文化"课堂教学策略的思考 ……… 马宇丽（203）
信息技术在中职茶艺课程教学中的应用 …………… 潘　玉（207）
中职学前教育专业古诗词教学刍议 ………………… 邱　亿（218）
微课在中职幼儿教师口语教学中的应用 …………… 苏　俭（224）

理实一体化教学在"模拟电子线路"课程
中的应用 …………………………………… 谈文洁（231）
中职英语教学与专业对接的策略探索 ……………… 韦翠霞（237）
财务智能化引发中职会计专业教学改革的思考 …… 吴艳琼（243）
中职电子类专业课"趣味化教法"的实践研究 …… 谢　伟（255）
微课在小提琴教学中的实践与运用 ………………… 徐　健（261）
中职"护理学基础"课程实训教学的设计
——以"血压测量法"为例 ………………… 周小菊（267）
广西中职生诚信状况调查及对策研究 ……………… 方　莉（275）

第一篇

专业建设与培养模式

中职建筑装饰专业校企联合培养的现代学徒制探索

陈 良

(广西理工职业技术学校)

摘 要：广西理工职业技术学校在建筑装饰专业进行教学改革试点，推行校企联合培养的现代学徒制，进行有益探索，学生与企业技师、学校教师签订师徒协议，以师傅为引领，坚持校企融合，坚持师傅传授技能立足于岗位，做到专业与产业、职业岗位对接，提高了学生职业技能水平，提升了学校的人才培养质量。

关键词：校企联合；现代学徒制；建筑装饰专业；中职学校

一、引言

职业教育，是中国教育事业的重要组成部分，是提升综合国力、促进经济社会和谐发展的重要途径。近年来，职业教育得到了前所未有的发展机遇，国务院先后出台了大力发展职业教育一系列文件，尤其在2014年国务院下发的《关于加快发展现代职业教育的决定》（国发〔2014〕19号）中明确提出，推进人才培养模式创新，坚持校企合作、工学结合，结合教学、学习、实训相融合的教育教学活动，开展校企联合培养的现代学徒制，推进校企一体化育人等现代职业教育人才培养新要求。校企联合培养的现代学徒制成为现代职业教育领域的研究热点，如何推行成为各中职学校关注的重点，也成为各中职学校人才培养模式改革的创新点。广西理工职业技术学校在建筑装饰专业教学改革中推行校企联合培养的现代学徒制方面进行了积极的探索与实践。

二、校企联合培养的现代学徒制的内涵

"校企联合培养的现代学徒制"是一种在校企深度合作的基础上,通过学校、企业二者深度合作,校企联合共同培养人才,形成中职学校教师、企业技师联合共同传授技能的模式。采取在实际工作过程中以企业师傅与学校师傅的言传身教为主要形式的职业技能传授形式,把传统的"手把手"教的方式用在现代职业教育教学中,因材施教,是一种以培养学生职业技能为主的现代人才培养模式。

现代学徒制的"现代性"是相对于"传统"而言的,更注重的是现代企业的参与合作。世界各国自从有了手工业生产开始,便逐步形成了各国特有的"手把手"教的"学徒制"形式[1]。实际上在推行"学徒制"的过程中都是由技艺精湛、经验丰富的"师傅"直接将技能技术传授给"徒弟",找到现代职业教育发展与传统学徒制的最佳结合点,找到作用于职业教育和岗位培训的一种最有效的传授技能的方式。因此,可以说校企联合培养的现代学徒制也是目前中职学校校企深度融合的一种表现,是产学教结合的新形式,企业和学校是校企联合培养的现代学徒制的具体实施部门,联合企业和学校双方的师傅共同培养人才,为中职学校学生指引了方向,从而提高学生的职业能力,提升中职学校人才培养的质量和办学水平。

三、建筑装饰专业校企联合培养的现代学徒制实践

(一)创新校企合作共赢机制

建筑装饰专业对从业者的职业素养和施工工艺要求较高,是一种技术与艺术相结合的专业,单一传统式的教师传授教学方式无法满足学生对现代技术的掌握的要求。唯有创新校企合作共赢机制,坚持校企合作、工学结合,强化教学、学习、实训相融合的教育教学活动,同时以校企深度合作为主线,以共赢机制创新为动力,探索了多种校

企合作形式，尤其在校企共同推动下，采用校企联合培养的现代学徒制培养建筑装饰专业人才的形式，才能对提高学生的专业技术能力具有很大帮助。

校企联合培养的现代学徒制作为校企深度融合的人才培养方式，学生在企业与学校的共同培养下，按照"学生—学徒—准员工—员工"的过程转变来培养实战型、技能型人才。学徒制开展的基础是深层次的校企合作，为了保证人才培养有成效，校企双方要有明确的利益共享机制，有相应的校企合作保障机制。学生是校企联合培养的现代学徒制的主体，校企合作的根本出发点和利益归宿就是通过学校和企业二者之间的紧密合作实现共赢。

广西理工职业技术学校建筑装饰专业在人才培养模式上进行了改革，与全国多家知名室内设计企业签订校企共建共同培养人才合作协议，成立由企业技师和学校专业教师共同组成的专家教学指导委员会。学校采取校企联合培养人才的模式，并依托专家教学指导委员会，共同商讨实训基地建设，共同研讨人才培养方案，共同编写实训性教材，共同制定人才培养考核标准等一系列的专业人才培养内容，同时还利用企业优势，让学生提前进入企业进行情景岗位教学实践，让学生学习到企业的最新技术技能，有效提高了学生的职业能力，提升了学校的人才培养质量，也为企业提供合格的后备力量，从而实现校、企、生三方共赢。

（二）校企双方师傅与学生签订师徒协议

室内设计是一门精细的技术工艺，需要由具备精湛技艺、丰富经验的师傅担任指导教师。这就要求我们在开展校企联合的现代学徒制人才培养方式之前，首先加强对师傅的选拔培养[2]，组建合理的校企教师团队，实现职院老师与企业技师达到"师傅"的水平。同时实行企业师傅、职院师傅与学生签订师徒协议，学生是企业师傅、职院师傅的"学徒"[3]。师傅是实施现代学徒制的主体，要建立一支高素质的师傅队伍，选择一批能工巧匠、业务骨干、技术负责人等纳入师傅资源库中，师傅把自己的专业技能传授给徒弟，徒弟也在师傅的真实案例讲授中潜移默化地受到熏陶和影响。同时学校也要加强与师傅所在企业的沟通，使带徒工作成为企业工作的一部分，为师傅开展工作创造良好环境。同时，职院为减轻企业的负担及顾虑，也要给予企业师傅相应的工作补贴，同时还要加强对企业师傅在教学法上的培训和指导，使其尽快成长为德技双馨实战型的双师素质教师。最终学生在校企双师傅的共同教学、指导和培养下，学习到企业一线的先进技能，实现校企合作、产教融合，真正体现"教、学、做"统一的职业教育理念。

（三）校企共建建筑装饰专业"大师工作室"

建立校企合作的建筑装饰专业"大师工作室"，既是对建筑装饰专业实施现代学徒制的新探索，也是培养高质量室内设计技术人才的必要保障。我们在实施过程中，聘请室内设计行业知名的大师作为大师工作室的主要负责人，工作室的主要职能是研究最新的设计方法、施工工艺，既作为企业的科研基地，也作为企业科研人才培养基地，为企业提供技术服务，推动企业技术进步，为建筑装饰专业开展校企联合的现代学徒制提供师资保障。通过校企合作培优、工作室重点培养、个人提升等多层面的方式，发挥技能大师的作用；学生在大师的指导下学习，通过"师带徒""一对一""一带多"等多种形式，掌握室内设计及施工技艺技能。

（四）校企共同制定建筑装饰专业人才培养方案

校企双方要根据现代学徒制培养高技能人才的基本规律和特殊性，针对建筑装饰专业的特点，分析学生成长成才的影响因素，寻求职业岗位目标需求与学生发展之间的契合点，同时为了保证学校室内设计人才培养与企业人才需求一致，校企共同商讨制定人才培养方案，确保人才培养与企业需求不脱节。

（五）校企共建建筑装饰专业生产性实训工地

学校与企业共建筑装饰专业生产性实训工地，学生在校内工地和校外企业工地开展生产性实践教学。根据专业特点的要求，为满足人才培养需求，提高学生的动手和职业能力，学校先后与广西昌桂源投资有限公司、广西建工集团装饰有限公司、南宁市一棵树装饰设计有限公司等 20 多家公司进行校企深度合作，充分发挥企业的优势，从而配合校内生产性实践教学，实现校企相互融合，共同培养人才。

（六）校企共同编写建筑装饰专业实训指导性教材

为了确保校企联合培养的现代学徒制的人才培养质量，避免传授技能与社会脱节，校企双方要在职业教育专家的指导下，按照企业人才需求培养设置课程，专业教师与企业技师共同开发项目课程。通过专业教师和企业技师的共同研讨，针对室内设计行业实际情况，对原有的专业课程体系进行改革，将原来的教学内容进行整合，以生产性工作任务引领教学项目，校企人员共同编写适合开展校企联合培养的现代学徒制的现场教学特点的教材取代传统教材。

（七）校企共建建筑装饰专业教学质量评价标准体系

质量评价是衡量建筑装饰专业开展校企联合培养的现代学徒制人才培养是否取得成效的重要标志。我们应该结合专业的实际情况，建立校企联合培养的现代学徒制的教学质量评价标准考核体系，成立由校领导、企业技师、专业教师组成的现代学徒制专门工作小组，建立一套适合考核学生掌握技能的评价体系并客观有效地执行。在这个过程中，学校评价与企业评价相结合，注重教学过程与实践技能的考核，学生要接受校企师傅双重考核，既要接受企业师傅的考核评价，也要接受学校专业师傅的考核评价。这种有针对性的双重教学质量评价体系，充分体现了职业岗位对人才的需求和学生自身发展的需求，从而构建适合开展校企联合培养的学徒制的人才培养质量评价体系。

四、结语

实践证明，广西理工职业技术学校在建筑装饰专业开展校企联合培养的现代学徒制是一种人才培养模式的创新探索，既解决了中职学校培养人才与社会需求脱节的现状，同时能有效缓解企业转型升级中招工难和高技能人才匮乏的难题，在校企双方共同担任师傅的同时，也调动了企业参与职业教育的积极性，促进了学校、企业之间的有效融合。校企联合培养是职业教育内涵发展落到实处的具体表现，也是加快构建以就业为导向的现代职业教育体系的需要。校企联合培养的现代学徒制的人才培养方式是一种值得推广的好方法，它的实施有效提高了学生的职业能力，提升了学校的人才培养质量，也为企业提供了合格的后备力量，从而达到校、企、生三方共赢的局面。

参考文献

[1] 谢俊华. 高职院校现代学徒制人才培养模式的探讨 [J]. 职教论坛，2013（16）：16-24.

[2] 胡秀锦. "现代学徒制"人才培养模式研究 [J]. 河北师范大学学报（教育科学版），2009（3）：97-103.

[3] 陈良，莫坚义，梁辉. 中职学校建筑装饰专业"工地学校"教学模式的研究与实践 [J]. 教育观察，2014（7）：38-39.

中职会计专业"任务驱动、项目导向"教学模式的探讨

陈伟梅

（广西玉林技师学院）

摘　要：本文针对中职会计专业教学的"重理论、轻实践"现状，提出"任务驱动、项目导向"教学模式改革思路，摆脱了传统的教师主导、学生被动接受知识的局面。通过任务驱动和项目导向相结合，充分调动学生的学习积极性和主动性，激发学生的学习热情，培养学生主动探索、分析问题和解决问题的能力，培养团队合作的精神，从而提高学生的执行能力。

关键词：中职会计；教学模式；任务驱动；项目导向

一、中职会计专业的教学现状

会计是一门实践性与应用性都很强的专业，既涉及相关的经济理论与会计基础知识，又涉及大量的数据计算。不仅需要学习者具有一定的学习能力，还需要具备一定的分析能力、逻辑能力以及计算能力，而中职生底子普遍较薄，教师的会计教学仍在沿用传统的"理论讲解—案例分析—课堂训练—教师讲评—综合实训"的教学模式。此模式"重理论、轻实践"，限制了学生动手能力的发展，不利于实际操作能力的培养，造成学生理论学习与实践训练之间的严重脱节，就业后难以胜任岗位工作，用人单位对中职学校培养的会计专业毕业生不感兴趣。如何创新与改革中职会计教学模式已成为广大教育工作者共同关注的焦点。

二、中职会计专业"任务驱动、项目导向"教学模式的特点

"任务驱动、项目导向"的教学模式是通过具有一定工作经历的"双师型"素质教师把教学内容进行任务化和项目化,并在课堂上提出一个个具体的任务,通过分组讨论的形式开展学习、探索活动,寻找与任务相关的基础知识,通过讨论、总结和归纳以达到完成课堂任务的目的,最终完成某专业课程的项目目标和课程培养目标。

"任务驱动、项目导向"教学模式,最大的特点就是以学生为中心,在"做中学"[1],将理论与实践相统一,打破了传统的"教师讲、学生听"的被动教学模式,把学生的学习积极性充分调动起来了,并且让学生在学习上更加有主动权,提高了学生的学习兴趣,提升了课程教学效果。

三、中职会计专业"任务驱动、项目导向"教学模式的实施

"任务驱动、项目导向"教学模式的实施,要遵循以"任务为主线、教师为主导、学生为主体"的教学原则。下面以"基础会计"课程为例,探讨"任务驱动、项目导向"教学模式的具体实施思路。

(一)项目设计与任务划分

项目设计与任务的确定是"任务驱动、项目导向"教学模式改革的首要任务。根据会计工作的流程,将"基础会计"的教学内容分为7个项目,即初识会计、填制凭证、登记账簿、编制报告、解读报告、综合项目、管理会计工作[2];明确每个项目的教学内容,设计项目时应该确定项目实施的难易程度,并将理论与实践有效地结合起来;任课教师再根据会计工作岗位的实际需要把每个项目分解,设计成若干个教学任务,通过"任务驱动"实现一个个项目的学习。如填制凭证项目,将

其分解成了解会计工作岗位、取得或填制原始凭证、审核原始凭证、会计科目与账户、编制会计分录、填制记账凭证、审核记账凭证 7 个任务，通过这 7 个任务的实施，学生掌握会计凭证的填制方法，并能对会计凭证进行填制和审核，提高学生的实际操作能力。

（二）分组教学

采用"任务驱动、项目导向"教学模式，就是通过分组进行教学。教师根据学生的基本情况，将学生分成若干个项目学习小组，每小组以 4~6 人为宜，选定学习小组的组长，组长负责本组学习任务的组织协调工作。小组确定后，任课教师下发项目指导书，小组成员先完成学习任务，在教师引导下对项目进行研究，将项目分解为若干个任务，以任务为主线，制订任务实施计划，通过任务的串联，完成教师下发的项目。每组成员按照"接受任务指导书→独立思考→分解任务→分析任务→完成任务→评价任务→完成项目" 7 个环节，实现与课程相关的工作内容的学习，提高学生的学习能力和团队合作能力。

（三）项目实施与任务完成

学生围绕"接受任务指导书→独立思考→分解任务→分析任务→完成任务→评价任务→完成项目" 7 个环节实施项目过程。在项目实施和任务完成过程中，教师的角色发生了重大改变，不再是满堂讲而是发挥监督和指导的作用，引导学生实施项目和完成任务，解决学生在实施项目时发现的问题，促进每组学生项目的实施和任务的有效完成。例如，在填制记账凭证学习中，关于记账凭证的格式、填制内容及填制方法等知识点，学生在理论课中已学习过，但是对记账凭证的实务填制不是很清楚。针对这些问题，教师在课上做示范，然后让学生动手操作，激发学生的学习兴趣，培养学生分析问题和解决问题的能力。

（四）实施情况分析与考核评价

项目完成后，每个小组派代表展示本组的项目情况，并向教师和其他小组说明项目和任务的实施思路、实施过程以及对任务完成后的感想。任课教师根据每个小组完成项目的情况进行分析、总结，对项目任务完成过程中小组成员的合作精神、创新精神方面进行点评，最后对每组进行综合评定，对各组组员进行评分，结合学生平时任务的完成情况和最终完成效果两方面进行综合评价。

四、"任务驱动、项目导向"教学模式的注意事项

（一）明确项目的教学任务

在进行"任务驱动、项目导向"教学模式的备课时，教师必须"吃透"课程知识，灵活运用会计知识的内容，做好任务的布置和项目的选取；课堂布置任务时，一定要明确、清晰，让每一位学生都能了解任务的具体内容，避免学习时感到迷茫；在项目实施时，必须分组进行，教师要时刻关注项目的进展，发现问题要及时更正，并且不断地优化教学项目。

（二）以学生为课堂的主体

"任务驱动、项目导向"教学模式的改革，旨在弱化教师讲解，重在引导、调动学生的学习积极性，培养学生的动手能力，将课堂交给学生。因此，采用"任务驱动、项目导向"教学时，教师要转换角色、减弱在课堂上的主导作用，把学生看成课堂的主角，让学生跟着自己的学习思路走。教师在课堂上更多的是关注学生的变化，及时记录课堂学习情况，进行课堂点评。

（三）提高课堂教学的趣味性

会计专业课程的教学，导致课堂效率不高多数是因为教学枯燥乏味，故在开展"任务驱动、项目导向"教学模式后，教师应想方设法充分调动学生学习的兴趣，避免课堂陷入枯燥的局面。通过开展课堂的教学活动，让学生在参与活动中学习新知识，增加师生互动，师生关系融洽，让学生感受到新模式下学习的乐趣。在开展互动时，注意选取有意义的教学活动来进行，确保每一个学生都有收获。

（四）建立以能力评价为主的多元评价体系

建立学生、学校、企业、行业、社会共同参与的多元评价体系，开展"任务驱动、项目导向"的教学评价，按照企业岗位能力需求，以能力为核心，综合评价学生的职业道德、职业技能和职业素养[3]，注重学生学习情感、健康心态和理性价值观等内在素质的培养，促进学生全面提高学习能力和就业创业能力。

五、结束语

"任务驱动、项目导向"的教学模式摆脱了传统会计教学中枯燥、呆板的形式，通过"教、学、做"三位一体化的教学方法，将会计的基本知识与会计工作流程及会计岗位有效地联系起来，不断地激发学生的学习热情。实践证明，"任务驱动、项目导向"的教学模式是一种灵活、高效、实用的教学模式，有利于学生积极地开展合作学习，熟悉工作流程，实现任务目标，并更大限度地激发起学生的求知欲望，从而培养出学生能够独立探索、勇于开拓进取的自学能力和团队合作能力。

参考文献

[1] 周娟，罗慧华，陈宇哲．任务驱动与项目导向相结合的 PhotoShop 课程教学［J］．现代交际，2017（3）：133．

[2] 阮红霞．基于项目导向、任务驱动的高职会计教学模式改革研究［J］．商业会计，2013（5）：103-104．

[3] 杨玉宏．浅谈职高会计教学改革与实践［J］．现代经济信息，2016（2）：440．

依托技能大赛推进中职专业内涵建设

——以柳州市二职校汽车营销为例

李 娜

（柳州市第二职业技术学校）

摘 要：职业技能大赛的举办，对促进中职专业教育教学改革、师资队伍建设、实训基地建设等方面有着十分重要的作用。本文以柳州市第二职业技术学校市场营销专业（汽车营销方向）为例，论述了依托技能大赛，不断更新教学理念，改进、完善训练基地，探索新的教学模式，激发学生学习的积极性和主动性，帮助学生成长成才，进一步提高教学质量，推进专业内涵建设。

关键词：技能竞赛；校企合作；人才培养模式

柳州市拥有上汽、一汽、东风、重汽等国内四大汽车集团整车生产基地，汽车产业是柳州市的支柱产业。《广西国民经济和社会发展"十二五"规划纲要》和《柳州市国民经济和社会发展第十二个五年规划》明确指出要"以柳州汽车城建设为契机，优先发展汽车产业"，凸显的行业优势决定了汽车行业在柳州的发展前景。随着柳州市汽车市场的不断成熟，行业对汽车营销服务的水平和质量的要求不断提升，越来越多的企业选择中职毕业生充实汽车营销岗位，同时对中职毕业生的综合素质、专业知识、操作技能等提出了更高的要求。柳州市第二职业技术学校市场营销专业（汽车营销方向）作为汽车营销人才培养的国家改革发展示范建设重点建设专业也备受关注。

柳州市第二职业技术学校作为柳州市汽车流通协会副会长单位，通过与广西汇轮汽车贸易有限公司等多家行业名企进行深度合作，以"汽车营销与维修实境体验中心"为竞赛活动载体，通过国赛赛项研究，在市场调研基础上，完善原有的人才培养方案，转变原有教学模式，导入第一、第二课堂"以赛促练，以赛代练"的教学实践，并大胆创新校内技能竞赛形式，创新"以赛促教，以赛促学"的人才培养模式，对接企业职业标准，真正实现企业、学校、学生、家长四方共赢。探索出一条适合汽车营销人才培养的有效路径，促进了专业发展，提高了人才培养质量，增强了服务当地汽车支柱产业的实力。

一、汽车营销人才培养的教学改革

学校通过把学生必须掌握的专业技能融入企业实际项目[1]，组织具有针对性和高度仿真性的技能竞赛，竞赛内容包括专业技能操作应用训练、实际能力水平演练考核等。通过技能竞赛实现三方面的目标：一是对学生进行考核，检验学生的专业知识、技能和职业素养的水平；二是对教学改革和教学质量进行考核，检验教师教学改革成效，找到教学过程中存在的偏差和不足，及时进行纠正和补充；三是优化教学环节，实现以赛促教、以赛促学、以赛促改。这种教学方式可以充分调动学生学习的积极性和教师教学改革的主动性，做到技能竞赛与教学改革、人才培养相辅相成、相得益彰，促进人才培养质量的提升。

（一）以技能竞赛促进专业建设

学校组织市场营销专业学生参加市级以上汽车营销技能大赛，特别是全国汽车营销技能大赛。通过技能竞赛，查找问题，优化教学内容，改革教学方法，强化技能训练，达到以赛促研、以赛促学、以赛促教、以赛促改、以赛促建的目的。从而，在比赛过程中实现预期目标，依据结果不断优化过程，实现教学与竞赛的良性循环。通过对各类汽车营销技能大赛的赛项内容的研究，不断优化课程内容，构建符合技能大赛的课程体系。

（二）校外技能竞赛回归校园的教学实践

1. 校内开展技能比武活动

坚持开展系部、学校组织的市场营销专业技能比武活动，通过组织专业竞赛，实现"以赛促教，以赛促学，以赛促改"，促进中职校师生教学观念的转变，形成"教、学、做、研、赛"相结合的教学模式，为学生就业奠定了坚实基础。

2. 系部成立学生技能培优班

在二年级学生中选拔德、技兼备的学生，通过扎实的专业技能训练，使培优班学生成为本专业学生中的学习楷模。同时，为市场营销专业（汽车营销方向）的技能大赛选手选拔做储备。通过技能培优班，为学生量身定制符合他们学习兴趣及专业方向的技能体验课程，从学习汽车文化着手，采用分层递进的方式，增强学生专业学习的信心。为提高培优班学生的学习层次，系部还聘请合作企业的岗位能手给学生进行实训指导，并带领学生参与企业实践项目。

3. 为广西汽贸园车展提供优质服务

组织培优班的学生接受广西汽贸园各品牌4S店展前的培训，学生可直接参与汽贸园车展的前期策划、宣传、组织与实施，负责现场制作车展网络宣传海报，承担接待任务。

（三）举办一站式流动车展暨学生营销技能竞赛活动

在校园内定期举办德、美、日、韩系车展，加大对职教园区的中职与高职学校师生及柳东新区居民的宣传力度，邀请他们前来观摩学生汽车营销技能大赛，享受团购价的购车优惠活动，以商业活动氛围带动职教气息。在车展中，学生着职业装参加活动，增强汽车专业职业感，实践汽车营销技能，加深对汽车营销技能的理解。

二、汽车营销"五阶提升"人才培养模式

该专业方向以国赛标准为风向标，积极推进以任务为导向、项目为驱动的项目化教学改革，积极探索人才培养的最佳模式。为实现毕业生与岗位零距离对接的目标，该专业方向进行了"五阶提升"人才培养模式改革，如图1所示。把学生在校期间的6个学期分为5个实施阶段，前4个学期每学期为一个能力提高期，第5、6学期为一个综合能

力提高期。按每学期依次着重对学生的人文科学素质、专业岗位认知、专业基础技能、4S 工作岗位技能、职业综合素质进行培养，为较好达到培养目标，充分利用学校和企业各自的资源优势，实现"教、学、练"一体化。按岗位设置课程，在岗位实施教学，做到教学内容、教学地点与岗位实际相一致。以综合职业能力（包括专业能力、方法能力和社会能力等）的培养为主线，实现专业学习和专业服务的有机结合。

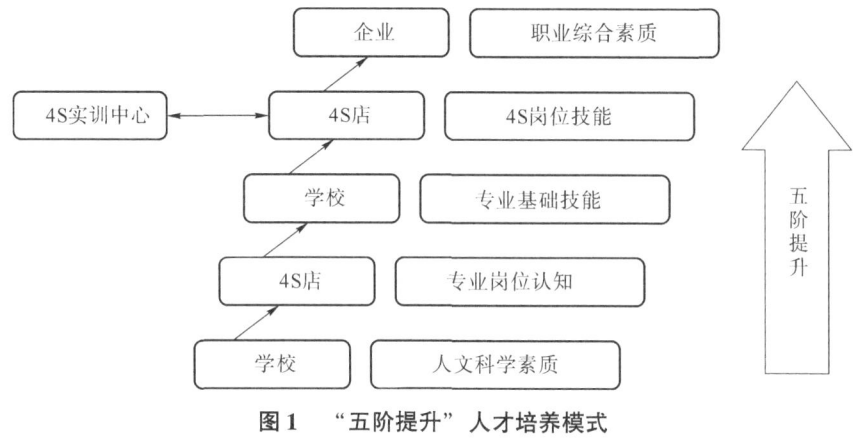

图 1 "五阶提升"人才培养模式

教学改革取得令人振奋的成果：2016—2018 年，该专业学生参加各类汽车营销技能大赛获奖 9 项，其中市级一等奖 4 项、二等奖 1 项、三等奖 1 项；区级二等奖 1 项、三等奖 2 项。近三年，学生在全区同行竞技中处于领先水平。

三、技能竞赛带动专业建设和发展

（一）推进专业课程改革

为了不断探索和实施基于工作过程的项目化教学[2]，该专业积极推进以任务驱动、项目导向的项目化教学改革，加速校企深度融合、逐步推进课程改革，提高学生的综合实践能力。我们以汽车营销专业岗位需求及汽车营销赛项考核内容为主要研究对象，改变传统的课程体系和教学方法，实施课程项目教学，实现"教、学、做"一体。同时，专业团队合作开发了两本难度适宜的"理实一体化"专业技能课教材，即《客户关系管理》《汽车售后服务接待》；并开发了相应的《汽车销售实务》《汽车售后服务实务》等专业技能方向课程的教学资源。为学生学习、教师教学提供了有力的支持。学生的知识应用能力、独立分析能力、解决问题的能力、创新意识得到极大增强。

（二）提高专业师资队伍水平

以学生技能大赛为指引，紧跟前沿技术，不断完善、优化适应企业发展需求的课程体系，实现了"分梯次、能力递进"的个性化教师培养目标。各赛环节，采用校内训练和企业训练相结合，教师指导和企业指导相结合的方式。通过训练和指导既提高了学生的训练成绩，也促进了教师不断更新知识，创新技能，增长见识，改进教学方法，教师的实践能力明显增强。近三年，教师团队中涌现出了广西第二期中职名师培养对象、校级骨干老师；整个教学团队教师成长较快，并获多项教学研究成果奖。

（三）实现大赛资源的转换

技能竞赛引领学科专业发展[3]，是行业发展的"天气预报"。该专业将竞赛项目与专业发展、课程设置和师资培养密切联合起来，形成大赛与教学的"六个转换"：培训方法转换为教学手段；竞赛设备转换为实训设备；技术资料转化为教学资源；选拔机制转化为评价手段；指导团队转换为专业教师；竞赛项目转化为教学课程。同时，市场营销专业（汽车营销方向）以竞赛带动了校内其他相关专业和课程的发展。

（四）促进校企的深度融合

为进一步加强校企深度合作，同时也让企业了解学校市场营销专业（汽车营销方向）特有的育人模式，为学生提供实践的机会，2016—2018年，该专业主办了4场、协办了1场校企联合车展活动，参与汽车品牌外展活动达10余次。主办的车展汽车品牌有宝马、宝沃等；支持柳职院车展的汽车品牌有沃尔沃、长安福特、广汽丰田、一汽大众等9个品牌。在活动中，教师将展前潜客调研、展中潜客数量收集、陪同顾客试乘试驾、邀请顾客关注企业公众号等纳入学生现场竞赛各个环节，有效激发学生参与的热情，学生综合实践能力提升较快。

针对产教融合内生动力不足的问题[4]，面向行业、企业的一线需求，以"专业精准有效服务产业"作为产教融合中的利益驱动突破口，以使企业主动向校园聚集，增强参与产教融合的内生动力，从而实现产、教双方相向而行；以校内产教融合平台为载体打破产、教之间的天然隔阂，使专业更深地融入产业、更好地服务产业。以"服务引领"方式促进校企的深度融合，解决了因缺乏必要的利益驱动机制、内生动力不足而带来的"合"易"融"难的问题。

总之，随着大赛制度的不断完善，国赛、区赛、市赛、校赛四级技能竞赛体系基本形成[5]。大赛已成为职业教育与产业多元合作的平台，对中职学校专业建设发挥了重要作用。通过大赛，充分展示了职业教育的办学成果，深化了校企合作，推动了产教融合，增强了职业教育的影响力和吸引力。技能大赛是推动职业教育事业快速发展的战略举措，也是中职学校创新发展的重要内容。中职学校开办技能大赛，既能提升学生的职业技能，更能培养学生的"工匠精神"，是学校提高人才培养质量的重要路径，为社会培养崇尚劳动、敬业守信、精益求精、敢于创新的技术技能人才，服务地方经济的发展。

参考文献

[1] 杨继祥. 把职业技能大赛融入常规教学，推进高职院校教育教学改革实践研究 [J]. 中国校外教育，2015 (2)：150.

[2] 杨理连，刘晓梅. 现代职业教育下技能大赛与专业教学的协同性研究 [J]. 职教论坛，2014 (21)：4-9.

[3] 李术蕊. 深化职业教育教学改革创新提高技术技能人才培养质量 [J]. 中国职业技术教育，2013 (13)：19-27.

[4] 杨金栓. 以技能大赛制度为导向促进中等职业教育教学改革 [J]. 河南教育（下旬），2010 (3)：48-49.

[5] 葛新旗. 职业技能大赛与常规教学融合的路径探索与实践 [J]. 职业教育研究，2015 (3)：73-75.

民族工艺人才"德技身一体、四段晋级"育人模式的探索与实践
——以广西华侨学校为例

林翠云

（广西华侨学校）

摘 要：职业教育作为国民教育的重要组成部分，肩负着传承和创新民族文化，培养民族工艺人才的重任。基于此，本文立足于民族工艺产业发展的需要，促进专业建设与民族工艺传承的对接，通过校企密切合作，构建基于民族工艺手作工坊"德技身一体、四段晋级"育人模式，并围绕工坊建设、课程资源开发、管理机制健全、评价体系构建等多个维度提出"德技身一体"育人模式的实施途径。

关键词：民族工艺；工坊；育人模式

目前，民族工艺人才培养存在"重利轻德"或"重德轻才"的弊端，同时也缺乏物化的课程资源和育人实践平台。为解决民族工艺人才培养存在的问题，广西华侨学校基于民族工艺手作工坊构建了"德技身一体、四段晋级"育人模式，同时把民族工艺文化融入学校育人全过程，搭建了"优势互补、互惠双赢"校企合作长效育人机制，促进了学校民族工艺人才培养与广西本土民族文化传承的有效结合。

一、构建"德技身一体、四段晋级"育人模式

"德技身一体、四段晋级"育人模式是由校企紧密合作，确定民族工艺人才培养目标，整体构建人才培养的育人模式，促使学生在"德""技""身"三个方面实现四个阶段的晋级，成为具有时代工匠精神的

民族工艺人才。"德技身一体"的提出，缘于学校到行业、企业调研中，认识到"德""技""身"是民族工艺人才培养中不可分割的整体，三者紧密关联，缺一不可，共同进退。"德"代表以时代工匠精神为主要内涵的道德素质，是一种精益求精的精神，是我国传统民族工艺必然选择。"技"代表民族工艺者应具备的民族工艺技术技能水平，对于民族工艺从事者来说犹如饭碗般的存在。"身"类似于职业资格证书，是"德"与"技"综合水平的身份资格认定，是从业资格的凭证。"四段晋级"，是指参考并创新传统手作工坊的管理模式，将"德""技""身"三方面设立四个晋级阶段，对应明细的晋级指标。"德"的四个晋级阶段：尊师重道→爱岗敬业→精益求精→求实创新；"技"的四个晋级阶段：基本功→作品→产品→商品；"身"的四个晋级阶段：普通学徒→首席学徒→工匠→匠人（如图1所示）。当学生晋级为工坊"匠人"，即代表其不再是一个单纯的学习者、模仿者，而是一个具有精益求精和求实创新精神、具有一定独立设计和制作产品的经验，并把产品转化为商品，有一定销售额累积的工坊"匠人"。

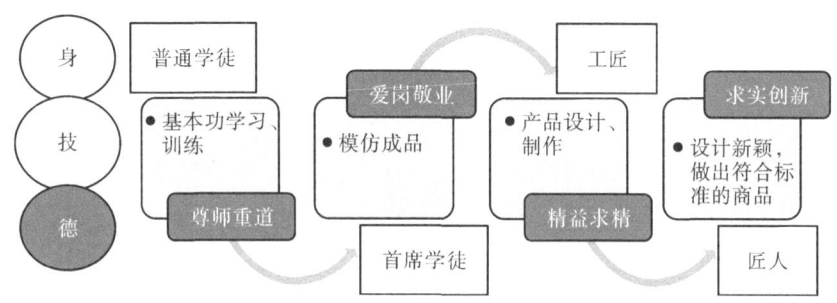

图1 民族工艺人才"德技身一体、四段晋级"育人模式

二、开发具有广西民族工艺特色的课程资源

课程资源是人才规模化、标准化培养的关键所在。由于各种条件的制约，尤其是物化课程资源极端缺乏，传统民族工艺往往只能依靠口传身授的方式培养接班人，导致民族工艺人才的规模日渐萎缩、质量不断

下降。为了改变现状，学校联合企业，针对4个民族工艺手作工坊的育人目标要求，开发相应的民族工艺课程资源。

本项目课程资源开发渠道主要有4种类型。一是记录，通过深入乡村，邀请传统手作工坊的师傅、能工巧匠详尽讲述工艺关键点，项目组如实记录并经加工整理后归为课程资源；二是选用，从企业选择典型的工艺技术标准和制作流程，集编为课程资源；三是改编，结合区域文化特点，对具有普适性已经成型的课程资源进行二次创作，使用具有本土化特色的工艺原材料、艺术造型等，使其成为具有鲜明区域特点和民族特色的课程资源；四是新编，结合文化复兴或者时代发展的需要，挖掘、开发全新的课程资源。

目前学校主编、参编的教材累计6本。这些课程资源内容主要涉及两大领域：一是以工匠精神为主要内涵的道德素养、创新创业类教材，包括《工匠精神教育读本》《职业道德与法律》《职业生涯规划》等；二是以工艺制作过程为导向的技能实践类教材，包括《坭兴陶技法》《剪纸技法》《布偶制作》等。2013年，"坭兴陶手工装饰"品牌课程建设获得了自治区教育厅一级立项，并于2015年顺利通过自治区教育厅的鉴定，确认为自治区品牌课程（如图2所示）。

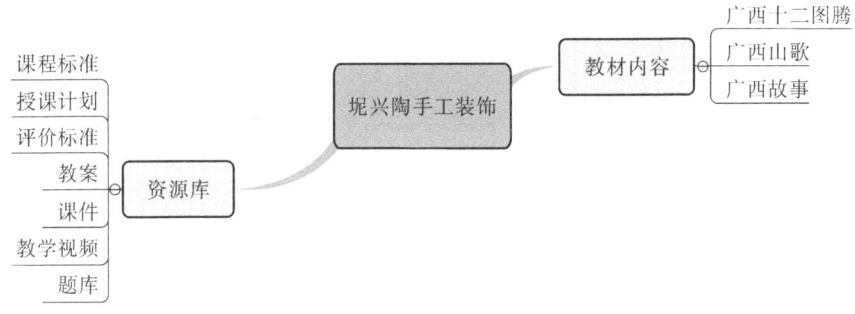

图2 "坭兴陶手工装饰"品牌课程资源

三、建设育人功能导向明确的民族工艺手作工坊

学校通过校企合作，建设了坭兴陶、A＋建筑（木艺）、A＋平面

（剪纸、布艺）、鼎盛动漫（泥塑）共 4 个民族工艺手作工坊。工坊提供学习和实践所必需的充足、实用的设施设备。手作工坊类似于职业教育的实训室，是民族工艺人才培养不可或缺的载体，担当着"培育学生工匠精神，提高学生实践能力"的重任。4 个民族工艺手作工坊遵循"产教融合、工学结合"的职教理念，融"教、学、做、产"功能于一体，大大拓展了学生的知识学习和技能实践。在产教融合方面，手作工坊引入行业企业标准，制定明晰的工坊身份晋级制度，帮助学生明确奋斗的目标和途径，保持进取向上的学习状态。在工学结合方面，由于手作工坊内配套足够的设施设备，除了保证师生的正常教学实践、学生的基本功训练，工坊还能够承接企业商业定制式项目。经过多次成品模仿、产品制作和创新的实践，学生的实践经验得到积累，实践能力得到提高，创新创造能力得到强化锻炼。2015 年，学校获评为广西民族文化传承创新职业教育基地。

四、建立校企"优势互补、互惠双赢"长效合作机制

（一）建立校企长效合作保障机制

校企长效合作的基础得益于双方利益的保障和实现。在本项目研究中，企业享有资金、设备和技术的资源优势，学校享有场地、人力资源的优势，校企双方经过协商一致，签订资源整合合作协议，实现了互惠双赢。就学校一方：一是学校免费获得企业的资金和设备投入，在没有加重学校财务负担前提下，充实了校内教学实践设施；二是企业的加入，使得职业教育在育人过程中能够更加系统科学、快速准确地引入行业企业标准，深入了解企业的工艺技术水平和标准化检验流程；三是学校获得了企业的商业定制式生产项目，丰富了课堂教学实践活动，积累了工作经验；四是为专业教师提供了深入实践、交流学习的机会，也拓宽了民族工艺课程资源开发的信息来源。就企业一方：一是企业降低了生产成本，把生产基地拓展到校园，生产能力得到提升；二是企业直接参与学校人才培养的全过程，实现人才的对口培养，人才供需的无缝对

接；三是校企开展商业定制式合作，有利于减轻企业用人、运营成本，激发企业发展活力。

（二）建立校企合作实践教学的管理机制

手作工坊采用校企共管、师生参与方式。校企共管是指工坊有一套由校企共同制定的工坊使用管理制度。师生参与是指校企保证工坊师生拥有充分的使用权。工坊每日开放 12 个小时以上，在常规的教学和生产之外，给予学生足够的时间安排自主学习。工坊还建立机制，促进教学模式改革，鼓励高年级学生一对一"传、帮、带"低年级学生，以主人翁的意识和行动参与教、学、做、产，激发学生学习的动力，提高学生自主管理的能力，有利于培养学生创新创业的能力。

五、建成广西宣传展示中华民族工艺的平台

利用学校每年举办技能赛、毕业展等大型活动的契机，面向全校中外师生展示由工坊师生制作的民族手工作品，展现民族工艺魅力，普及民族工艺知识。在学校每年承办的东盟各国华裔青少年夏（冬）令营中，民族工艺教学及制作体验是必开且深受欢迎的课程。外国朋友经常购买工坊学生制作的民族工艺手工作品，将其作为手信赠送亲朋好友。润物细无声，学校手作工坊营造了浓郁的民族工艺传承氛围，成为广西面向东盟宣传、展示中华民族工艺的重要平台，助力民族工艺产业的发展。

六、构建"3-4-4-4"多元递进式的显性评价体系

通过校企合作，对人才培养的过程性效果进行精细监控，形成了"3-4-4-4"多元递进式评价体系[1]。第一个"3"，指的是道德素养、技术技能、身份资质三个被评价对象；第一个"4"，指的是学校、企业、导师、学生四个评价主体；第二个"4"，指的是尊师重道、爱岗敬业、精益求精、求实创新四个评价内容；第三个"4"，指的是对

学生普通学徒、首席学徒、工匠、匠人四个身份资质的评定。在育人过程的定期考评中，四个评价主体对不同身份阶段的学生的考评内容（学业水平）进行严格的考核评定。只有相关考核评价内容同时达到一定标准，学生才能依次晋级，获得相应的身份认定，并获得具有相应身份象征的工坊资格证书、校牌、衣着。身份晋级的学生将进入下一轮课程学习阶段。如此递进，四个评价主体全程参与评价过程，直到学生顺利晋级匠人身份。显性评价体系起到了激励学生相互督促、相互学习的作用，激发了学生你追我赶的上进心。

学校通过校企深度合作，整体规划、协同育人，加强学校专业建设和内涵建设，构建基于民族工艺手作工坊的"德技身一体、四段晋级"育人模式，培养规模化的具有时代精神的民族工艺人才。通过深入研究行业企业标准，开发规范、系统、科学的教材和教学资源，促进了民族工艺的广泛传承传播；建成了坭兴陶等4个育人导向明确的民族工艺手作工坊，建立健全了校企"优势互补、互惠双赢"长效合作机制，实现了产教对接、工学结合；推动了学校专业建设与民族特色产业、文化产业发展的深度融合。为民族特色产业、文化产业的转型升级提供了人力支撑，为民族工艺传承探索了一条有效途径。

参考文献

[1] 蒙守霞.《"匠心——手作——工坊，德技身三位一体"育人模式研究与实践》的课程资源建设[J]. 当代教育实践与教学研究，2017（4）：164.

基于工作过程系统化的汽车美容课程教学模式探索

农金圆

(合浦县中等职业技术学校)

摘 要：汽车美容是汽车维修技术人员的典型工作任务之一，也是中职汽车维修专业的一门重要的专业核心课程和中职汽车专业学生的必备技能。在实际教学中，中职汽车美容应与实际工作岗位相对应，使实训内容紧贴企业实际需求，让学生掌握的知识、技能成为今后的工作本领，最终达到职业岗位的要求。文章以汽车美容之"车身外表面清洗项目"教学设计为例，对基于工作过程系统化的汽车美容课程教学模式进行了探索。

关键词：汽车美容；工作过程；教学模式

一、基于工作过程系统化的教学模式的提出

近年来，基于工作过程系统化的课程教学模式如火如荼开展，许多院校通过示范校建设、精品课建设和教学团队建设等工作，使项目得以应用和推广，在理论研究和实践应用上均取得重大成效，成为引领当今和未来中国职业教育课程开发的重要发展方向。我们也深刻地领会到职业教育教学要源于岗位需求、服务于岗位的宗旨，在教学实践中，以"汽车美容"课程教学为例，尝试基于工作过程系统化的课程教学模式的开发探讨。

二、汽车美容课程传统教学模式的特点

在汽车美容课程的传统教学中，先由理论教师完成汽车美容项目如

汽车内外表面清洁、汽车打蜡、抛光等理论知识授课；再由实训教师指导学生进行汽车美容项目实训操作。在授课过程中，教师先做示范，学生根据教师示范进行相应操作，最后教师总结。在这种"教师为主，学生为辅"的课程教学模式下，学生机械地按照教师要求进行操作，缺少了自主思考问题、分析问题、解决问题的系统活动过程；师生之间、学生之间缺乏互动；教师缺少对整个教学过程的引导和考核；教学效果不够理想；学生日后在工作岗位上独立工作的能力相对较弱，较难满足新形势下的企业岗位需求。

三、基于工作过程系统化的汽车美容课程教学模式的特征

在基于工作过程系统化的汽车美容课程教学模式中，将教学内容设计成一个或多个具体的工作任务[1]，每个工作任务包含多个知识要点，这些要点是企业工作岗位要求学生必备的知识和能力。教师布置学生具体的工作任务，学生完成工作任务的过程即为学习的过程。学生完成了任务也就意味着他们掌握了教学内容，达到了教学目标。这种课程教学模式是一种以学生主动学习为主、教师引导为辅的教学方式，体现了"学生为主，教师为辅""学生在做中学，在学中做"的思想。它打破了传统教学方法中教师示范、学生机械模仿操作的老套路，体现了以学生完成工作任务为教学过程，充分发挥了学生的主动性，使他们有了成就感，由此激发求知欲。

基于工作过程系统化的教学模式归纳起来，如图1所示。

四、基于工作过程系统化的汽车美容课程教学模式的实施

以汽车美容课程的"汽车外表面清洗项目"为例，说明基于工作过程系统化的教学模式的具体应用。

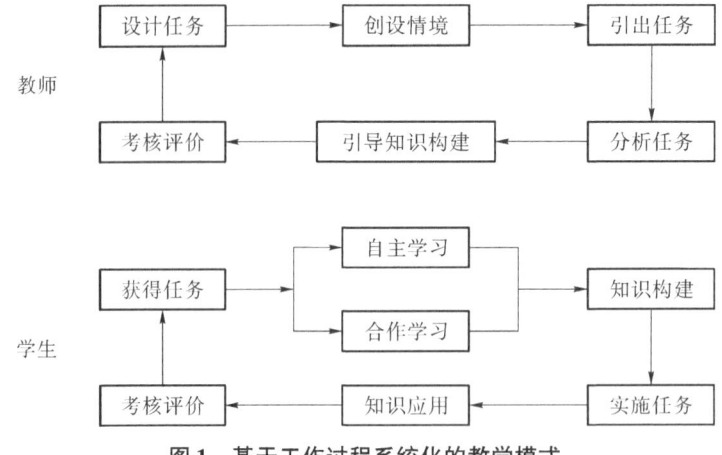

图1 基于工作过程系统化的教学模式

（一）教师教学设计

1. 设计任务

轿车车身外表面清洁。

2. 创设情境

黄女士去广州出差近一个月，出差回来后看到自己的汽车表面非常脏，车身覆满了灰尘和鸟粪，现在开车到店清洗。

3. 引出任务

假设你现在就是洗车工，你将使用什么清洗用品及设备对汽车进行清洗呢？

4. 分析任务

完成该任务需要掌握汽车清洗的相关知识。先分析用何种方式洗车，准备什么用具，如何操作，如何验收。

5. 引导知识构建

（1）清洗剂洗车的优点

①实现快速高效清洗：清洗剂去污力强，可提高清洗速度，具备清洗与护理两重功效，能提高清洗效率。

②清洗质量高：清洗剂不仅可以清洗掉各种污渍，而且不伤漆面，对漆面具有保护作用。

③减少环境污染：采用环保型清洁剂洗车，可减少对环境的污染。

（2）汽车污垢的种类

①水溶性污垢：水溶性污垢有泥土、沙粒和灰尘等，此类污垢可用水冲洗掉。

②非水溶性污垢：不溶于水的污垢有碳烟、矿物油、油脂、胶质物、铁锈和废气凝结物等，用有机清洗剂进行清洗。还有其他一些污垢，如鸟粪、鸟和虫的尸体及血迹，此类污垢应用柏油清洗剂等专用清洗剂清洗。

（3）汽车外部清洗设备和用具

汽车外部清洗设备包括：高压清洗机、喷水枪、吹气枪、泡沫清洗机等；汽车外部清洗用具包括：海绵、洗车毛巾、麂皮、板刷；洗车养护用品有多种，一般包括：中性洗车液、不脱蜡洗车液、脱蜡洗车液、洗车水蜡、轮胎亮光蜡等，每种用品的作用各不同[2]。

（4）汽车清洗工作流程

目前，汽车外部清洗的方法各有不同，因此洗车工序也是各不相同。常用的汽车外部清洗工作流程是先用高压水枪清洗车身和车轮，然后用泡沫机给车身和车轮喷洒洗车液泡沫，接着用海绵或毛巾擦洗车身和车轮，再用高压水枪清洗车身和车轮，清除车身表面尘土等污物，最后用毛巾擦干车身和车轮。这些可以概括为清水冲洗、擦拭洗车液、冲洗洗车液泡沫、擦车和车身缝隙吹干等四道基本工序。

高压清洗机适用于小型汽车美容及洗车店对汽车进行清洗。操作步骤为：准备→冲淋→刷洗→擦洗→冲洗→擦干→护理→质检。

①准备。首先，操作人员穿着洗车服装、穿防滑鞋，摘下手表和戒指，以防刮伤漆面。其次，调试高压清洗机，并准备好毛巾、刷子、麂皮等洗车工具和洗车用品。

②冲淋。第一步，操作人员引导车主把待清洗的汽车开到洗车的停车位置并停放平稳，拉紧驻车制器，将发动机熄火，关好车窗和车门，车内不要留人。第二步，用高压清洗机水枪冲洗车身污物，先从车顶开始，逐一向下冲洗。第三步，清水冲洗是用高压喷水枪冲洗车身和车轮，目的是用喷水枪分别对车身、车轮、叶子板等部位进行冲洗，最终使车身通体被高压喷水枪打湿而无遗漏，车身表面无大颗粒泥沙或污

物。第四步，对车身下部、底部、车门框下部、前后保险杠与车身相连接处等污垢较重部位，要重复冲淋。

③刷洗。先准备好刷洗用的柔软毛刷、清水和清洗剂；再检查污垢是否充分湿润，然后用毛刷刷洗。如有油脂等不溶于水的污垢可用毛刷蘸上清洗剂进行刷洗。

④擦洗。准备好擦洗用的清洗剂和擦洗工具。在泡沫清洗机中装入清洗剂，向车身均匀喷洒清洗剂，然后用海绵或毛巾按照从上向下的顺序擦洗车身。若无喷洒清洗剂的设备和工具时，也可用湿毛巾蘸上清洗剂涂抹到车身表面，还可用海绵蘸上清洗剂进行擦拭。注意裙部以下要换另外的毛巾擦车，轮胎擦洗则用软毛刷。

⑤冲洗。冲洗时，先从车顶部开始，从上往下冲，最后冲洗车底部。检查擦洗时是否擦尽了污物、印迹，是否有遗漏。如果擦洗时残留有印迹、污物，还需要进行擦洗清除，以达到彻底清洗的目的。

⑥冲洗洗车液泡沫。泡沫擦拭后，用喷水枪冲洗经过洗车液擦拭后呈浮化状态或悬浮状态的污渍，使其脱离汽车表面。冲洗要求同上。

⑦擦干。第一步，待车身上的洗车液泡沫完全冲去后，用半湿的大毛巾将整车从前到后擦拭一遍，然后再用软毛巾从上到下逐块擦干车身、车门内边框。第二步，用麂皮仔细将车身再擦拭两遍。第三步，在擦拭完之后，虽然无水痕，但表面并不十分干燥，用吹气枪把车身缝隙和接口处的水分吹干，以便进行打蜡护理。

⑧护理。车身擦干后，应根据客户要求对汽车进行护理作业。

⑨质检验收交车。

验收标准：外部饰件应无尘土、无污垢、无水痕；玻璃应光亮如新，无划痕。

第一步，自检。在验收前，操作者应提前做好准备，按验收标准，自行检查验收一次。看是否存在遗漏，是否达到标准要求。如发现存在问题，应及时采取补救措施，以便顺利通过验收。自检时要对以下部位进行重点检查：发动机边沿及内侧、车门边沿及内侧、车门把手及内侧、油箱盖内侧、车身底部、轮胎及排气管等处。

第二步，共同检查。即由车主、质检员和操作人员三方代表对汽车清洗效果进行检查验收。

6. 考核评价

完成汽车清洗任务后，让学生发表见解，如洗车过程中需要注意的事项等，鼓励学生之间互相讨论、交流、评价。最后，由教师点评总结，着重阐明可学习和借鉴之处，附带点出需要完善的地方。这样的分析与评价，既肯定了学生的成绩，也指出了一些缺陷与有待改进的方面，在激发学生积极性与增强信心的同时，也让学生懂得学无止境的道理，使学生的素质得到全面提升。

实训操作要点考核，见表1。

表1 汽车外部清洗考核表

序号	项目	配分	技术要求	得分
1	喷水枪的使用	5	使用喷水枪调整水压和液流形状	
2	冲洗的手法	10	掌握用喷水枪冲洗车身的手法	
3	车身冲洗	10	掌握冲洗车身操作规程	
4	泡沫清洗机的使用和洗车液调配	15	掌握泡沫清洗机的使用和洗车液调配操作规程	
5	喷洒洗车液泡沫	10	掌握喷洒洗车液泡沫的操作规程	
6	泡沫擦拭	10	掌握洗车液泡沫擦拭操作规程	
7	冲洗车身洗车液	10	掌握冲洗洗车液泡沫操作规程	
8	擦干车身	10	掌握擦干车身操作规程	
9	轮胎上光护理	10	掌握轮胎上光护理操作规程	
10	清洁脚垫	10	掌握清洁脚垫操作规程	
指导教师签名：			总分：	

（二）学生学习方面

（1）获得任务：黄女士的汽车清洗任务。

（2）自主学习、合作学习：学习洗车时用到的各种用品和设备。

（3）知识构建：学习完成这项任务所涉及的知识。

（4）实施任务：采用角色扮演法，工作过程要体现学生为主体、教师为主导的思想。根据人数把学生分成若干个工作小组，每个小组5个人，各组选出组长。由组长负责整个小组的分工协作：一人扮演顾客，一人接待车辆，一人准备工具，一人冲车，擦车时全组成员一起工作，最后一人负责验收交车。整个汽车清洗过程有计划、有步骤地进行，且由组长自主安排每一项任务到组员，确保任务顺利完成。

（5）知识应用：将学到的车身外表面清洗理论知识应用到操作上，完成对黄女士汽车的清洗，并验收交车。

在整个教学过程中，教师是组织者、指导者[3]，给予学生适当的指导与帮助，引导学生分析问题。教师要参与工作小组的交流、讨论，使学生尽快地明确自己的任务，探究出问题的解决方案。在学生自己完成任务的过程中，教师要监控每个小组的任务进展情况，及时发现学生学习过程中的问题，并提供必要的引导，使学生形成良好的思考问题、解决问题的方法和能力。通过教师的帮助，使学生真正学以致用，在校期间就能够了解企业的工作氛围、工作程序和工作方法。这样，也就体现了"学生为主体，教师为主导"的教学理念。

（6）考核评价：完成汽车清洗任务后，学生之间开展讨论、交流、评价，总结经验，指出存在的问题，采用自评、互评、师评三者相结合的方式，最后由教师点评总结，巩固汽车清洗的知识和技能，全面提升学生的素质。

五、基于工作过程系统化的汽车美容课程教学的效果

在汽车美容课程中引入基于工作过程系统化的教学模式，通过解决实际问题来实现学生对知识和技能的掌握，大大提高了学生的学习积极

性和主动性。学生在完成工作任务过程中，牢固掌握了课程要求的知识和技能，提高了分析问题和解决问题的能力，以及与其他同学团结协作的精神和协调工作的能力，为顺利走上工作岗位打下良好的基础。这种教学模式体现了学生在"做中学，学中做"的主导地位。

六、结束语

基于工作过程系统化的汽车美容课程教学模式，是一种新型的教学模式，需要在教学实践中不断改进和完善，以使这种教学模式切实有效地应用到汽修专业教学之中，从而提高中职汽修专业教育的教学质量，提高中职生的职业能力和职业素养，力求使其更适应企业工作岗位需要。

参考文献

[1] 侯勇强. 行动导向的项目驱动型课程教学模式设计 [J]. 广东技术师范学院学报，2008（2）：104–106.

[2] 马振宇，吴杰，车小平. 汽车美容与装饰一体化教程 [M]. 北京：人民邮电出版社，2014：11–13.

[3] 袁三梅，周坚. 论行动导向教学与职业能力的培养 [J]. 中国成人教育，2008（1）：133–134.

中职学校单一性别班级"差异化设计 立体式共育"心理健康教育模式的构建与实践[①]

盛志榕

（南宁市第四职业技术学校）

摘　要：因材施教是心理健康教育工作取得实效的必然要求。文章以南宁市第四职业技术学校为例，在心理健康教育实践中，关注教育对象的独特性，分析单一性别班级学生心理特点及利弊，研究心理健康教育的对策，探索形成具有单一性别班级特色的"差异化设计，立体式共育"心理健康教育模式。

关键词：中职；单一性别；心理健康教育模式

南宁市第四职业技术学校项目组以广西职业教育改革项目"中职学校单一性别班级学生心理健康教育的实践研究"为主要载体，以学校班级为研究对象，开展了基于班级性别环境差异的心理健康教育的研究。经过研究与实践，构建了中职学校单一性别班级"差异化设计，立体式共育"心理健康教育模式。该模式强调心理健康教育要从包含性别环境在内的具体学情出发，因性别差异而施教，通过调整教育策略，将单一性别环境由劣势转化为教育优势，依靠学校、家庭、企业、学生等多元主体，整合班内、班际等两个教育资源，通过心理课课程教学、心育活动、心理咨询、班级文化、心理网站、社会支持系统等六种渠道，增强心理健康教育的针对性和有效性。

---

① 项目基金：2012年度广西中等职业教育教学改革项目"中职学校单一性别班级学生心理健康教育的实践研究"成果之一。

一、"差异化设计，立体式共育"心理健康教育模式的理论框架

中职学校单一性别班级"差异化设计，立体式共育"的内涵可以概括为四个方面，即"差异化设计""双层面并举""立体式共育""六平台互补"，如图1所示。

（一）差异化设计

"差异化设计"，是指充分考虑班级性别环境的差异来"因性施教"，设计有区别的教育方案。包括针对单一性别班级学生心理特点，创新心理健康教育课程的教学内容、教学方法、教学资源，编写适用于单一性别班级的教学设计（含教案、课件等）；创新心理健康教育活动，设计系列心理健康教育活动方案，等等。

（二）双层面并举

"双层面并举"，是指在班内、班际两个层面开展心理健康教育，其中，班内教育重在因势利导，将单一性别劣势转化为优势；班际教育重在拓展资源，弥补单一性别环境的缺陷。

（三）立体式共育

对心理健康教育的"实施主体""实施渠道""教育内容"三个维度进行改革创新，建设一个三维立体的心理健康教育体系。

（四）六平台互补

"六平台互补"，即通过心理健康教育课程教学、心理健康教育活动、心理咨询、班级（校园）文化、心理健康网站、社会支持系统六个渠道呵护学生心理健康。

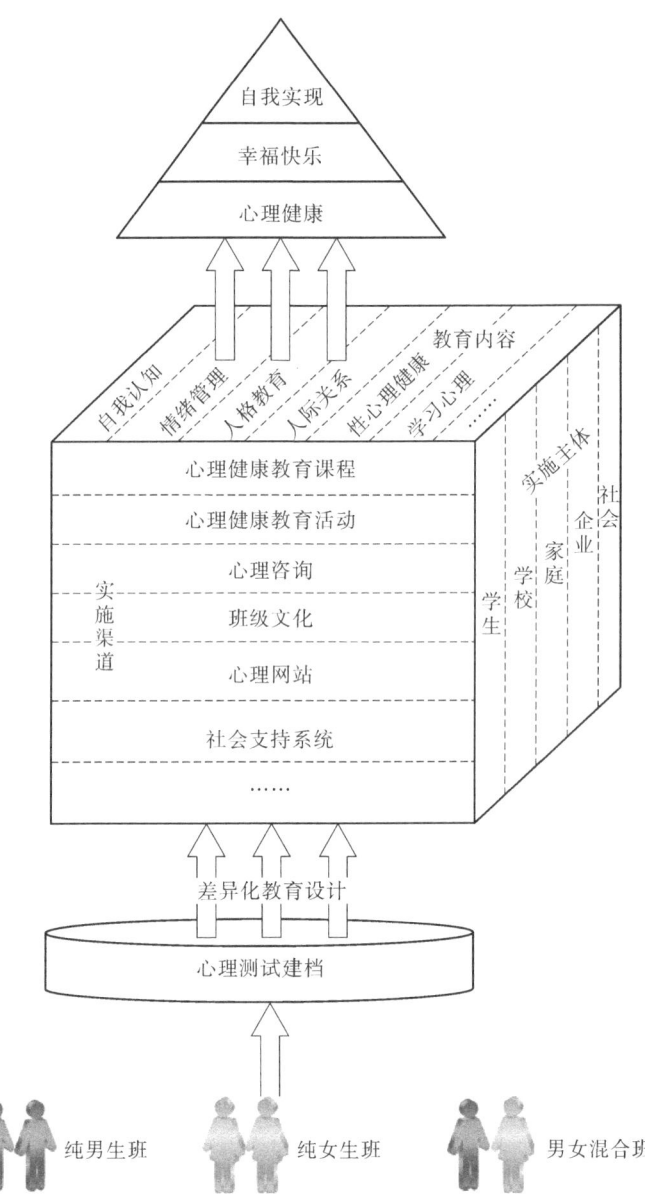

图1 中职学校单一性别班级"差异化"心理健康教育模式

二、"差异化设计,立体式共育"心理健康教育模式的实践

(一)教育内容和教育资源的改革

1. 心理健康教育课教学

(1)针对纯男生班级与纯女生班级常见心理问题与心理发展需求,设计不同的教学内容。例如,针对纯男生班级学生情绪自控能力弱、打架现象频发的问题,可以设计《有效制怒,解决冲突》的教学内容;针对纯女生班级学生人际关系敏感、人际沟通不畅的问题,加强人际信任和人际交往能力的辅导和教学。

(2)发挥单一性别环境的优势,做好青春期教育。中职学生正处于青春期,身体的迅速发育使他们的外表越来越像一个成人,但他们的心理发育却很不成熟。大量研究表明,针对中职生的青春期性健康教育的缺失具有相当的普遍性,造成中职生性健康知识缺乏,恋爱观和性爱观出现偏差,过早性行为的发生率也偏高。因此,有必要将正确的性健康、恋爱观、性爱观的教育引入学校,引入课堂。纯男生班级、纯女生班级由于学生性别环境单一,恰恰使这些性教育更为便利和大方,避免学生听课时面红耳赤、教师讲课时犹抱琵琶半遮面的问题,从而取得更好的效果。

(3)因性别差异,在纯男生班级与纯女生班级心理健康教育课程教学中灵活选择不同的教学手段与教学资源。例如,音乐以其独有的特点与魅力,连接着人心灵的最深处,对人的心理影响之巨、影响之深,非言语所能描述。巧妙运用音乐,可以增强心理健康课的教学效果[1]。在运用音乐辅助心理健康课教学时,可以选择不同的音乐。在纯女生班级我们推荐如下音乐:张韶涵的《隐形的翅膀》、徐峥的《我们都是好孩子》、李宇春的《我们都一样》、范玮琪的《最初的梦想》、容祖儿的

《挥着翅膀的女孩》、许茹芸的《蜗牛》、许美静的《阳光总在风雨后》、萧亚轩的《我要的世界》、张靓颖的《光芒》、孙燕姿的《梦不落》、张靓颖的《我相信》、张靓颖的《漫漫人生路》、许飞的《我要的飞翔》、郭静的《每一天都不同》、龚玥的《步步高》、范玮琪的《启程》等。在纯男生班级我们推荐如下音乐：周杰伦的《蜗牛》、张雨生的《我的未来不是梦》、刘欢的《从头再来》、Beyond 的《海阔天空》、汪峰的《飞得更高》、零点乐队的《相信自己》、任贤齐的《永不退缩》、吴奇隆的《追风少年》、屠洪刚的《精忠报国》、韩磊的《向天再借五百年》、周华健的《真心英雄》、林子祥的《男儿当自强》等。

2. 心理健康教育活动

（1）班级活动强调因性施教

在不同性别环境的班级，安排不同的班级心理健康教育活动的内容和形式。

①教室文化

教室文化是校园文化的一种独特的文化形态，它扮演着传递社会规范、价值观念、科学知识、传统习俗和促进学生个性社会化的角色。健康向上的教室文化，既有助于增强班集体凝聚力，促进班风建设，也在潜移默化中滋养学生的心灵，促进学生心理健康水平的提高。建设良好的教室文化，应适应班级特点，摸班情、明目标、定规矩、配硬件、改软件，通过心理健康知识手抄报、个性宣言、心理漫画赏析等载体，融素质教育和职业教育于教室文化建设之中，创建风格各异的单一性别班级教室文化。同一载体，在纯男生班级和纯女生班级往往会呈现不同的风格。女生班教室可温馨、细腻，男生班教室应须简洁、阳刚。

②心理电影

针对单一性别班级学生心理特点，利用电影这种超文本媒体介入课程，发挥电影资源的教育功能，将影视教育渗透心理健康教育中，遵循"观片感受——明理内化——拓展导行"的教育方式，利用电影创造氛围、体验生活、愉快教育、助人自助，取得较好的效果[2]。心理健康教育中的心理影片赏析，无论是目的，选材还是观看方式，都与一般的电影观看有较大区别。首先在选材上，我们需要挑选那些能够表现人的心理成长的影片，要确定好赏析的方向，这种目的性是很典型的。可以建立心理影片的资源库，根据主题和适用性别的不同来进行归类整理。按主题分类，有以逆境中的不屈不挠为主题的《肖申克的救赎》《美丽人生》等，有以心怀梦想为主题的《小鞋子》《我的左脚》等，有以怀念与感恩为主题的《天下父母心》《站稳了，别趴下》等，也有像《爱德华医生》《自闭历程》等更贴近心理学专业领域的影片。按适用性别分类，根据纯男生班级和纯女生班级学生心理特点的不同，可以选择播放不同的影片。适合纯女生班级欣赏的影片如：《乱世佳人》（坚强）、《母女情深》（亲情）、《简·爱》（尊严）、《蒂凡尼的早餐》（虚荣）、《白领丽人》（才华）、《钢琴课》（沟通）、《漂亮女人》（浪漫）、《紫色》（苦难）等。适合纯男生班级欣赏的影片如：《阿甘正传》（执着）、《东方不败》（才华）、《美国往事》（人生）、《罗马假日》（爱情）、《勇敢的心》（勇气）、《辛德勒的名单》（责任）、《肖申克的救赎》（信念）、《E.T》（童心）等。观赏心理影片要注意做好"体验分享"，这是心理影片技术运用的关键环节。学生们在体验分享中，交流观看影响的感受体会，分享心理层面的启发。在这一环节，教师要抓住契机对影响进行一定升华，实现心理教育的目标。

③少女（少男）课堂

将单一性别班级学生性别环境单一的劣势转化为开展性健康知识教育的便利条件，开办少女课堂和少男课堂，引导学生学习性科学知识，树立正确性爱观，提升其心理成熟度，使心理的成熟与身体的成熟相吻合。

（2）班际活动强调"异性效应"

通过组织交谊舞培训（舞会）、拓展训练、心理沙龙等促进异性信任与交往的活动，发挥异性效应在心理健康教育中的作用。

异性间的相互吸引，是中职生青春期性生理与性心理逐渐走向成熟的必然现象。研究表明，男女两性共同参加的活动比只有同性参加的活动，参与者感到心情更加愉快，干得也更起劲、更出色，这种现象被称为"异性效应",这是社会活动中普遍存在的一种心理现象。单一性别班级学生由于缺乏在正常渠道与异性同学共同学习成长的条件,容易导致两个极端:一是缺乏与异性交流沟通的胆量和技巧;二是趋于异性同学交往中走向恋爱和过早的性行为。因此,要积极开展班际的心理健康教育活动,为单一性别班级学生提供异性交往的平台,发挥"异性效应",促进异性同学实现知识、性格、德行和情感上的互补互鉴,加快他们的社会化进程,在交往中学习习俗礼仪,学习行为规范,体验自己的性别角色,养成良好的品行。

为单一性别班级学生增加异性接触的机会,发挥"异性效应"在心理健康教育中的作用,要注意两个问题:一是鼓励交往,顺其自然,切忌威逼强迫;二是重视心灵沟通,也不回避肢体接触。交谊舞活动、拓展训练活动、心理沙龙活动等都是发挥异性效应的有效途径。

①交谊舞培训

交谊舞将音乐、艺术、体育和娱乐融为一体,是有益于身心健康的娱乐方式和生活中常见的交往活动方式,已成为世界各国普遍的一种社交活动,因而被称为"世界语言"。在学生中开展主题交谊舞会,不仅能丰富学生的课余生活,锻炼身体,放松心情,还能培养社交能力,增进异性同学友谊,从而也有利于心理健康的维护。

②拓展训练

利于发挥"异性效应"的拓展训练一般有两种情形。

其一是需要男女学生运用团队智慧和力量的拓展训练。

例1:"同舟共济"。男女学生混合分组,在每一组的圈内放上一张报纸,假设学生站着的地面就是一片汪洋大海,而这张报纸则代表汪洋大海中的一条小船,要求小组成员想方设法使全体成员同时登上船,身体的所有部位要在这条船上,坚持10秒为成功。然后将报纸不断对折继续登船。以最后成功站立的报纸面积最小者为胜利的小组。

例2:"解手链"。一般10人一组,每组围着站成一个向心圈,老师说:"先举起你的右手,握住对面那个人的手;再举起你的左手,握住另外一个人的手;现在你们面对一个错综复杂的问题,在不松开的情况下,想办法把这张乱网解开。"告诉大家一定可以解开,但答案会有两种。一种是一个大圈，另外一种是两个套着的环。通过活动，让男女同学体会在解决团队问题方面都有什么步骤，聆听在沟通中的重要性，以及团队的合作精神。

例3："盲人一家亲"。分为4组，每个人将会有一个数字，看好数字后戴上眼罩，小组成员将会被拆散到活动室的各个角落，在不能说话、彼此看不到的情况下，小组成员能重新找到，并按照手中数字的大小由小到大按次序排好。活动后请学生思考：在整个过程中有哪些感受；遇到什么困难，如何解决困难的；假如再来一次的话，在沟通方面需要注意什么会更好一些。通过这些讨论，让学生们感受到非语言沟通的重要性，以及沟通方法与沟通技能的改善与提高。

其二是促进异性信任与交往的拓展训练。

例1："信任背摔"。信任背摔是拓展训练中最具典型意义的项目之一。目的是通过这个活动建立起彼此间的信任关系。当人站在1.4米的跳台上直挺挺地向后倒下的时候，在台下方的同学会用手托起成一个"人床"把台上摔下的人接住。活动让男女学生学会信任，学会团结，学会默契，学会感恩，学会敢于挑战，强化团队凝聚力和整体竞争力，增强了学生的责任感和荣誉感，达到"磨炼意志，陶冶情操，发掘潜能，融炼团队"的目的。

例2："信任盲行"。全体学生分成两队（男生一队，女生一队），一队戴好眼罩，假扮"盲人"。另一队不能说话，扮作"哑巴"。由"哑巴"带领"盲人"在校园指定路线转一圈，"哑巴"要用各种肢体信号警戒"盲人"，传递信息，并保证"盲人"安全。活动后分享："当你失去光明的时候，你的想法是什么？当你被牵着，走到教室外的时候，你的感受是什么？当你遇到障碍物时，你的感受是什么？能否凭感觉找到刚刚引领你的人？你对他最想说的两句话是什么？"通过学生之间相互帮助，建立信任与被信任的关系，感受同学之间珍贵的友谊，学会感恩身边同学的帮助。

例3："飞越黄河"。这是一个需要成员共同努力才能完成的任务。每个小组成员分别从一根及腰高的绳子上通过，如果有一个成员碰触绳子，则任务失败。在分享过程中，学生们通常讨论活动过程中的互相帮助、支持、齐心协力、牺牲精神、不抱怨和信任等人际交往中很重要的因素。

③心理沙龙

由学生会组织或学生社团组织牵头，以大家感兴趣又不知如何应对的问题为主题，招募包括男生女生在内的成员，开办沙龙活动共同讨论。沙龙活动中，通过营造轻松愉快的氛围，有趣的热身游戏，拉近参与者之间的距离，增进异性同学的交往，大家畅所欲言，交流对问题的看法和应对经验，提高心理调控能力。

（二）实施主体的改革

"实施主体"方面的改革，包括校内和校外两个层面，通过构建中职生心理健康教育网络体系，形成多元主体共同引领学生健康成长，如图2所示。

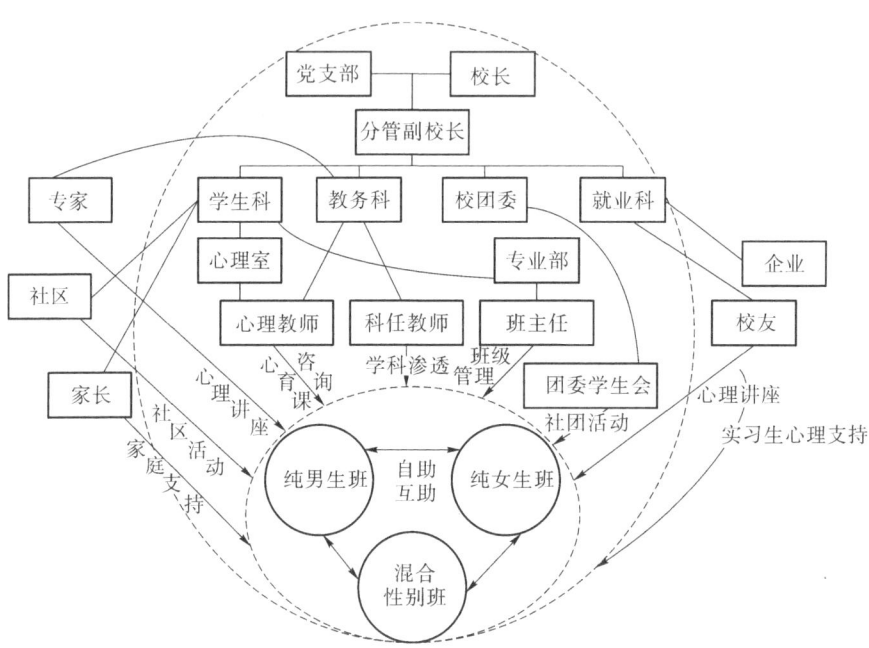

图2　中职学校单一性别班级"立体式共育"心理健康教育网络体系

校内成立以分管副校长为组长的学生心理健康教育工作领导小组，制定学校《心理健康教育制度》《心理健康教育工作实施细则》《心理咨询室工作条例》等制度文件，明确学校、学生科、专业部、心理咨询中心、班主任、科任教师及学生等在心理健康教育工作中的职责和主要工作方法，其中特别强调通过学生互助与自助促进学生健康成长。加强心理教师的培养培训，建设了一支专业化的心理健康教育师资队伍。

在校外，通过成立校（班）家长委员会、研发校讯通 App 等手段加强家校沟通，发挥家庭在心理健康教育中的作用；通过校友和企业代表进校园、为实习生聘请企业师傅等形式，发挥企业在心理健康教育中的作用。

（三）实施渠道的改革

"实施渠道"方面，打造由课程教学、心育活动、心理咨询、班级文化、心理网站、社会支持系统构成的心理健康教育"六大平台"。一是面向一年级学生开设必修的心理健康教育课；二是分别由学生科（团委）和班主任牵头，开展学校和班级两个层面的心理健康教育活动；三是加强学校心理咨询中心建设，不断改善咨询条件和环境，配备专职心理辅导教师，开展心理咨询工作；四是加强校园文化和班级文化建设，实现文化育人；五是建设集心理测评与分析、网络在线心理咨询、心理健康知识宣传等于一体的学校心理健康教育网站；六是通过心理健康教育网络体系的构建及班级建设、学生社团建设，为学生提供强大的社会支持系统。

三、"差异化设计，立体式共育"心理健康教育模式的创新点

（一）心理健康教育的关注点创新

"差异化设计，立体式共育"心理健康教育模式的构建过程，也是从性别差异角度对中职生心理健康教育进行研究与改革的过程，为丰富和拓展职校心理健康教育学术研究提供了新的视角和案例。

（二）心理健康教育的思路创新

该模式将心理健康教育模式的建构路径从传统的管理本位转变为学生本位，由过去的从教师教育需要出发转变为从学生发展需要出发，关注学生的差异性，强调为学生提供心理帮助的全方位性，并强调学生的自助成长，体现了以人为本的原则。

（三）心理健康教育的形式创新

通过"差异化设计，双层面并举"，增强了心理健康教育的针对性和实效性；通过"立体式共育，六平台互补"，构建了全方位的心理健康教育体系。

参考文献

[1] 盛志榕．巧用音乐，增强心理辅导课教学效果［J］．教育界，2014（1）：179–180.

[2] 钟瑶．在心理辅导活动课中发挥电影资源的优势［J］．中小学心理健康教育，2013（7）：14–16.

中职船舶驾驶专业人才培养模式改革与实践

韦景令

（广西交通运输学校）

摘　要：航海人才作为一种特殊行业的专业人才，对学生的技能、知识和素质有特殊的要求，具有明显的岗位职业性。文章以广西交通运输学校船舶驾驶专业为例，探索"三方合作，四阶渐进"的人才培养模式，建立"三能养成，三证融通"的船舶驾驶专业课程体系，推行"题卡导学，真仿合练"的教学模式，完善"履约依规，三方评价"的多方评价模式。

关键词：船舶驾驶专业；三方合作；三证融通；题卡导学；三方评价

一、中职船舶驾驶专业的改革背景

航海人才作为一种特殊行业的专业人才，对学生的技能、知识和素质有特殊的要求，具有明显的岗位职业性。21世纪的航海教育必须面向国际、面向航运市场、面向未来航海技术发展，注重创新能力的培养，朝着国际化、信息网络化、知识综合化、类型多元化的方向发展。2012年3月1日，《中华人民共和国海船船员适任考试和发证规则》（简称"11规则"）开始实施。近几年，《中华人民共和国海船船员适任考试大纲》也对船舶驾驶专业人才的适任考试与评估内容不断进行修订和完善，兼顾了航海技术与船舶设备的现状与发展，以满足船舶岗位工作的实际需要为出发点，强调在评估考试中实际操作的重要性，突出对船员风险评估、预防预控和应急应变能力的考察等。这些行业标准的变化与提高对航海职业教育尤其是中职航海职业教育人才培养质量提出了更高要求。

为了主动适应行业新标准，广西交通运输学校船舶驾驶专业教学团队在对船舶驾驶人才市场和用人单位需求调查的基础上，从职业分析入手，对船员典型岗位和岗位群进行详细分析；通过调研，形成船员典型工作任务与职业能力分析调研报告，对船舶驾驶专业培养目标和能力培养要求进行再定位。以服务广西地方经济发展为宗旨，以培养学生的职业技术应用能力为主线，以社会需求和就业为导向，以培养学生的基本技能、专业技能和可持续发展能力为重点，充分考虑学生政治思想道德素质、职业素质、身心素质和人文素质的培养，最终形成了校企政"三方合作，四阶渐进"的人才培养模式和"三能养成，三证融通"的船舶驾驶专业课程体系。

二、中职船舶驾驶专业的改革思路

为了充分了解船舶驾驶专业的人才需求情况，掌握人才市场动态，提高人才培养的针对性、准确性和适应性，我们成立了由学校专业教师、海事专家和企业专家组成的专业建设指导委员会，在专业建设指导委员会的指导下，深入基层、深入航运企事业单位，邀请船舶驾驶各层次高级船员召开座谈会，进行全面、广泛的人才市场调研，对调研数据进行科学的分析，形成专业人才市场调研报告，以此作为人才培养模式改革及专业课程设置的重要依据。

我们先后调研了南宁锦鸿船舶服务有限公司、广西润桂船运有限责任公司、广西北部湾旅游股份有限公司、钦州市港口（集团）轮驳有限公司等18家沿海、沿江航运事业单位，重点调研了中职船舶驾驶专业毕业生的主要就业岗位、岗位职责、主要工作任务、职业能力及从业资格证书等。

根据人才市场调研，确定船舶驾驶专业人才培养目标，主要面向广西区内沿海、沿江航运、港务等企事业单位，培养符合"STCW公约马尼拉修正案"和"11规则"等公约、法规文件要求，具备较高职业素养和较强职业能力，从事沿海航区三副或内河三副工作的高素质劳动者和技术技能型人才。

三、中职船舶驾驶专业的改革实践

(一) 构建船舶驾驶专业人才培养模式

船舶驾驶专业与广西海事局、区内航运企业(校、政、企"三方")共同设计、制定符合"STCW公约马尼拉修正案"和"11规则"等海事公约及法规的船舶驾驶专业人才培养方案。结合本专业学生从甲板实习生成长为船舶驾驶员的职业发展路径,将人才培养过程分为专业认知、专业基础、专业适任、专业拓展等四个依次递进阶段。形成"三方合作,四阶渐进"的人才培养模式,如图1所示。

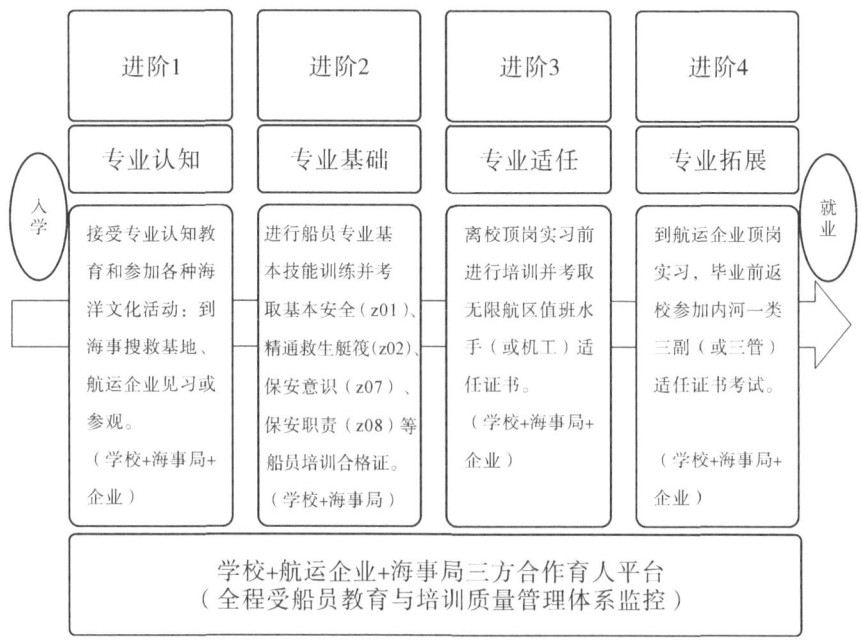

图1 航海专业"三方合作,四阶渐进"人才培养模式

(二) 建立新的船舶驾驶专业课程体系

根据专业人才培养目标,中职船舶驾驶专业主要培养从事沿海航区三副(或水手)或内河三副工作的高素质劳动者和技术技能型人才。

本专业课程体系基于培养沿海航区三副构建，内容涵盖内河三副课程。根据人才市场调研结果及学校专业实际情况，结合广西北部湾经济带发展和西江亿吨黄金水道建设对航运人才需求，召开实践专家访谈会，在行业专家和职教课程专家的指导下，进行岗位工作任务与职业能力分析，对典型工作任务进行了学习任务转化，形成"三能养成，三证融通"的船舶驾驶专业课程体系。学生在完成全部理论和实践教学内容后，可根据自身能力及就业意愿选考沿海航区三副适任证、内河三副适任证或值班水手适任证。船舶驾驶专业"三能养成，三证融通"的课程体系，如图 2 所示。

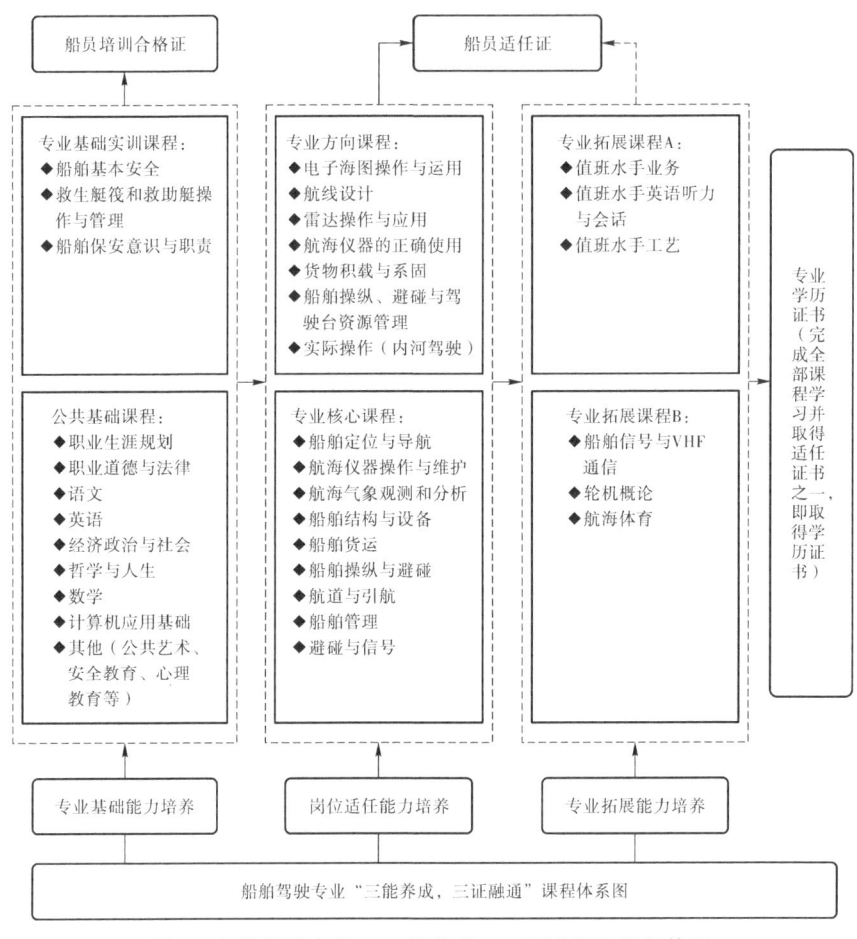

图 2　船舶驾驶专业"三能养成，三证融通"课程体系

1. 建设优质课程资源和开发教材

为提高学生船员工作岗位技能培养质量，船舶驾驶教学团队完成了"船舶操纵与船舶避碰""船舶管理"2门优质核心课程和"船舶操纵模拟器使用教程"1门校本教材信息化教学资源的开发并投入教学使用；完成了1本公开出版教材《船舶驾驶员实操训练指导书》和3本校内校本教材《船舶操纵与船舶避碰》《船舶管理》《船舶操纵模拟器使用教程》，并在教学应用实践中不断改进与完善教材内容，大大提高了人才培养质量。

2. 建设信息化教学资源库

借助数字化校园平台，建成含 PPT、动画、教学视频、题库、海事公约法规、船员证书考试大纲等数字化资源的驾驶专业教学标准子库和自主学习型课程子库。

3. 推行"真仿合练，题卡导学"的教学模式

船员证书的考取是船舶驾驶专业学生上船顶岗实习、就业的先决条件。船舶驾驶专业教学团队通过认真研析《中华人民共和国海船船员适任考试大纲》和《中华人民共和国内河船舶船员适任评估大纲》，编制了相应证书考试课程的题库和相应技能考试实操项目的训练题卡，以一体化课程为主线，引导学生按行业标准进行专业知识学习与岗位职业技能训练。通过完善船舶操纵模拟器实训室，新建轮机模拟器实训室和电子海图实训室，为学生在校内创建实船模拟工作环境。专业核心课程教学在航海仪器实训室真船设备进行分项教学，再利用船舶操纵模拟器实训室、轮机模拟器实训室、电子海图实训室等模拟仿真教学设备，采用行动导向法进行综合性技能操作与训练，践行理实一体化的"真仿合练，题卡导学"教学模式[1]。目前，包含优质核心课程中的"船舶操纵与避碰""船舶管理""船舶定位与导航"等，专业核心课程中的"船舶操纵、避碰与驾驶台资源管理""机舱资源管理""电子海图系统""航海仪器使用"等教学任务都能实现"真仿合练，题卡导学"教学模式，教学效果明显，同时也使学生学习积极性更高，学习路径更广，学习效率更好，技能掌握更快。

4. 实施"依规履约，三方评价"的教学评价模式

学校重新修订了《学生学业评价指导意见》，编制了新的《学生学业评估手册》，改变了以试卷成绩对学生学业进行评价的传统评价方式。同时，以真正适应行业需求，培养学生扎实的理论基础知识、良好的动手和解决问题能力为目的，进行专业课程教学评价改革。在理论考核方面，增加实践性强的考核内容并在教研组内实行教考分离；在技能实操考核方面，在学生参加海事局组织的船员适任证技能考试前，邀请企业专家按照船员适任评估大纲标准，对学生技能进行考核，评价学生对专业技能的掌握情况，以提高学生船员适任证书的考试成绩和通过率。从近两年的统计来看，学生双证率从原先不足85%提高到目前95%以上。

四、结束语

船舶驾驶专业人才培养受到国际公约和国内法规约束，在人才培养过程中"工"与"学"如何有机融合需要我们不断进行探究与实践。在现阶段，要充分利用学校船舶驾驶专业的真船设备及船舶操纵模拟器、轮机模拟器、电子海图等仿真教学设备实施理实一体化的"真仿合练，题卡导学"教学模式，使教师从教学活动的主导者、组织者转变成教学活动的引导者、辅助者，使学生成为真正的教学主体，发挥学生的主观能动性，充分体现"以学生和学习为中心"的中等职业教育理念。

参考文献

[1] 李军. 在模拟航海职业环境下工学一体是航海类专业工学结合的最佳模式 [A]. 2008年度交通教育科学优秀论文集 [M]. 北京：人民交通出版社，2009：110.

口腔工艺技能竞赛机制的构建与实践

韦振飞

（南宁市卫生学校）

摘 要：在培养专业能力过硬的口腔工艺技能实用型人才过程中，通过构建口腔工艺技能竞赛机制，搭建高素质技能型人才培养平台，建立与岗位能力标准一致的实践教学评价与考核系统，加强教学资源建设，提高技能教学成效，全面提升口腔修复工艺专业的教学质量。

关键词：口腔工艺技能；竞赛机制；构建与实践

竞赛要与教学和学生活动相融通，赛学结合，学练一体。对于中职学校而言，举办职业技能竞赛的最终目的在于通过竞赛强化学生的职业技能，提高学生的综合素质，培养学生解决实际问题的能力，这与学校的教育目的是一致的[1]。因此，在实践中应该将竞赛与教学和学生活动结合起来，将竞赛融入学校的专业建设、教学改革和学生工作中。通过举办和组织职业技能竞赛，提高高职学生的职业技能水平，为区、国家及国际级职业技能竞赛输送人才，对我国中职教育和职业技能竞赛的发展都具有必要性和现实意义。

南宁市卫生学校从2010年起对口腔工艺技能竞赛机制做了深入的研究，组织了校级"现代杯"口腔技能大赛，制定全国"日进杯"参赛选手培养方案并认真执行，近年来都取得了优异成绩。在组织校级"现代杯"比赛和准备参加全国"日进杯"大赛过程中积累了丰富的经验，构建了具有地方特色的口腔工艺技能竞赛机制，全面提高该校口腔工艺技术专业的教学质量，并将这些经验应用于教学中，其效果则从学生顶岗实习和毕业生就业率中得到验证。

一、构建口腔工艺技能竞赛机制培养高素质技能型人才

(一) 组织"现代杯"校级口腔技能竞赛

自2003年以来,深圳现代牙科器材有限公司一直是该校口腔工艺技术专业学生的实习单位,有着良好合作传统。本着双方自愿原则,从2011年,双方合办南宁市卫生学校"现代杯"口腔技能竞赛,由深圳现代牙科器材有限公司出资冠名且协办、学校教务科主办,具体由口腔教研室承办,成立了口腔技能竞赛委员会,校企双方共同负责比赛的具体事宜和评委团的组成。

1. 校级口腔技能竞赛机制构建原则

(1) 竞赛与教学相融通,赛学结合,学练一体

在实践中,为了使竞赛能与教学和学生活动结合起来,该校将竞赛融入学校的专业建设、教学改革工作中。如将竞赛项目雕牙、全口义齿排牙与牙龈雕刻纳入教学计划,成立专门课程并与实际应用相结合,以竞赛推动教学内容、教学模式、教学体系改革,使教学改革、技术应用与创新、职业技能竞赛之间形成良性互动,达到教学质量和竞赛成绩的双丰收。

(2) 与全国"日进杯"口腔工艺技能竞赛相衔接

技能竞赛项目的设置一方面要与学校的人才培养目标、人才培养方案和课程相结合;另一方面要建立与国家、省、市级职业技能竞赛的互通机制。"日进杯"是为全国在校生举办的口腔工艺技能顶级赛事,目前开设有牙体雕刻和全口义齿排牙及牙龈雕刻两个比赛项目。为与"日进杯"衔接,学校"现代杯"以牙体雕刻和全口义齿排牙及牙龈雕刻两个项目为主项,还根据教学内容加设蜡型、卡环弯制等项目,为全国竞赛公平地选拔参赛选手,构建校级、省级、国家级的三级竞赛机制。

(3) 与职业技能鉴定相衔接

口腔教研室积极与自治区职业技能鉴定中心联系沟通,将技能竞赛项目和内容与国家职业资格证书标准相结合,口腔技能竞赛项目与职业

技能鉴定操作题相结合，使学生通过竞赛训练，达到职业资格标准的要求，取得相应的职业资格证书。这样可以有效利用竞赛资源，也可增强学生参赛的积极性和竞赛的实效性。

2. 管理体系

技能竞赛是一项系统工程，需要完善的组织机构和健全的运行机制，为其深入持久的开展提供保障。学校成立了由分管教学工作的校领导、教务科、教研室和深圳现代牙科器材有限公司技术培训中心负责人组成的技能竞赛指导委员会，负责技能竞赛活动的整体规划和组织。技能竞赛指导委员会下设办公室，负责技能竞赛项目审核、竞赛经费及竞赛档案管理等。口腔教研室负责技能竞赛题库制定和竞赛项目的设置，组织竞赛培训，监控竞赛准备及实施竞赛过程，并通过"现代杯"选拔全国"日进杯"参赛选手。

3. 比赛时间与辅导训练

学校"现代杯"的举办时间定在每年6月上旬，参加对象是在校二年级口技学生。为提高赛事整体水平，该校指定专门的指导教师进行辅导，介绍比赛规则和评分标准。面对全体学生采取赛前开放实训室、延长集中训练时间、有针对性对学生进行指导、组织学习小组进行技术交流，组织学生作品校内展示等，提高学生的参赛水平。

（二）制订全国"日进杯"口腔技能展评参赛选手培养方案

为有效运用有限的训练时间，加强技能实训，提高训练质量，学校制订了参赛选手培养方案，并随年度赛事要求做调整，这种机制使该校近两年取得较好的竞赛成绩。具体方案如下：

1. 成立辅导团队

辅导团队由四位专业教师和口腔教研室主任组成，于2011年派这些教师参加由中华口腔医学会委托日进齿科公司开办的雕牙及全口义齿全国师资培训班学习，大大提高了他们的技能训练指导水平，更惠及日常的教学。因为比赛的专业技术性很强，且训练和准备的过程也较长，只有依靠团队协作及各位指导教师的专长，才能全方位指导参赛选手。

2. 科学筛选参赛选手

在筛选参训选手时，要选择踏实、认真、心灵手巧、身体健康，有责任感、集体荣誉感，有一定美术功底的学生。他们的专业课成绩不一定很好，但一定要能吃苦耐劳。只有具备这些条件的学生，经过一段时间的培训，才能达到参赛要求。参训选手筛选途径为：

（1）通过校内"现代杯"比赛选拔或任课教师直接推荐，选拔20多名选手集中训练。

（2）经过定向培训后，依据培训表现和多次模拟比赛成绩确定参赛选手最终名单。

3. 制订详细的训练计划

根据"日进杯"展评时间与教学实际情况，在最终确定参赛选手后，辅导团队经讨论后制订详细的强化训练计划，包括训练时间、进程、质量要求、训练量、后勤保障、教师轮换、模拟比赛，等等，并严格按计划进行训练。

4. 认真观察训练过程

从一名参训选手成长为参赛选手，是一个非常艰辛而漫长的过程。只有那些身体健康、能吃苦耐劳、技能突出的学生才能参与最后的决赛。不管是排牙还是雕牙，其训练过程都是枯燥的，需要足够的耐心和不厌其烦的反复训练。此外，强烈的责任感和集体荣誉感，也是参赛选手必备的。具备这些素质的选手才能从容应对一些突发事件，顺利参赛。否则，他们只好选择放弃或被淘汰。

5. 聘请行业专家指导

在训练过程中，学校聘请行业专家予以指导。一方面，口腔修复人员牙齿排得好不好，或者牙雕得是否漂亮，由资深的口腔工艺行业专家给予评定更具有权威性，他们根据实践经验与学识给出建设性的意见。选手根据他们的意见不断改进，会取得意想不到的效果。另一方面，选手也希望通过这种方式激励自己。因为这些专家在口腔工艺专业领域都有所建树，是选手崇拜的对象，能有机会与这些专家近距离探讨问题，使选手倍感自豪，从而增强自信心。

6. 临赛心理辅导

随着比赛的临近，选手会出现各种负面情绪，如紧张、烦躁、忧郁、冷漠，特别是操作水平稍逊的选手，随时会出现各种意想不到的失误，最常见的是操作时割伤自己的手。此时，辅导教师要多与他们沟通，了解他们的心理状况，减轻其思想负担。使他们轻松应对比赛。此外，选手在训练中出现失误时尤其是频繁损坏作品时，教师不要随意批评，要不断安慰与鼓励他们。比赛前两三天，不再布置繁重的任务，给选手营造一种轻松的氛围，缓解他们紧张的情绪，争取获得事半功倍的效果[2]。

（三）竞赛的激励机制

当前，技能竞赛的重要性尚未得到普遍认可，不同激励机制的建立和完善显得更为重要。可以采取物质奖励和精神奖励相结合的原则，科学合理地设置奖励标准和办法。

"现代杯"口腔技能大赛的奖励办法：一是每个竞赛项目设一等奖1名、二等奖3名、三等奖5名、优秀奖10名，由学校和深圳现代牙科器材有限公司联合颁发荣誉证书并给予一定的奖金；二是获奖学生在深圳现代牙科器材有限公司或洋紫荆牙科器材（深圳）有限公司实习，将提前两个月转正，并享受正式工的工资待遇；三是获一、二、三等奖的选手，由学校推荐到优质企业顶岗实习、就业，并直接获得全国"日进杯"学校参训选手集训机会。

对于最终代表学校参加"日进杯"的4名参赛选手，制定奖励办法：一是赛事组委会给予的参赛补助全额发放给选手；二是获奖选手除了赛事组委会给予的奖励外，学校还按相关规定给予一定的物质奖励；三是获奖选手由学校直接推荐给深圳现代牙科器材有限公司、南宁市靖佳齿科技术中心等优质诚信企业就业，提前四个月转正。

建立和完善中等职业教育技能竞赛的激励机制，科学、合理的各种奖励和鼓励对参赛单位和选手是一种鞭策，是对广大职业教育工作者的一种肯定，也是对中等职业学校学生和教师的一种回报[3]。因此，学校建立和完善技能竞赛的激励机制，充分发挥技能竞赛的激励作用，对于技能竞赛制度化的建立，对于充分发挥技能竞赛职业教育改革与发展的助推器作用具有重要意义。

二、建立与岗位能力标准一致的实践技能评价与考核系统

建立一套与"工学结合"一体、与教学模式相适应的、基于学习过程的学生质量评价体系，实现学生学业评价形式的多样化、评价主体的多元化。按照企业升级后的用人标准进行评价，将职业行为规范、道德规范、卫生习惯、仪容仪表等职业素养纳入考核标准中。评价形式多样，如笔试、结构化面试、口试、技能操作考试及竞赛等，评价主体多元化，如学校、企业、行业等。对照岗位标准、结合国家口腔修复工等级考试标准制定多元化、多主体、多层次的能力为主的考核标准。完善以实践教学为重点的监测体系，重视过程考核的评价体系，建立多元化、多主体、多层次的能力考核评价模式。这些评价方式有：过程考核＋终结考核；学生自评＋互评＋教师评价；在校考核＋企业考核；理论考核＋技能评价；职业能力＋职业素养综合评价；学生自己评价＋小组评价＋教师评价等。

三、技能教学成效

（一）学生的学习积极性明显提高

取得较好的竞赛成绩能给学生以心理上的满足感，参赛者都有获得较高名次和实现自身价值的愿望，口腔工艺专业技能竞赛的开展，激发了学生学习的热情，调动了学生学技能、练技能、赛技能的积极性和主动性，加深了他们对专业的感情，激励学生刻苦训练，不断进取。

（二）增强了毕业生的就业竞争力

五年来，学生综合素质不断提高，实习生、毕业生深受企业欢迎，企业争相在学生实习期内提前签约，毕业生一次就业率达100％。

在深圳现代牙科材料有限公司实习的何本山同学曾创下该企业实习生最高绩效,被称为"绩效之王";黄曼同学以8个月实习期6次获评优秀实习生而得到提前转正的机会,并且一次通过考核享受该公司的4级工待遇。

(三) 以技能大赛提升学校知名度

通过充分的准备,口腔修复工艺专业在校学生参加国家级、自治区级各类技能竞赛屡获佳绩。五年来,有7人次在自治区级展评获奖,13人次在全国性比赛中获奖,其中2014年获团体第六名(41支参赛队),2015获团体第三名(44支参赛队),成效显著,提高了学校知名度。

(四) 以技能竞赛促进专业建设

1. 促进实践环节建设

根据竞赛项目,排出训练日程表,通过开放实训室,安排指导教师进行辅导,使教学中心向"实践能力培养"转移,加强学生实践环节的训练,促进实践技能的提高,缩短了学校学习与岗位实际运用的距离。

2. 促进教学薄弱环节建设

学校始终把提高教学质量作为专业发展的生命线,技能竞赛比赛项目代表了专业岗位中技能培养方向。以竞赛为抓手,进一步检验专业教学水平,明确教学薄弱环节以及与实际岗位的差距,从而起到校正教学的目的,对专业今后的教学改革、发展和课程设置做出精准的指向。

3. 促进"双师型"教师队伍建设

通过组织教师指导学生参与技能大赛,促进教师全面掌握义齿加工企业对高素质技能人才培养需求及相关职业岗位的技能要求,及时更新教学内容,改进教学方法,不断提高教学质量。同时教师在指导参赛学生强化训练过程中,本身也受到参赛选手在技能方面的挑战,促使教师不断地提高专业技能水平和实践指导能力。师生在赛中教、赛中学、赛中练、赛中共同提高,形成师生同赛、教学相长的教学格局。

参考文献

[1] 陈利,李绍中. 高职院校学生职业技能竞赛体系的构建与实践[J]. 职业教育研究, 2011 (5): 31-32.

[2] 曾丽萍,陈钟. 浅谈口腔技能大赛参赛选手培养方案[J]. 卫生职业教育, 2010 (11): 11-13.

[3] 史文生. 中等职业教育技能竞赛激励机制[J]. 河南教育, 2009 (11): 15.

基于中高职衔接的物流管理专业人才培养探讨

钟 莹

(南宁市第一职业技术学校)

摘 要：在中高职衔接教育工作开展过程中，专业化学习和人才培养是重点，因此，要践行系统化人才培养方案，维护管理工作和教育培养工作的完整程度。文章对基于中高职衔接的物流管理专业人才培养方案制订过程进行了简要分析，并论述了相关培养措施。

关键词：中高职衔接；物流管理；专业人才培养

一、基于中高职衔接的物流管理专业人才培养方案的制订

基于中高职衔接的物流管理专业人才培养工作，首先要按照标准化流程制订系统化人才培养方案，提升培养的科学性和严谨性。在调研的基础上，开展人才培养方案的制定，主要涉及以下几个方面。

第一，建立有效的物流管理专业市场调研机制。针对物流行业企业、毕业生以及同类校进行调研。一方面，对物流行业内相关企业进行调研和信息收集，在分类工作开展的同时，对物流业工作以及人才需求量等进行整合分析，从而确定技术技能和文化培养结构。另一方面，对物流管理毕业生进行抽样调研，他们是人才培养的检验者，他们毕业后的岗位经验就能为学校的人才培养提供直观的数据和信息，并且为寻找工作的学生提供帮助。除此之外，还对同类学校进行调研分析，从而有效强化个性化人才培养特色[1]。

第二，调查生源结构。对生源结构进行调研和系统化分析，了解中高职衔接物流管理生源的基础知识水平、基础能力和基础态度等，其最大特征就是学生的基础素质较差，学习能力和自我管理能力不强，学习不积极。

第三，研讨管理机制。这是头脑风暴管理措施，创设没有领导和权威元素影响的工作环境，从根本上提高调研项目的实际水平和质量，完善中高职衔接物流管理专业人才管理水平，整合核心技术以及专业知识体系，维护学生核心职业素养的培养工作。

第四，形成物流管理专业内容框架体系。在深入调研的基础上，建构物流管理专业的基础内容框架，尤其是对人力课程结构以及基本素质进行分析，保证专业素养的培养和管理能力的提升[2]。

二、基于中高职衔接的物流管理专业人才培养措施

为了提高中高职衔接物流管理专业人才培养效果，要结合实际情况建立健全动态化管理机制，从根本上落实人才监督机制，完善管理框架和流程，整合市场需求。

（一）优化衔接机制

基于中高职衔接的物流管理专业人才培养工作运行过程中，要完善目标定位，在中高职教育工作开展过程中，完善衔接工作十分关键。目前，在物流专业岗位管理工作开展过程中，主要分为两类基础性项目：第一类是物流操作体系，包括仓管员、报关员以及采购员等。这些工作是中职和高职毕业生在进入物流行业中最先接触的项目，能有效夯实学生的基础技能。第二类，主要是物流管理类，要求在工作一段时间后，物流企业初级管理人员主要是仓库主管、货运主管以及采购主管等，都是较为基础性的管理岗位，能有效提高学生的综合管理水平和能力。而要想胜任这类工作，高职院校学生一般要有两年到五年的基层工作经验。由于在中高职衔接下物流管理专业人才培养中，综合性和实践性是基本要求，要提高衔接效率，就要对学生的整体素质和综合能力予以判

定以及集中培养，对中职教学内容进行有效的知识体系扩展和管理，保证职业能力和专业技术都能顺应高职院校的人才培养机制和实际需求，完善人才培养管理效率。

（二）优化课程衔接

为了全面提高在中高职衔接下物流管理专业人才培养水平，不仅要从管理结构和岗位设置方面进行调整，而且要保证专业课程衔接工作的整体水平，从根本上完善课程的完整性。对于人才培养工作而言，课程是基本的载体，要结合专业课程体系的要求，维护课程连续性和发展性，从以下两点予以调控[3]。

第一，设立系统化的课程设置机制，建立相应的课程体系。按照职业能力的相关要求重组课程，明确人才培养目标，真正落实一体化设计机制和统筹性安排，践行分段式实践教学结构，整合课程设置。从中职教育到高职教育，课程由浅入深，内容逐级渗透，教材满足衔接需求。在课程设置工作开展后，从培养目标和课程体系出发，维护系统化运行。

第二，建立健全专业化课程设置机制，保证衔接结构更加流畅。人才培养的层次化较为突出，只有维护课程设置实效性，才能为后续职业能力培养工作的完善提供坚实的保障。在设置专业课的过程中，重视物流仓储工作、运输工作以及配送相关知识，关注供应链管理及物流营销的知识，从而提高学生的物流管理能力，确保教学目标的完整，优化中高职衔接物流管理专业人才培养机制，培养适应企业的差异化需求的人才。通过落实校企合作机制，提高专业化课程的实际价值[4]。

（三）优化实训衔接

基于中高职衔接的物流管理专业人才培养中，学生理论知识教育十分关键，而实训是检验理论知识的重要路径，需要重视实训教学的衔接工作，提升管理工作和教学过程的完整程度。在物流技能训练过程中，高职院校教学是对中职教学的承接和知识体系的延续，要关注技能训练水平，整合物流专业基础理论和综合职业能力，提升学生解决复杂问题的能力，提高中高职衔接物流管理专业人才水平，实现中职教育的延续，全面落实中高职衔接。

（四）优化教学方式

在教育改革不断深入的基础上，建立健全完整的教学控制机制，从根本上解决中高职衔接物流管理专业人才培养的衔接问题，全面分析素质差异，提高教学效果和人才培养水平。因此，学校要建立健全分析差异化教学机制，整合分层模块教学措施，为学生提供个性化的教学方案；结合学分制和弹性选课机制，建立健全文化课模块，优化模块课程组合，保证学生在统一课程教育的同时，结合自身需求提高差异化水平。这种分层教学机制能在兼顾学生基础性学习需求的同时，为学生实现全面可持续发展提供动力以及发展空间[5]。

（五）优化职业认证衔接机制

对于职业院校学生而言，职业认证十分关键，因此，相关部门在中高职衔接物流管理专业人才培养机制建立的过程中，要对职业认证资格体系进行统筹分析，整合管理效果的同时，保证职业教育框架的完整性。在人才培养过程中，整合差异化目标，完善资格认证管理系统，将物流管理资格认证和中高职衔接物流管理专业人才培养结合在一起，建立教学内容组合以及教材建设机制，保证教学组织结构和分析水平更加贴合学生的基本需求。此外，为了有效提高专业化认证水平，职业院校也要结合学生的实际需求，建立健全相应的培训工作和考核项目，提高学生的学习积极性，为学生创设良好且正向的竞争环境，从而提高学生的综合素质和整体水平，保证中高职衔接物流管理专业人才培养工作的全面性和科学性。需要注意的是，人才认证机构也要顺应时代发展趋势，提高教学组织水平。

（六）优化管理机制衔接程度

基于中高职衔接的物流管理专业人才培养工作中，要建立统一规划、统一布局的管理机制，从根本上运行交流互动措施，建立信息化交流平台，完善分级管理体制，践行共享控制措施[6]。

三、结束语

总而言之,基于中高职衔接的物流管理专业人才培养工作开展过程中,要结合学生的基本学习诉求,建立健全针对性较强的管理教育措施,完善管理体制,提高知识结构的完整程度,整合教育层次的同时,提高教学质量和教育对象的职业素质,实现教育结构的有效衔接,确保学生成为社会发展需求的人才。

参考文献

[1] 朱溪亭. 物流管理专业中高职顺畅衔接的内涵和影响因素研究 [J]. 中国商论,2015(28):182-183.

[2] 许迅安. 物流管理专业高职与本科人才培养的衔接研究 [J]. 中国商论,2016(32):179-180.

[3] 陶春柳. 新常态下物流管理专业中高职衔接推进措施——以苏州职业技术学院为例 [J]. 交通企业管理,2015(11):71-73.

[4] 汤宇曦,李朝晖. 物流管理专业"三二分段"中高职人才培养方案的设计 [J]. 职教通讯,2017(12):1-6.

[5] 秦雯,邹小平. 物流管理专业中高职三二分段课程衔接的实证研究 [J]. 湖北广播电视大学学报,2014(1):44,79.

[6] 娄熠. 物流管理专业中高职人才培养衔接问题初探 [J]. 考试周刊,2014(48):160-161.

基于就业导向驱动的汽车运用与维修专业现代学徒制人才培养模式探索

黄 懿

(柳州市交通学校)

摘 要：通过对比传统和现代学徒制优缺点，分析柳州市交通学校汽车运用与维修专业"现代学徒制"人才培养模式，借鉴"英国现代学徒制[1]"职教精髓，探索符合中国职教特色、学校主导、企业参与、市场调节的"现代学徒制"职教模式。

关键词：就业导向；现代学徒制；汽车运用与维修专业；人才培养模式

当前，包括技工学校、职业中学教育、普通中职学校及各种短期技术培训在内的职业教育主要承担为企业输出初级、中级汽车产业技术工人的使命，我国单纯以学校为中心的传统型人才培养模式一直存在一些困惑，开展人才供给侧教学改革弊端凸显；而西方国家将传统学徒制与现代中职教育结合组成崭新的现代学徒制人才培养模式在理论研究和实践经验方面已取得阶段性成果。我国沿海城市中职学校已先试先行，柳州市交通学校探索"现代学徒制"人才培养模式，并取得一些成效。

一、传统学徒制在教学中弊端凸显

(一) 校企融合供需侧矛盾明显

传统学徒制人才培养模式下，普遍遇到学生自身定位偏高，怕苦怕脏怕累，眼高手低易出错，学生也抵触离开学校到企业开展工学交替，突然离开学堂接触企业各项严格管理制度不适应居多。企业担心学徒进入关键技术岗位，造成工作疏忽和客户流失多而拒绝合作，害怕学生担任一线生产性岗位出纰漏影响业绩，一般会慎重安排学生的工学交替岗位，学徒只能从事技术含量低的简单重复劳动，造成其进入关键岗位适应时间长、机会少。

（二）双师型教师卓越成长矛盾突出

中职学校要求"双师型教师"开展教学活动，但师资情况参差不齐。从校内师资来看，师范生德育基础好，能胜任理论教学，但普遍缺乏汽车故障诊断和汽车钣金修复一线实战工作经验，教师知识更新速度落后于企业生产技术更新，人社部部分职业资格证书取消，甚至有些专业无证可考不利于双师型教师成长。从企业师资来看，挑选实战经验丰富的企业一线师傅，普遍存在语言表达和沟通障碍、课堂掌控能力弱等问题，很难有效地利用现代多媒体设备传授专业知识和指导学生，夹壮的普通话和自身文化程度低成为企业师傅考取教师资格证的瓶颈。

（三）学生素养理论弱动手强矛盾突出

大部分中职学生普遍理论知识底子相对本科和高职学生弱，沟通和表达能力欠缺，地处偏远地区与社会接触少，见识短浅与客户沟通谈资少。中职校汽车专业群实训多，因其吃苦耐劳、动手能力强深受企业欢迎，但性格内向、胆小，受家庭条件影响升学意识不强。

二、校企合作的现代学徒制平台

（一）以冠名班为载体构筑现代学徒制平台

在传统学徒制技能培养基础上，经过汽车维修企业市场调研和岗位需求分析，设定汽车维修服务顾问、汽车美容技工、汽车钣金工、汽车维修技工、汽车勘赔定损专员、二手车鉴定评估员等六类岗位，利用校内校企融合资源优势，组建广西柳汽汽车集团冠名班，以提高人才培养的针对性和实用性。

邀请技术过硬、业务娴熟、业绩优良、经验丰富的汽车维修服务顾问、汽车美容技师、汽车维修技师、二手车鉴定评估师作为企业师傅，派教师到汽车维修车间挂职锻炼，强化教师实操技能，了解企业技术更新，零距离消除校企隔阂，开阔学生眼界，降低学生首次就业的心理压力。

现代学徒制的主要特征为"招工即招生"，学校实行双向选择签约收徒形式，学校、企业与学生及家长签订四方《顶岗实习协议》《师徒结对协议》及《拜师贴》，以合同形式保障学校、企业、学生在现代学徒制试行过程的责权利[2]。

（二）采用灵活多变的学习形式

1. 项目化实训

学生分成 8 组，5 人一组，校企共商共议汽修实训任务，随企业师傅学习和工作。

2. 课余周末跟班＋顶岗实习

由于企业项目学习和熟练周期需持续学习 3 个月以上等原因，项目组安排了轮班式全程跟踪与服务，把学校搬到企业，有组织有计划地保障学生在企业完成学习任务。

3. 以小组形式参与汽修企业的汽车维修任务

现代学徒制的特征是学生即学徒，在企业师傅的指导下参与实际工作任务，以汽修企业场地为载体，组建项目组管理团队，分组组织学徒的学习与生活，参与本地企业汽车维修任务。项目组实行"双班主任制"，教师担任校方班主任，企业技术骨干担任企业方班主任，在企业师傅指导下参与汽车故障排除、汽车钣金修复、汽车使用性能测试、汽车美容、汽车改装等工作，重点保障企业实践期间学生与企业师傅间的有效沟通。

三、建构现代学徒制人才培养和课程体系

（一）强化现代学徒制人才培养的管理

学校层面提供制度化保障，包括教务处、安学处、招就处及汽车工

程系为学生提供现代学徒制企业实践空间。

做好学徒课程时间安排，专业系部充分考虑汽车运用与维修订单班学生的学习习惯，引导学徒进行职业生涯规划，增加校企双方班主任间日常沟通频率，确保第一时间收集学徒们在企业的工作、生活、学习情况。

学校为了提升教师教育教学能力，要求专业教师深入企业调研和挂职锻炼，要求企业师傅提高逻辑表达能力，在专业课教学上力求做到常规教学内容与企业生产管理流程一致。

（二）以行业企业需求为主导开展模块化教学

现代学徒制以模块化教学为重心，课程设置以项目引领为核心，以行业企业岗位需求为导向[3]，整合汽车专业公共基础课、专业基础课、专业核心课、专业拓展（方向）课等课程，搭建汽车运用与维修专业课程体系，循序渐进地把职业领域中维修、经营管理、售后服务等实际内容和流程纳入核心课程。

（三）实现人才培养与行业企业对接

在拜师学艺期间，把岗前培训前移，有计划地实施学生初始就业岗位认知、工薪待遇、职务升迁、转岗与可持续发展等方面职业生涯规划，掌握汽修岗位群工作要领和核心技能，明确毕业生首次就业后的发展途径，实现学生毕业即上岗，做到专业与行业零距离对接、教学实践与岗位无缝对接，使学生真正成为企业招得进、留得住、用得上的有用人才。

（四）搭建专兼职的双师素质队伍

现代学徒制需要一支技术过硬、经验丰富的师资队伍，学校通过专任教师企业挂职锻炼和兼职教师外聘的方式，强化双师素质队伍建设。

1. 专任教师到企业挂职

借鉴德国专职教师工作满 4 年必须到企业实践进修半年的做法，要求新入职教师先到对口汽修企业带薪挂职半年，再正式入职，不定期开展企业调研、培训和挂职锻炼工作，每年一般不少于2个月，以培养双师素质教师和转岗教师；开展教师职业能力提升教育，设立专项资金鼓励专任教师考职业资格证书。

2. 外聘兼职教师

学校聘请具有5年以上实际工作经验的高级汽车维修技师、钣金维修师和有特殊技能的专家担任兼职教师。通过三个"明确"完善外聘教师培养制度：明确外聘教师课堂教学理实一体化任务，明确外聘教师提高自身学历目标，明确外聘教师授课能力定期培训提升计划。

（五）建立企业师傅"星级评定制"[4]和"绩效考核制"[5]

学校根据师傅带徒的教学质量、数量、时间和技能比赛成绩等指标来划分师傅等级，按照不同等级给予相应待遇，推行企业师傅"星级评定制"；建立"绩效考核制"，校企双方共同制定考核标准，考核结果作为汽修企业挑选毕业生的依据。学校警告或提醒与师傅联系少、参与教学实践次数不达标的学生；表扬和奖励表现优异的学生，让师傅寓教于乐，使学生寄情于练。

职业教育以"够用"为目的，需要加大实践教学比重。目前，韩国职业教育实施"2+1"制，前两年学生在校接受理论学习，第三年到企业开展现场培训。英国现代学徒制采用工学交替在职培训与脱产学习方式，2/3时间在企业培训技能，1/3时间在学校学习理论知识。我国职业教育与韩国相同，也是实施"2+1"制。推行现代学徒制有利于传承传统手工艺与民族文化技艺，有利于解决企业人力资源瓶颈。但是，凡涉及企业核心技术或关键竞争力，职校就被企业拒之门外，教师知识更新速度跟不上企业技术的发展。现代学徒制校企交融模式推广仍任重道远。

参考文献

[1] 罗瑜. 精细化管理理念下职业教育工学结合教学管理的实践与探

索[J]. 苏州大学学报, 2017 (10): 18.

[2] 赵志群. 职业教育工学结合一体化课程开发指南[M]. 北京: 清华大学出版社, 2009: 21-22.

[3] 喻媛. 就业导向驱动下专业人才培养模式构建——以汽车整车与配件营销专业现代学徒制专业建设为例[J]. 东方企业文化, 2017 (10): 12.

[4] 任兴贵. 企业与院校协同育人的新型学徒制人才培养模式研究[J]. 轻工科技, 2019 (1): 11-12.

[5] [德] F. 劳耐尔, [澳] R. 麦克林. 国际职业教育科学研究手册[M]. 赵志群, 译. 北京: 北京师范大学出版社, 2014: 48.

浅谈现代中职教育花盆效应

彭 秀

(广西钦州农业学校)

摘 要：花盆效应是教育生态学原理之一，论文分析了现代中职教育花盆效应产生的脱节、竞争、交流反馈滞塞、生源质量、信息资源滞后缺乏等原因，认为花盆效应在一定时期内有针对性解决特定问题的作用，但长期不改善则起阻滞作用。论述了中职教育花盆效应被动破局现状，需要以质量、区域经济、行业助力主动破局理念，提出了中职教育花盆效应主动创新的建设性建议。

关键词：中职教育；花盆效应

"花盆效应"是奥地利地质学家修斯于1875年在他的地质学论著中首先提出的，生态学上称为局部生境效应[1]；教育生态学上指封闭、半封闭的教育群体或教育系统产生的效应[2]；使学生脱离现实生活，从书本到书本也会产生局部生态环境效应[3]。

一、现代中职教育花盆效应现象

现代中职学校教育已逐渐重视学生的实践应用能力，但是，因为生态环境原因，还是自觉不自觉地形成花盆效应。

(一) 脱节性花盆效应

自20世纪90年代末，中等职业教育与行业的联系渐从紧密至疏离，特别是学制改变，学期压缩后，与行业的联系更少，对行业需求的了解及行业技术技能的掌握，也渐渐边缘化，形成了中职教育与社会需求脱节的花盆现象。

1. "够用"假象性脱节致花盆效应化

学制的改变，要求教师的教学跟随着改变。学制因生源素质的改变而改变，在因学制原因压缩理论和实践实训时间的同时，教师为了让学生理解接受所授的知识技能，自觉降低教学理论及实践难度，无形中形成了一种自己的知识技能"够用"的假象，自己自觉不自觉地也压缩理论与实训时间；惯性、无升学压力、无硬性任务指标，以及学生就业质量反馈渠道的不畅通，也形成了教师知识技能"够用"假象。这些假象及人性中的"趋利避害"心理，使教师易形成有"足够"用的知识技能、教育"不需要"过深过难的花盆效应，将教师、学生都拘于这一花盆域中。

2. 交流反馈不畅脱节致花盆效应

长期以来，行业用人后，对人才质量反馈都不够流畅，没有向培养人才的职业学校明确提出人才培养要求、目标和反馈人才使用后的效果、质量，造成职业学校一直以自己认定的模式培养人才。行业招聘人才后，发觉人才欠缺的知识、技术和技能，行业再花时间、金钱对新入职员工进行有针对性的培训。行业的这种人才使用模式及学校没有及时跟踪学生就业质量，造成人才使用、人才培养质量交流不畅，渐渐形成了人才使用因素方面的脱节性的花盆效应。

（二）竞争性花盆效应

各地市职业学校因大学并轨扩招，20世纪90年代末开始，生源竞争非常激烈。各校除了招生方式和手段的竞争，还存在就业、教学模式、教学手段、教学管理等的竞争。学校为了在竞争中生存，凸显学校的办学特色和实力，各校具有影响力并与社会需要接轨的招生、就业、教学和管理等都鲜有交流，形成了竞争性花盆效应。

（三）生源性花盆效应

大学招生并轨、大中专院校毕业生自主择业后，中等职业教育文凭的"市价"有所下降，优秀生源流向大学，中等职业学校的生源素质相对低，甚至有些初中生没有毕业就进入中等职业学校就读，学生的文化素养、学习能力相对低。为了让学生听得懂、学得会，中职学校教师会降低对学生知识、技能和行为等的要求。而中职学生的素质素养，决定了他们会选择简单易学、不用动脑的知识技能。中职教师现有的知识技能可以满足中职学生的素质教育需要，学生不追求跟上时代的知识技术，只求轻松玩乐，不关注社会及知识技术的发展趋向。在这样的情况下，中职教育会逐渐形成生源性花盆效应并恶性循环。

（四）资源性花盆效应

中等职业学校因与行业关系密切度逐渐降低，对行业发展掌握不及时，行业领先技术资源信息不畅。在行业某一领先技术需求达到高峰期，人们才意识到人才培养中要增加这一技术领域，技术人才培养滞后，产生资源性花盆效应。

二、现代中职教育花盆效应的功过

每一种现象的产生，都有其产生的背景及其生态效应。中职教育花盆效应对区域、学校教育有一定的积极作用，也存在一定的局限性；在现代社会，中职教育花盆效应的局限性、阻滞性多于积极作用。

中职教育花盆效应短期内效果较显著，有针对性地将教师现有的知识技能与学生素养对接，用人单位开展针对性培训，使学生的收获、教师的工作效应、单位的用人需求基本满足，短期效果能尽人意；但长期发展、可持续性、后劲不足，发展阻滞就明显了。

中职教育花盆现象效应初成。当中职教育为了跟上时代而改制，教师以知识"够用"心理将一批素质低、实践能力差的学生培养成为具有一定职业能力的人才，满足社会基础劳动力的需求。这时，中职教育的教师心理、生源素养环境、社会基础劳力需求现状，就成功锻造了中职教育的花盆。而中等职业学校一旦普及这种教育模式，中职花盆效应就不可避免地出现。

劳动力格局变，花盆阻滞现。社会的发展导致劳动力的能力格局变化，在19世纪八九十年代，高密度劳动力需求量大，一直到20世纪初，高密度劳动力都是基础劳动力的走向，对人才知识技能的要求不高，人才流向大多以流水线、简单、重复性工作的工厂为主。2010年后，机器人的产生，替代了大量基础劳动力，社会对低能耗、低污染产业的需要，倒逼许多产业升级，对人才的需求升级，基础劳动力需求量下降，基础劳动力价值降低，显现了中职教育花盆效应的阻滞作用，且日渐明显。

三、现代中职教育花盆效应的破

中职教育花盆效应的出现、起效、阻滞，是社会发展的必然，也是教育发展的必然。当一种现象防碍事物的发展，必然有相应的现象或模式，在一定时间内打破原有的格局，保证社会与自然的前进与发展。

1. 被动破局

目前，中职教育花盆效应的阻滞，已被社会认识并努力破局。多年来，国家每年开展全国职业教育骨干教师培训，各省区也进行各系列专业骨干教师培训，开展全国全省全区职业院校教师职业技能竞赛，进行职业院校教学质量考核，以达成破教师知识技能"够用"假象的花盆效应。举办全国全区学生职业技能大赛，破生源性花盆效应阻滞。

2. 主动破局

各种培训、各种比赛都是职业教育被动地破中职教育花盆效应阻滞作用，而中职学校更需要主动破局。

（1）狠抓教学质量。中职学校必须狠抓教学质量，力求提升毕业生就业质量，以破解花盆效应的阻滞，从源头破除花盆效应阻滞作用。

（2）优选中职生源。中职生直升高校直通车的开动，为中职学校主动破解中职教育花盆效应提供了条件，主动在招生中优选生源，破除生源性花盆效应阻滞作用。

总之，在经济发达的区域，中职学校应该借助区域经济发展，中职学校人才培养接轨区域经济发展的人才需求，紧跟区域经济发展脚步，为区域经济发展服务，借助区域经济的外拓，破中职教育花盆效应的阻滞作用。

四、现代中职教育花盆效应的立

有一句名言：有容乃大。

中职教育的花盆，其实，也可以"有容乃大"。就如盆栽一样，一般经过 2~3 年栽培后，应进行换盆，更换营养土，才能保证盆中植物正常生长[4]。如果总不换盆，盆中的绿色植物永远长不大或长势受阻。如果按园林栽培技术要求，三年一换盆，合理管理，盆栽的长势，会日日新，年年旺。教育，亦如此。

1. 换"盆"换土，造新效应

以学校为"盆"，花盆效应阻滞作用立显。以区域为"盆"，盆大，阻滞与否，就链接到了区域经济的纽带上。区域经济腾飞，盆就越来越大；区域经济萎缩，花盆阻滞作用就显现。

就如钦州、防城、北海等地的中职学校，如果只以这些学校及其所在的城市为"盆"，这些"盆"的"环境承载力"就小，活动支持能力小[5]，"土壤"就显"贫瘠"。如果以北部湾经济区为"盆"，其"盆"就大，"土壤"就"肥沃"。以泛北部湾及东盟为"盆"，以北部湾、东盟的腾飞经济产业为"壤"，这个大"花盆"的阻滞效应，应当难出现[6]。

中职教育，善于"换盆造土"，让中等职业教育接壤区域经济行业发展，花盆新效应的积极作用，就被造就，得以长立。

2. 打造品牌特色，立行业技术效应

行业之间、行业内部，都是竞争性存在，教育行业中的竞争，一样是不可忽视的。名校在竞争中展现实力和特色，以品牌傲立于世。

中等职业教育不管定了多大的"盆"，有了多"肥沃"的土壤，还是需要教育品牌和特色的，让学校及其专业"立"竞争的不败之地。为了区域经济中竞争一时的优势，一味上新的社会热门专业，将会有

"千帆过尽"的时候。

中等职业学校梳理好自身专业优势、专业资源状况，充分利用专业资源，发挥专业优势，能与区域经济对接的，尽可能与区域经济对接；不能与区域经济对接的，创造与区域经济对接的条件，成为区域经济发展的优势条件。树立教育、行业品牌，成为区域经济发展的保障条件，为区域经济发展提供行业技术人才，助力区域经济花盆空间拓展效应。

总之，对于中职教育花盆效应，善于利用和创造，则成为助力；不善于利用和创造，则成为阻力。只要中职学校抓住换"盆"机会，花盆效应就成为正能量，也能创造新机遇。

参考文献

[1] 陈霞. 克服"花盆效应"构建外语自主学习模式 [J]. 教学与管理, 2006: 66.

[2] 360百科. 教育生态学 [EB/OL]. http://baike.so.com/doc/6140496-6353661.html.

[3] 百度文库. 教育生态学理论 [EB/OL]. http://wenku.baidu.com/view/7602986faf1ffc4ffe47ac3a.html?re=view.

[4] 王永红. 花卉生产技术 [M]. 北京：中国农业出版社, 2014: 86.

[5] 高志强. 农业生态与环境保护 [M]. 北京：中国农业出版社, 2013: 103.

[6] 钟章成, 曾波. 植物种群生态研究进展 [J]. 西南大学学报自然科学版, 2001: 232.

第二篇

基地建设与课程开发

县级职业教育发展的问题与合理应对分析

曾瑞玲

（钟山县职业技术学校）

摘　要：职业教育的主要职责是培养传承职业技能，培养多样化应用型人才，扩大就业等。县级职业教育应当立足现实，根据当地的经济文化发展方向和发展水平，充分发挥社会功能，坚持以就业为宗旨。论文针对县级职业教育的特点，分析了当前环境下县级职业教育发展出现的问题以及合理应对的措施。

关键词：县级职业教育；城镇化发展；存在问题；解决措施

职业教育是我国教育体系中的重要环节，更是人力资源开发的重要组成部分，是发展经济，促进经济体制改革的重要方式，在人才培养、经济和社会进步方面起着无可替代的作用。县级的职业教育能为当地城镇的发展储备技术型人才，是振兴乡村的主要力量。合理应对县级职业教育发展中存在的问题，对当地经济建设和发展有着重要意义。

一、县级职业教育的内涵和功能

（一）县级职业教育内涵

县级职业教育主要指的是在县级行政区域内，通过政府引导，以培养多样化应用型人才为主，以市场需求为导向，构建整体性全面性的职业教育系统。县级职业教育属于中等职业教育范畴[1]。

（二）县级职业教育的功能

县级职业教育是县级教育的一个重要环节，以传承职业技能为主，具有多功能的特点，对区域经济发展、城镇化发展以及社会文化的进步有着积极影响。

1. 发展职业培训

县级职业教育以培养人才和促进就业为方向，我国的县级职业教育分为县乡村三级培训体系，主要针对的是城乡的劳动者，内容包括职业技能培训、农业创业和扶贫开发等。

县级职业教育能为广大城乡劳动者提供教育和培训的机会，提升他们的自身素质和就业竞争力。

2. 促进学历教育和社区教育

县级职业学校可以培养高素质劳动者以及初、中级技术人才，推动学历教育，满足中职学生接受高职教育的需求，为高层次职业教育输送人才。另外，县级职业教育可以推动社区教育，推动大量农村剩余劳动力更好更快地适应城镇生活，推动城镇化水平，提高社区居民素养。

二、县级职业教育的发展现状

（一）生源渠道较少，发展空间受限

在我国传统的教育意识里，普遍存在重视普通高中教育，轻视职业教育的现状。尤其是对于城镇居民，家长更加看重高中教育，因此在初中毕业生的升学和择校问题上，优先选择高中教育。

（二）师资力量不足，限制专业教学

职业教育是以培养多样化应用型人才为主，和高中教育的教学内容、教学目标以及课程安排上有很大不同，更注重实用性，课程安排以市场和经济发展为导向。但是我国大部分县级职业学校的投资有限，师资力量严重不足，部分县级职业学校的教师是从普通初高中学校抽调而来，并非专业人才，职业技能有限，导致县级职业学校普遍存在文化课教师富余，职业课教师不足的现象，严重影响了职业技能教学[2]。

(三) 管理困难，生源不佳

县级职业学校在管理方面也面临着诸多困难。最主要的是学生问题。受到社会教育思维的影响，职业学校的生源一般是重点高中和普通高中过滤下来的学生，或者是农村贫困初中毕业生，相当一部分是农村留守青少年。这类学生普遍存在缺乏家长监管，文化知识薄弱，学习方法欠缺，学习态度不积极的现象，甚至有不少问题和叛逆学生，这就给县级职业学校的管理带来了很大困难[3]。

三、县级职业教育发展方向

（一）培养区域急缺人才

职业教育的发展应当是培养应用型人才，因此提高技术技能是永恒不变的发展方向。县级职业学校应当和当地企业合作，根据企业需要加强对学生的技能培训，根据区域经济发展的特点培养急缺性人才，让学生学以致用，把知识应用到具体的工作岗位上，让职业教育和就业市场无缝对接。

（二）促进当地居民增收

职业教育的发展，主要是培养实用性人才，促进经济和社会发展，提高居民收入。近年来，我国的区域经济得到大力发展，城镇农业、工业和第三产业都有较大发展空间。县职业教育的发展可以为城镇农业、工业输送人才，解决大量剩余劳动力，实现当地居民的劳动价值，提高人们的收入。

（三）提高学生就业质量

促进就业是职业学校的基本要求。在部分县市，没有接受职业教育的初高中毕业生在投入工作岗位时一般只能选择专业性低、薪资水平不高的工作。而县级职业教育能为学生和农村剩余劳动力提供专业教育和技术培训，全面提升学生的就业质量，把传统农业的大量剩余劳动力转移到第二、三产业，促进当地各行各业的发展。

四、县级职业学校发展对策

（一）加大政府的引导力度

县级职业教育发展离不开当地政府的扶持，针对县级职业教育所面临的困境，政府应加大引导力度。

首先，加强对职业教育的宣传力度，充分发挥政府的舆论引导功能，帮助城镇居民，尤其是农村居民更深入地了解当地的职业教育，树立科学的职业观和教育观。其次，加强生源管控，统筹生源安排，对县级职业学校的招生实行政策倾斜，对办学力量突出的职业学校实行奖励和扶持，为职业学校招生提供绿色通道，在城乡地区加大宣传，扩大职业学校招生渠道。

（二）增加办学资金投入

有力的物资条件保障，能大力促进县级职业教育发展。因此针对当前普遍存在的资金投入不足问题，当地政府发挥主导作用，建立投入机制，进行教育资金扶持，增大公共财政投入，扩大职业教育专项拨款。

另外，学校也可以通过多种渠道，吸收社会资金，引进科学合理的管理机制，提高教育教学管理效率，节省办学成本，吸引企业投资，建立教学实践活动基地，把课堂教学和课外实践结合起来，让学生能走进生产一线，把知识应用到具体生产中。

（三）培养专职教师，吸引非专职教师

师资力量是县级职业教育发展的必要条件[4]。首先，通过政府引导，学校可以引进专职教师，充实职业学校的师资队伍。当地教育机构可以在教师编制以及薪酬制度上实行政策倾斜，满足教师的生存和成长需求。其次，引入社会力量，学校可以和当地企业合作，聘请一线优秀员工兼任学校专职教师，给学生提供优质的实用性强的职业教育。

培养"双师型"教师应当以培养技师型教师为重点，把文化课教师队伍建设和"双师型"教师队伍建设结合起来。学校可以有选择地

和当地企业合作，建立教师企业实践基地，让教师参与到企业的职工培训中。目前已经有许多专业教师拥有个人职业特长，例如，相当部分教师拥有家电、农机和电脑维修技术。在学校的规范化管理下，这类教师的兼职可以为学生提供专业的职业教育，又能提升职业岗位技能；既能进行理论知识教育，又能进行实训教学。

在培养"双师型"教师的过程中，应当坚持要求专业教师参与到企业或者生产一线的实践活动，提高教师的技术操作能力。教师在结束技能培训后须参加职业技能鉴定考核，获得专业的技师资格证书，这样才能最终完成文化课教师和技师型专业教师的身份结合[5]。

（四）发挥区域优势，以民族特色旅游助推人才培养

县级职业教育的发展要做到因地制宜、实事求是，根据不同区域的经济和文化特点而有针对性地进行发展。广西是少数民族聚居地区，有大量少数民族自治县、乡，而这些地区的经济发展一般比较落后，农业生产比较单一，文化风情具有民族特色。因此可以根据不同民族区域发展民族特色旅游，推动当地的旅游产业发展。县级职业教育应抓住民族旅游的发展机遇，开设旅游和酒店管理相关专业，培养一批专业旅游人才。同时，对城乡居民进行专业培训，将少数民族村落的剩余劳动力进行旅游知识和文化知识培训，在当地政府引导下开设民宿旅游，大力发展乡村旅游和休闲农业。

随着广西部分地区的民族特色旅游的发展，游客量增多，多个大旅游区建立。广西部分县级职业学校积极与旅游局和文化部门联系，和当地旅游企业开展联合办学，走第三产业创新人才培养模式，为景点景区提供讲解员、导游以及演艺人才，从传统的劳务输出人才培养转化为服务产业人才培养。

（五）因地制宜，强化教学内容改革

当前，职业教育的困境是培养的人才和社会需求不对接。如工厂、企业急需大量技术工人，而职业教育没有对口的专业人才，导致毕业生就业困难。要改变这一现状，县级职业学校应当适应社会经济对人才的要求，尤其是当地经济对人才的要求，坚持面向市场的办学宗旨，培养

市场急需的技能型人才[6]。

职业学校应当根据当地的区域经济特点，配合地区产业结构升级和调整。首先了解市场需求，当地企业、工厂需要什么类型的人才，有什么要求，然后据此设置相关专业，并确定专业培养目标。如广西地区的民族旅游发达，那么相应地应当设置旅游、酒店管理、民族文化讲解、民族歌舞表演人才和环境保护专业等。

此外，在坚持因地制宜办学的基础上更要发展自己的办学特点，防止盲目化和重叠化现象，根据学校资源和地方经济的需要灵活设置每年的专业招生人数和对象。如某地大力发展新型农业，那么学校就应当和当地农科所以及省级农林院校合作，大力开发教学资源，增设新型农林、园艺、林果和畜牧专业。

综上所述，积极解决县级职业教育发展中遇到的问题，有效推进县级职业教育的发展，能加大实用型人才的培养力度，促进当地就业以及经济发展，有效解决"三农"问题，推动城乡发展一体化，同时也是提高基层农民文化素质，把剩余劳动力转化为人力资源的有效渠道。

参考文献

[1] 张玉虎. 论终身教育视野下县级职业教育发展策略 [J]. 中国校外教育（上旬刊），2017（11）：17-19.

[2] 陈晓梅，王玲玲. 以南宁市为例探讨县级职教中心发展问题与对策研究 [J]. 职业，2017（5）：24-25.

[3] 彭友礼. 县级职业教育发展的困惑与思考 [J]. 卷宗，2015（11）：840.

[4] 刘俊林，向远军. 关于县级职业教育发展的几点思考 [J]. 今日湖北（中旬刊），2015（1）：101-102.

[5] 徐健. 县级职业教育教研部门的现状分析和政策研究 [J]. 职教论坛，2008（24）：59-61.

[6] 范笑仙，郅庭瑾，卢威. 扩招背景下高等职业教育的改革与发展 [J]. 职教发展研究，2019（1）：2-10.

中职农产品电商实训基地建设的实践

陈宇前

(广西机电工程学校)

摘 要：围绕广西经济建设的布局需要，引入现代学徒制理念，重点建设农产品仓储与冷链实训室、移动电商实训室、创客空间电商平台练功房和网络客服实训室，旨在建设成集教学、培训、科研、生产多种功能于一身的具有示范、引领作用的校企一体化校内农产品电商实训基地。

关键词：电子商务；农产品；实训基地

一、建设背景与基础

（一）建设背景

1. 广西农产品电子商务现状分析

随着广西北部湾经济区的开放开发，以及中国—东盟自由贸易区的建立，广西农业与世界各国农业联系更为紧密，农产品国际化竞争日趋激烈，同时这也为广西农业扩大开放带来了前所未有的机遇。

目前，广西在农产品电子商务方面做了积极的探索和创新，初步建立了农产品电子商务平台系统，网上展销也已取得较大进展，并开始进行网上交易、电子结算等。但是严格意义上的电子商务网站不多，多数网站主要是提供信息服务，很少能够提供在线交易。并且农产品电子商务应用人才缺乏，农产品电子商务信用急需改善。发展农产品电商，对解决农产品电子商务应用人才，推动广西农产品销售，切实提高农民收入，具有重要的意义和作用。

2. 广西发展对农产品电商人才的需求

广西农村教育相对落后，约50%的农村劳动力文化程度在初中以下，大专及以上文化程度仅占0.22%。农民较低的文化素质直接影响其信息素质，表现为计算机网络知识缺乏，对新技术、新信息、新成果反应迟钝，缺少对市场信息进行分析、利用的积极性，对电子商务没有足够的信心。据统计，广西目前农户电脑上网率为0.47%，农户手机普及率为58.49%，在国内分别排名第17位、第20位。而大专院校的电子商务人才很少有愿意到农村地区服务，加上农民没有利用网络工具的能力，造成了农村电子商务应用人才缺乏的局面[1]。

因此，大力加强现代农产品电商的高素质人才培养，鼓励对农产品电商基础理论的研究，建立农产品电商人才培养体系，是农产品电商发展的迫切需要[2]。广西机电工程学校构建以农产品电子商务为核心，发展物流服务与管理和商品经营专业群建设以符合社会发展的需求。

（二）建设基础

广西机电工程学校商务类专业教学部主要围绕以农产品电子商务为核心，发展物流服务与管理、商品经营和会计专业群，电子商务专业是学校重点建设专业，在校学生为1 178人。

目前商务类专业教学部实训场地面积为1 596平方米、资产总值达723.4万元。拥有农产品检测实训室、农产品仓储实训室和冷藏实训室、电子商务综合实验室、网络营销实训室、商品展厅、图片拍摄与处理实训室、O2O电子商务学生创业园、小邮局、5间多媒体计算机室（拥有330多台计算机）、1间模拟企业实训室、1间沙盘对抗实训室、1间会计综合实训室和1间收银实训室。另外，还有网络设备、投影仪、打印机等多种计算机外部设备。

学校的商贸类专业教师共25名，其中高级讲师5人、讲师10人；"双师型"教师24人，研究生4人，在读研究生7人，全部达到本科以上学历。教师队伍理论知识扎实，并具有较强的科研、教改能力。

可见，学校已经具备了建设电子商务专业群和基于现代学徒制的农产品电商实训基地的基本条件。

二、建设思路与目标

(一) 建设思路

围绕广西经济布局建设基地，紧密联系商贸企业一线，深化校企合作、资源共享的机制，共建集仓储、配送、运营和服务于一体的农产品电商实训基地，使之发展成为学生实训实习、专业教师实践和社会服务基地。人才培养实现专业教学情景化、生产化。由学校、企业、行业共同参考制定人才培养方案，完成人才培养的过程。力争把农产品电商实训基地建设成为农产品电商人才培训的实践教学中心、创业中心及技术研发中心。

在现有基地和实训室的基础上，制定切合实际的建设方案，增加仪器设备，新建和扩建一批实训室，满足农产品电子商务专业群发展需要；在设备选型上，注意先进性和实用性相结合，既要考虑我国电子商务行业当前设备现状，又要体现一定的专业先进性，特别是技能比赛需要的设备。

(二) 建设目标

1. 总体目标

以学校形成的"引企入校、学做一体"人才培养模式为基础，构建校企一体化校内实训基地的管理和运行模式，探索基于农产品电商实训基地的"六步导学"理实一体、小班化教学的教学模式和现代学徒制的精英教育模式，打造一支由学校专任教师和企业资深员工组成的"亦师亦商"、专兼结合的"双师型"教学团队。遵循校企一体化基地建设的"设备生产化、环境真实化、教师技师化、学生员工化、管理企业化、运作市场化"原则，引入6S标准（整理、整顿、清扫、清洁、素养、安全）的管理理念和原则，形成可操作、可监控、可评价的精细化管理体系。以数字化网络建设为前提，构建基于慕课（MOOC）的开放式教学资源云平台及教学资源库；构建社会服务体系，变纯消耗型实训为生产经营型实训，形成"教室、实习实训室、生产现场"三位一体,集教学、科研、生产、培训多种功能于一身的具有示范、引领作用的校企一体化校内实训基地。

2. 具体目标

(1) 建设"教室、实习实训室、生产现场"三位一体,集教学、科研、生产、培训多种功能于一身的具有示范、引领作用的校企一体化校内实训基地。

(2) 建成一个为教师、学生大众创业、万众创新提供条件的创客空间电商平台练功房和农产品电商创业园。

(3) 建成进行跨境电子商务、移动电子商务实训和替代网络客户服务实训的实训室。

(4) 建成2门以上特色核心课程,以数字化网络建设为前提,构建基于慕课的开放式教学资源云平台及教学资源库。

(5) 引进与培养相结合,打造综合素质优良、教学水平高、"亦师亦商"、专兼结合的"双师型"教学团队。

(6) 建成具有网上共享、动态完善的电子商务专业教学及社会服务资源平台。

三、重点建设内容

基地围绕广西经济发展的需要,重点建设农产品仓储实训室和冷藏实训室(已建成)、O2O电子商务学生创业园(扩建)、创客空间电商平台练功房(待建)、移动电子商务实训室(待建)、网络客服实训室(待建)、跨境电商实训室及网络编辑实训室(待建)。紧密联系商贸企业一线,深化校企合作、资源共享的机制,共建集仓储、配送、运营和服务于一体的农产品电商实训基地,使之发展成为学生实训实习、专业教师实践和社会服务基地。

(一) O2O电子商务学生创业园建设

1. 建设目标

将O2O电子商务学生创业园建设成为具备集技能培训、教学实习、技能竞赛及创业指导、创业孵化于一体的专业性、公益性孵化式创业型电子商务平台。通过与企业的资源共享，学生可以在平台上真正自负盈亏经营自己的网上商铺，实现学习即创业的良好效果。

2. 建设内容

孵化式创业型实训基地共分成商品拍摄区、商品展示区、网店运营区及校园小邮局四个功能区。通过与企业合作，扩建现有创业园区实训工位，提升实训设备档次等。在商务专业部四楼进行商品拍摄区、商品展示区、网店运营区三个区域整体装修，使之更符合企业的真实环境，同时在旧办公楼一楼设立校园小邮局。使实训基地信息互通，体现专业内涵，实现校园电子商务的信息流、资金流和物流有效结合。

O2O 电子商务学生创业园建成后可以满足电子商务专业（农产品物流方向）、商品经营专业及会计专业等多个专业的教学和校内实训要求。

3. 项目建设进度安排

项目建设进度安排见表1。

表1 O2O 电子商务学生创业园建设（扩建）项目建设进度安排表

序号	项目任务	任务阶段目标与计划完成时间
1	学校自筹资金到位	2017 年 5 月
2	地方财政资金到位	2017 年 5 月
3	基础建设	2017 年 6 月
4	设备招投标	2017 年 9 月
5	设备到货	2017 年 12 月
6	设备验收	2018 年 2 月
7	设备投入使用	2018 年 4 月
8	师资培训	2017 年 9 月—2018 年 9 月

（二）创客空间电商平台练功房建设

1. 建设目标

以信息技术与现代服务业的融合创新，为教师和学生大众创业、万众创新提供环境，充分发挥学校人才培养、教育教学研究和服务社会的功能，加强学校教学、科研及人才培养工作与地方经济社会发展的紧密联系，更好地为地方经济建设和社会发展服务，同时也为培养商贸服务人才、创业型人才、技术应用型人才学习、实训、就业和创业提供更大的空间。

2. 建设内容

创客空间电商平台练功房主要分为三个功能区：电商平台运营中心、商品拍摄与网店美工、互联网＋P2P 众创空间。

（1）电商平台运营中心

对接电商项目，包括社会电商项目资源及校内电商项目的招商及运营。由校企共同经营第三方平台店铺，让专业老师体验真实的电商经营环境、职业要求、工作流程以及经营方法，从根本上解决目前中职学校普遍存在的电子商务教师和学生严重缺乏实战经验的问题。

（2）商品拍摄与网店美工

商品拍摄与网店美工实战中心主要是通过相关学科基础知识的系统研究，完善和丰富商品图像的内容，使网络销售的商品变得更完美。随着商品网络销售的日益普及，应该充分重视商品图像的作用，提高图片的真实性，不断完善消费者的认识，从而不断地提高网络销售的业绩。

（3）互联网＋P2P 众创空间

营造良好的创新创业生态环境，激发大众创业活力，形成创业主体大众化、孵化主体多元化、建设运营市场化、创业模式多样化的发展新格局。只要有创业项目都可以到众创空间进行交流，通过众创空间发起 P2P 网贷、P2P 众筹等促进创业者持续创业。日常可以开展小型的创业沙龙、创业讲堂、创业训练营等创业培训活动。

3. 项目建设进度安排

项目建设进度安排见表2。

表2 创客空间电商平台练功房项目建设进度安排表

序号	项目任务	任务阶段目标与计划完成时间
1	学校自筹资金到位	2017年5月
2	地方财政资金到位	2017年5月
3	基础建设	2017年6月
4	设备招投标	2017年9月
5	设备到货	2017年12月
6	设备验收	2018年2月
7	设备投入使用	2018年4月
8	师资培训	2017年9月—2018年9月

(三) 网络编辑实训室建设

1. 建设目标

面向网络媒体，培养高素质的网络编辑人才。主要可以进行信息筛选、信息加工、信息采集、信息原创及组织网上调查和论坛管理等实训。

2. 建设内容

网络编辑实训室主要包括五个方面的构成要素：双证课程平台；实训室及资源配置；双师工作平台；技能竞赛平台；校企合作平台。通过五大模块建设，配以真实网站建设为例，组织学生从网站策划到系统部署、稿件编辑与发布，完成一个真实网站的建设与内容维护过程。从而可以培训学生的网络信息资源认知、搜索引擎及其使用、其他信息采集工具的使用、多媒体素材的采集、采访与网络内容的原创，以及网络信息筛选、网络信息内容编辑、网络稿件标题制作、关键词设置与相关信息选择和网络专题策划与制作等。

目前，物流信息实训室可以满足电子商务专业（农产品物流方向)、商品经营专业等多个专业的教学和校内信息化实训要求。

3. 项目建设进度安排

项目建设进度安排见表3。

表3 网络编辑实训室项目建设进度安排表

序号	项目任务	任务阶段目标与计划完成时间
1	地方财政资金到位	2017年5月
2	基础建设	2017年6月
3	设备招投标	2017年10月
4	设备到货	2018年3月
5	设备验收	2018年5月
6	设备投入使用	2018年9月
7	师资培训	2017年9月—2018年9月

(四) 移动电子商务实训室建设

1. 建设目标

通过学生实训并参与企业真实项目的运营,让学生深入了解和掌握企业移动电子商务运营机制、运营方法、运营内容等,完善移动电子商务运营的整体能力,适应移动电子商务岗位的需求,提高就业核心竞争力。一方面,满足日常教学需要学生达到的实训教学目标;另一方面,真实项目的运营,带来一些收益,可以提高学生的兴趣和积极性,还可以与正在建设的移动电子商务示范区的企业合作,提高学生移动电子商务综合技能,服务区域经济发展。

2. 建设内容

移动购物的普及化,带动移动电子商务的快速发展,移动电子商务将会成为未来电商举足轻重的购物趋向,所以学会在手机App上开设网店,并进行装修、商品上架、推广、售后等是电商学生必备的技能。移动电子商务实训室可容纳60个学生日常实训。实训室配备移动App实战教学系统、移动App制作与开发实战教学系统、二维码扫码枪、标签打印机,搭建了无线网络环境。

3. 项目建设进度安排

项目建设进度安排见表4。

表4 移动电子商务实训室项目建设进度安排表

序号	项目任务	任务阶段目标与计划完成时间
1	地方财政资金到位	2017年5月
2	基础建设	2017年6月
3	设备招投标	2017年10月
4	设备到货	2018年3月
5	设备验收	2018年5月
6	设备投入使用	2018年9月
7	师资培训	2017年9月—2018年9月

(五) 网络客服实训室建设

1. 建设目标

网络客服实训室以培养农产品电子商务企业涉及的农产品干货、地方性特产、水果及生鲜类农产品等类型的售前、售中、售后实战型网络客服人员为目标,让学生在真实的实践环境中掌握网络销售和服务的方法与技能。

2. 建设内容

网络客服实训室包括一个呼叫中心和网络客户实训中心。实训室拟建55个座席的呼叫中心实训系统,用于实训的培训与教学,能够模拟实际的呼叫中心业务流程,但不产生任何使用费用。网络客服实训室用于培养农产品电子商务企业涉及的农产品干货、地方性特产、水果及生鲜类农产品等类型产品的售前、售中、售后实战型网络客服人员。实训室配备电商企业网络客服人员的应答技巧及危机公关应对策略题库,学生可以担当客服人员及顾客(访客)的角色互换练习。网络客服实训室可以在呼叫中心实训室配置的基础上安装网络客服实战教学系统,也可以单独成立。

网络客服实训室建成后可以满足电子商务专业（农产品物流方向）、商品经营专业等多个专业的教学和校内实训要求。

3. 项目建设进度安排

项目建设进度安排见表5。

表5　网络客服实训室项目建设进度安排表

序号	项目任务	任务阶段目标与计划完成时间
1	地方财政资金到位	2017年5月
2	基础建设	2017年6月
3	设备招投标	2017年10月
4	设备到货	2018年3月
5	设备验收	2018年5月
6	设备投入使用	2018年9月
7	师资培训	2017年9月—2018年9月

（六）跨境电子商务实训室建设

1. 建设目标

中国—东盟自由贸易区的建立，使广西与邻国的农产品贸易比重越来越大，实训室建设是以"线上集成+跨境贸易+综合服务"为主要特征，以"物流通关渠道+单一窗口系统+金融增值服务"为目标。通过"跨境电子商务实训平台"的实训教学让学生直观、深刻地感受现代电商物流企业的工作氛围，掌握物流管理相关实用理论，熟练掌握跨境电商企业实际运作的主要技能。

2. 建设内容

实训室计划投入50台联网电脑，结合"跨境电子商务实训平台"来实现实训要求。现代跨境电商业是由不同国家的企业用户通过相互间的业务往来连接在跨境商城上，跨境电商实训平台希望通过对跨境电商的典型特征的抽取，营造一个虚拟的跨境电商交易环境。让学生在虚拟的跨境商城中，根据特定的案例背景内容、交易流程、单据流转，结合教学设定的业务规则，将电商模拟与现实流程接轨，进行仿真模拟实训和岗位技能操作，进行竞赛；并根据成绩评定学生的业务技能，给予通过竞赛的学生肯定。

"跨境电子商务实训平台"对现代跨境电商业与国际贸易业实行全方位的模拟技能操作及管理。学生通过在竞赛平台中从事不同职业岗位"工作"，训练在现代跨境电商业中从事电商业所需的综合执行能力、综合决策能力和创新创业能力，感悟复杂电商实战环境下的跨境电商网上店铺的经营，掌握跨境网上交易流程技能，从而培养自身的全局意识和综合技能素养。

目前，跨境电子商务实训室可以满足电子商务专业（农产品物流方向）、物流服务与管理专业、商品经营专业等多个专业的教学和校内信息化实训要求。

项目建设进度安排见表6。

表6 跨境电子商务实训室项目建设进度安排表

序号	项目任务	任务阶段目标与计划完成时间
1	地方财政资金到位	2017年5月
2	基础建设	2017年6月
3	设备招投标	2017年10月
4	设备到货	2018年3月
5	设备验收	2018年5月
6	设备投入使用	2018年9月
7	师资培训	2017年9月—2018年9月

四、主要保障措施

（一）机构设立

学校成立农产品电商实训基地建设项目工作领导小组，负责项目建设全程的领导、组织协调及监督工作。

（二）保障机制

制定《农产品电商实训基地项目管理规定》，出台农产品电商实训基地建设的"全员参与""考勤考核""奖罚办法"等规定，确保项目的顺利进行。明确本项目建设的岗位责任制及考核、奖励办法，明确各部门的育人责任，加强内部管理，规范项目程序，提高工作效率。

（三）过程管理

设立农产品电商实训基地项目建设工作组，出台有企业行业专家全程参与建设的规定。设联络员1名，负责落实和协调项目的各项工作。建立农产品电商实训基地建设指导委员会、电子商务专业校企合作指导委员会，适时指导相关项目建设，保障基地建设的顺利开展。

（四）经费保障

根据建设内容，项目投资需要500万元，全部为广西壮族自治区财政资金。学校配套相应的自筹资金50万元，以确保项目建设的顺利进行。学校对项目资金的管理将严格按照国家现行财务规章制度，加强对项目建设资金的使用与管理，保证资金专款专用，确保项目顺利完成。

五、项目建设预期效益

项目建设后，基地将具备每年1200人次的培训能力，可完成农产品采购及出入库、农产品的储存与检测、农产品销售（O2O形式）与配送、跨境电子商务交易、电子商务客户服务等内容的教学实训、考证鉴定。另外，还可通过创业园的形式进行基于现代学徒制的学生培养，带出部分精英学生，起到很好的辐射作业。发挥师资、设施条件优势，可承接农产品检测试验、图片拍摄与处理、网络营销与客户服务、电子商务技能竞赛、社会培训等业务。基地的建成，将为北部湾区域农产品电子商务人才培养、电商物流行业的发展发挥应有的作用。

参考文献

[1] 梁毅劼,韦志扬,等.广西农业电子商务发展现状和对策研究[J].安徽农业科学,2009(12):208.

[2] 周明.广西农村电子商务发展现状与对策[J].广西经济,2016(12):63.

服务教学型校企合作项目的建设与探索

——以"德联车护"专业人才培养基地为例

李显贵

(广西机电工程学校)

摘 要：校企合作、工学结合是职业教育永恒的主题，广西机电工程学校在国家中等职业教育改革发展示范学校建设过程中，且行且探索，通过引企入校、创建专业人才培养基地的方式，以汽车运用与维修专业为试点，成功达到合作项目服务于教学的目的。

关键词：引企入校；人才培养；探索

一、建设缘由

校企合作、工学结合是职业教育永恒的主题，如何开展有效的校企合作、工学结合是职业教育不得不面对的现实难题。在实际的职业教育校企合作中存在许多问题：一是校企合作深度不足，有待提升。校企合作渠道比较单一，实习实训是最主要的合作形式，并处于浅层次水平。二是校企合作目的不一。企业的目的是赚取利润，而职业院校是培养人才，一旦企业的经营与学校的教学出现冲突时，企业简单应付，合作流于形式。三是在校企合作中职业院校总是处于被动地位，普遍处于"少话事权""赔本赚吆喝"的尴尬状态。

为使职业院校在开展校企合作、工学结合实践中赢得主动，让合作项目服务于教学，广西机电工程学校在国家中等职业教育改革发展示范学校建设过程中，且行且探索，通过引企入校、创建专业人才培养基地的方式，以汽车运用与维修专业为试点，成功解决了这一"顽疾"。

二、建设过程

汽车运用与维修专业作为广西机电工程学校汽车专业群的主体专业、国家中等职业教育改革发展示范学校的重点建设专业，长期以来，一直扮演着引领、辐射校内其他专业进行教育教学改革的角色。特别是通过国家中等职业教育改革发展示范学校建设，该专业在校企合作、工学结合机制创新方面取得更强劲的示范、引领作用。

学校在长期的办学过程中，对汽车运用与维修专业加强校企合作、工学结合做过不少尝试。

（一）共建校内外实训基地

学校与广西汽车维修企业共建校外实训基地10余个，但由于这些校外实训基地功能不够完善，汽车维修企业为维护车主利益和自身声誉，实训基地并不能很好地服务于专业教学，校外实训基地运行状况不理想。同时，为了实现专业教学与行业企业生产实际的有效对接，学校也曾通过校企合作的方式，对校内部分实训基地进行建设，但最终也因生产氛围"仿真度"不高，缺少实际生产项目，效果也不理想。

（二）聘请企业"能工巧匠"担任兼职教师

学校根据人才培养的要求，为提高教学质量，聘请了企业的"能工巧匠"担任汽修专业的兼职教师，取得了一定的成效，但也存在一些问题：一方面，企业兼职教师教学素质参差不齐，另一方面因与其业务冲突，大多不能保证正常教学时间。更重要的是，校内缺乏根据企业标准建设的实训基地，企业技术人员"难为无米之炊"，教者"纸上谈兵"，听者"雾里看花"，教学效果并不理想。

（三）"引企入校"建设生产性企业

经过多种尝试后，学校大胆设想：若能成功实现"引企入校"，在校内建设生产性企业，也许能从根本上解决专业教学对接行业企业生产实际的难题。2011年前后，学校与广西多家汽车维修企业洽谈校内合作办汽车维修企业事宜，多家汽车维修企业也表达了强烈的合作意向。但由于校企双方利益需求上的偏差，最多只能合作建设"服务生产型"的汽车维修企业，与专业建设所需的"服务教学型"的汽车维修企业目标相差甚远，因此该设想一直在酝酿中。

（四）"德联车护"成功诞生

2012年，学校正式启动第二批国家中等职业教育改革发展示范学校建设后，"校企合作、引企入校"再次成为汽车运用与维修专业的重点建设内容，遴选一个愿意合作建设"服务教学型"校内生产性维修企业的汽车维修厂商，则成为开展工作的当务之急和首要条件。2013年，学校经市场调研，与广东德联集团股份公司授权的广西久大投资管理有限公司商洽共建"服务教学型"汽车维修企业事宜，并最终达成合作意向。2014年5月，校企双方在校内正式建成了一个"融生产、教学于一体"的汽车维修企业——"德联车护"。

三、"服务教学型"合作项目"德联车护"建设与探索

该项目是广东德联集团股份公司与广西机电工程学校共同合作设立，并全权委托"德联车护"品牌连锁运营商——广西久大投资管理有限公司负责投资和运营管理的校企合作项目。项目以学校提供场地、企业投资并运营管理的方式，旨在根据校企双方共同设置的教学计划及"德联车护"品牌核心"九养一修、以养代修"的现代汽车维护理念，针对汽车养护九大关键系统，应用国际严格的DIN标准体系，共同开展教学与指导学生的实践活动，将学生培养成技术过硬的应用型、技能型人才，并利用"德联车护"品牌全国网络的直营和加盟店体系，为学校汽车专业毕业生提供更加丰富的就业机会和创业渠道。

为最大限度保障校企合作项目在功能上更好地服务教学，主要在以下几个方面开展合作，创新了校企合作、工学结合的模式。

（一）实现产教结合功能

校企合作成立的企业具有双重身份：对外承接生产任务时，其名称为"德联车护"南宁安吉汽车养护中心（二类资质企业）；对内承担教学任务时，其名称为广西机电工程学校"德联车护"汽车运用与维修专业人才培养基地。

（二）实现校企共办目标

利用学校现有的师资队伍、教学设施、教学场地及企业双方的资源，在"德联车护实训基地"的基础上，先期开设"德联车护"订单班，待时机成熟后，再共同创办"德联车护汽车养护专科学校"，并以此共同面向全国招生。

（三）实现校企共商教学

校企双方共同设置课程与教学计划，采取"学校课堂理论教学与连锁实训基地现场实操同步教授"的方式开展教学。注重学生实际操作技能与理论应用能力的培养。

（四）实现校企人力共享

在合同中明确规定，合作企业雇用的员工中必须有 2/3 以上的本校在校学生；课堂教学由学校与企业共同执教，学校负责汽车机械工作原理的教学，企业负责汽车车用化工产品理论与应用教学。

（五）实行校企双评体系

由学校根据国家教育部门有关规定实施相关考试，结合"德联车护"课程项目测验、实训操作技能日常考核相结合的办法对学生进行综合评估给出学生结业成绩；并在此基础上，独立设计"汽车养护诊断师""汽车养护养护师"两个岗位执业水平考试，考试合格者将获得由学校与企业共同颁发的执业资格证书，学生持上述证书在"德联车护"连锁店体系内获得与该执业水平对应的岗位津贴和薪酬标准。

（六）学生自由择业创业

学生学成结业后，根据平等自愿原则，学生可优先选择其他企业就业；对于没有找到合适就业单位的学生，由本企业负责在"德联车护"全国各连锁店安排就业工作岗位，从而确保了学生就业的"兜底双保险"。

四、项目建设所取得的主要成效

汽车运用与维修专业在校企合作、工学结合机制创新的具体实践中，通过引企入校、校企共建生产性企业的方式，从功能定位、运行模式、合作结果等多方面加以设计与控制，最终找到了一种能均衡校企双方利益诉求、实现校企合作双赢的"服务教学型"的校企合作、工学结合新模式。项目实施后，取得了以下明显成效。

（一）为新的专业人才培养模式提供支撑

在国家中等职业教育改革发展示范学校建设期间，专业开发出了"1+0.5+1+0.5"的四段拆分式人才培养模式，在该合作项目实施前，由于"第一个0.5"阶段，需要把专业学生送到校外进行教学实习，实施难度较大，实施效果难以有效监控。该项目实施后，学生可在校内的生产性实训基地中完成该阶段的实习，从而确保新的专业人才培养模式的有效实施。

（二）成功开设了"德联车护"订单班

合作项目实施后，学校与企业联合成立了"德联车护"订单班，严格按照合作企业人才规格要求，重点培养学生汽车养护、汽车维修及汽车化工用品的理论知识和专业技能，该订单班学生毕业后可直接在"德联"品牌全国网络的直营和加盟店中就业。

（三）进一步彰显了专业办学特色

在长期的办学过程中，逐渐积淀、凝练成了"专业职业素养突出、专业基本技能扎实、专业理论知识够用"的专业办学特色。该合作项目实施后，为专业学生提供了一个可提升专业职业素养、锻炼专业基本技能的生产性实训场所，对专业办学特色的进一步彰显具有重要的现实意义。

（四）提升了专业对口就业率和就业质量

在该合作项目企业雇用的员工有 2/3 以上来自本校在校学生。学生结业后，在自愿的基础上，由合作企业在"德联车护"全国各连锁店安排就业岗位，实行专业学生就业"兜底"，提升专业对口就业率和就业质量。

五、体会与思考

广西机电工程学校汽车运用与维修专业成功创建了服务教学型的"引企入校"项目，创新了校企合作、工学结合的新模式，在办学实践中积累了宝贵的经验。

第一，寻找合作企业的"兴奋点"。一味地埋怨"学校一头热，企业热情不高"的做法不足取，只有找准了合作企业的"兴奋点"，实现企业的合作诉求，才能极大激发企业的合作效果。

第二，选择真正为专业教学服务的企业。选择合作企业实现"引企入校"易，但选择能够真正为专业教学服务的企业比较难。合作建设"服务教学型"的合作项目，需要学校在合作企业遴选、合作运行方式、学校利益保障等方面进行全面的设计和控制。

第三，校企合作定位准确。校企合作方式的设计与实施，需要与学校根据办学定位、专业特色和产业发展的背景予以充分考量，使之相匹配[1]。片面地追求"高大上"的合作项目，往往会因专业建设水平、师生职业能力达不到企业的要求而无法真正融入生产，无法实现产教融合，校企合作项目或将流于形式、成为摆设。

参考文献

[1] 李玮炜，贺定修．"双高计划"背景下高职产教融合的基础、需求与路径［J］．中国职业技术教育，2019（30）：6-7．

基于校本培训的职校教师专业发展的实践研究

陈 莹

(桂林市旅游职业中等专业学校)

摘 要：教师专业发展的本质，是在一定条件下使教师个体不断自我设计、自我追求、自我完善的职业素养提高的过程。在现有条件下，解决职业学校教师专业发展问题，沿用普通师资的培养模式，是行不通的。职校教师专业发展，必须立足于校本培训，将其作为工作重点纳入学校整体规划，通过构建学习型组织，拓宽校本培训渠道和完善体制等，多方面促进教师专业发展。

关键词：校本培训；职校教师；专业发展

教师专业化是指教师的职业化程度，而决定教师职业化程度高低水平的外部因素有政府的决策行为和社会的认可程度，但就其内部因素而言，教师专业化核心成分是教师的专业发展。因此，在教师专业化进程中，教师专业发展的程度是最重要的影响因素。

教师专业发展的本质，是在一定条件下使教师个体不断自我设计、自我追求、自我完善的职业素养提高的过程。教师专业发展经过多年理论研究和实践探索，已经成为世界许多国家教育研究共同关注的课题，是当今教师教育改革的主流话题。

目前，职业学校普遍存在着专业课教师实践教学能力弱、教师队伍结构不够合理，骨干教师和专业带头人缺乏；师资培养培训支撑体系有待健全，培训制度有待进一步完善等问题。而要解决这些问题，沿用普通师资的培养模式，是行不通的，中职教师的专业发展，主要靠在学校的教学工作中，边教学边学习，通过解决教学中的困难，提升教学水平，促进专业发展。在现有条件下，职校教师专业发展，必须立足于校本培训。如何设计一个适于教师的专业发展的校本培训平台，开展这一方面的实践研究，对于学校的发展，对于教师个人自身的发展，都有重要的意义。

为此，桂林市旅游职业中等专业学校专门成立研究小组，研究目标是构建适合职业教育教师专业发展的校本培训模式，即：特定专题——专家引领——教学实践与反思——考查与研讨——评价与提高。具体做法和体会如下。

一、教师专业发展研究纳入学校整体规划

实践证明，向管理要质量，向改革要质量，归根结底是向教育科研要质量。要提高学校的教育教学质量、管理水平和教师素质，都必须认真研究、掌握教育工作的规律，按照客观规律办事，而教师是教育教学改革的关键，促进教师的专业发展是学校一项至关重要的工作。为此，学校把该项研究工作纳入学校教育发展的整体规划，作为一项有战略意义的工作来抓，使研究能进入学校教育教学管理的各个方面，极大地推动学校的整体改革。更重要的是，学校为了更加贴近职场来开办职业教育，构建一支专业化发展程度较高的教师队伍，保证学校可持续发展，在研究经费、研究时间及其他所需条件上予以了全力支持。

二、构建教师专业发展的学习型组织

把学校构建成一个学习型的组织，这是学校现代化的一个重要标志。在学习型组织的构建中，在学校的支持下充分发挥每个教师员工的创造能力，努力形成一种弥漫于群体与组织中的学习气氛，凭借着学习和个体价值的实现，组织绩效得到了大幅提高。

俗话说："领导带了头，群众有劲头。"为搞好校本教研，学校领导致力于课题研究工作，从校长到主任，从部长、教研组长到骨干教师

均能积极参与。根据主研人员的特长，安排他们分别参与到相应的专业部，支持各部长工作。主研人员要向部长全面分析学校的教学状况，引导他们既看到教学上的优势，又明确存在的主要问题，和部长以及教研组长一起制订出切实可行的各部教师专业化发展工作计划，指导部长根据目标一步步地探讨实践。

打破学科体系旧观念，重视学科间的相互渗透，整合学科教研，针对各学科教学中的一些共性问题进行研究，提高教师的综合能力。除了坚持以学科备课组为单位进行教科研外，还强调每一位教师必须主动争取时间参加非任课学科的教研活动和第二专业学习，不同学科之间联合攻关，了解各行业的动态，更好地促进自己所教学科的研究工作，提升自己的研究能力。

三、拓宽教师的校本培训渠道

学校实施的校本教师培训，是指专家、理论工作者、教研员等以先进的教育理论为指导，对教师的教学进行诊断、分析和评价，在此基础上所实施的培训。这是教师培训的主要方式，不把眼光总盯在外出学习，而是倡导校本研修，学校即研究中心，教室即研究室，教师即研究者。为了给教师创设一个良好的自我提高氛围，学校充分利用本地资源，发挥学校教师集体的智慧，提高培训的质量和效益，实现培训资源共享；不断牵线搭桥，加强学校与学校之间的沟通与合作，努力拓宽校本培训渠道，为教师搭建专业能力提高的平台，促使教师快速成长。

学校倡导理论与实践相结合，反思与借鉴相结合的理念，充分利用学校每周二下午教师政治业务学习时间和寒暑假期间，对教师进行相关的培训。如2018年暑假前夕，学校就组织了一系列的校本培训，培训内容包括：教育教学研讨课的听课与评课、"职业学校教师如何能成为名师"专题讲座、"教师专业化成长与校本教研"专题讲座、教师专业成长体验性游戏培训、教育教学管理论坛、职业指导专题讲座、班主任工作专题讲座和实习管理专题讲座等，培训形式多样、组织灵活、贴近教育教学实际，取得了良好效果，受到教职员工的一致好评。初步构建了适合职业教育教师专业发展的校本培训模式。

四、完善教师专业化发展体制

职业教育教师培训需要制度化、规范化和评价的科学化的保障体制。多年来，学校形成一系列的教学、科研和管理制度，促进了教师的专业化发展。

一帮一制度。多年来，学校坚持与发扬传帮带的一帮一制度的优良传统，"以老带新，新老结对，互帮互学"。学校坚持以老带新，合理组合，制定了《"一帮一"管理条例》，通过经常性地开展相互听课、评课，从而将老教师的丰富经验与新教师的科学知识有机地结合起来，新老教师相互取长补短，共同提高。积极鼓励、支持青年教师参加区、市青年教师教学比赛；校内开展青年教师教学大比武系列活动：包括青年教师专业知识考试、教学设计比赛、说课比赛、优质课比赛和教育教学论文评比等；鼓励青年教师开发和制作优秀教学课件，给每位青年教师创设展示才华的舞台，提供体验成功的机会，使他们尽快地成长。

教研制度。教研组是教学研究组织，它的任务是组织教师进行教学研究工作，以提高教学质量。一个学习型的教研组在推动学校教学工作和教师专业发展等方面显得尤为重要。要使教研活动有实效，就必须有时间等保障。除了每周全体教师的政治业务学习外，还安排各教研组的科组活动时间。科组活动的内容分为思想和业务学习两方面。各科组经常组织教师进行政治学习，学习先进教师的感人事迹，学习身边的师德标兵。同时，教研组经常组织教师学习新教学模式的有关理论，讨论课程的编排体系和知识结构，熟悉教材，学习先进的教育教学理论，吸收前沿的科研成果，探讨实践中出现的新问题等，使他们具有精深的专业知识、广博的文化知识和丰富的教育科学知识。每学期初，学校征求各部长的意见，定好教研活动的内容和主讲人。另外，学校也邀请了省内外专业人士为教师作报告、作讲座等。通过这些活动，使广大教师认识到：作为一名新时代的教师，除了要继承和发扬优良传统外，还必须具备与时俱进、敢于创新、不断探索的精神。

评价制度。学校要为教师营造一个良好的竞争环境，应在评价的指标体系上寻求突破。学校只有加强对教师教育教学工作的考评，才能发挥激励和调控作用。为此，学校制订了针对教师教育教学的考核内容，主要从教师的思想情况、教学任务完成情况、承担公开课的情况、科研成果及资料的情况、参与教研组活动情况、学习后的改观情况等方面进行考核，加上平时教学常规检查的情况和行政人员对教师教育教学水平的评价。这样做到了过程性考评与终结性考评相结合、定性与定量考评相结合。每学期对教师教育教学能力进行总评，评出学校的 A 档教师，并对他们进行奖励。

奖惩制度。要使教育科研工作取得实效，离不开教科研机制，学校先后建立了各种管理制度。例如："教育科研工作管理条例""教育科研奖励办法""常规教研活动管理条例"等规章制度，明确了各层次的工作任务和实施办法；为学校的教研活动、科研活动提供了正常有序的运行轨道。为了调动教师参加教育科研的积极性，学校还建立了相应的教育科研工作激励机制。学校制定了《教职工奖惩条例》《教师进修管理办法》，对积极开展科研、有科研成果（论文）获奖或发表的教师给予奖励，对优秀的论文，除了给予表彰和奖励，还编入学校优秀论文集。

当然，教师专业化发展是一项综合性的实践研究。在校本研究环境下，从分析学校教师素质结构入手，采用"研究＋行动＋反思＋合作"的形式，使教师群体成为学习共同体，形成适用于学校教师在岗培训、继续教育、自我完善的管理对策，优化教师学习研究的条件和环境，增加教师有效学习容量，提高教师专业技能，使教师不断"超越自我"，以期达到教师专业发展的增"量"和提"质"目的。因此，教师专业化发展研究任重道远，需要继续努力才能达到最高水准。

浅谈中职学校班主任专业化发展的策略

戴星媚

(北海市中等职业技术学校)

摘　要：当前国家正在大力发展职业教育，中等职业教育规模不断扩大，大量"学习困难"和缺乏正确人生观、价值观的初中毕业生进入中职学校学习，中职班主任因其工作的特殊性和复杂性面临更大的挑战。建设一支具有专业素质和科学管理方法的班主任队伍，对提高中职教育教学质量有着重要的意义，中职班主任专业化发展势在必行。以高质量的教育为目标，树立班主任专业化理念、健全完善班主任培训体系、实施班主任资格认证准入制度、完善中职班主任工作考核与激励机制，走班主任专业化的发展道路，开创中职管理工作的新局面，从而实现中职学生的良好发展。

关键词：中职班主任；专业化发展；策略

引言

2009年，教育部、中宣部、中央文明办、人力资源社会保障部、共青团中央、全国妇联六部门在《关于加强和改进中等职业学校学生思想道德教育的意见》中提道："充分认识中等职业学校班主任工作的重要性，中等职业学校班主任是学生管理工作的主要实施者，是中职学生思想道德教育的骨干力量，是中职学生健康成长的引领者……加强中等职业学校班主任工作，对于贯彻落实党的教育方针，提高中职学生管理和德育工作水平，促进中等职业教育科学发展，具有十分重要的意义。"

当前大部分中职学生是因为在初中学习阶段成绩较差考不上普通高中，父母为了避免孩子混迹社会，而被迫选择就读中职学校。他们年龄小，文化基础普遍较差，缺乏自信心，自己对前途一片迷茫，学生之间相互影响，养成不好的行为习惯，厌学、打架、不尊重人、早恋等，使得中职学校班主任工作比普通高中班主任责任更大、更为复杂、更为烦琐、更为特殊[1]。但是，目前中等职业学校的管理工作和制度，在一定程度上还是沿袭及参照普通高中模式，造成许多班主任生存状态欠佳、工作动力不足。对于班主任工作，优秀教师不愿意做，年轻的教师又不会做[2]，导致中职学校班主任队伍出现断层现象。如何培育出一支思想过硬、具有良好中职学生管理和德育工作水平的班主任队伍，促进班主任专业化发展，是当前中等职业学校共同面临的一个重要问题。

一、中职班主任的生存现状

（一）社会认可度和工作待遇较低

近几年来，国家非常重视中等职业教育的发展，出台了一系列指导性文件，中职教育也得到了迅速发展。但是，无论是社会还是学生家长，对中职教育还是存在偏见、缺乏认可度。因此，中职学校的学生及教师都被社会另眼相看。特别是班主任，他们被社会尊重和认可的程度远远比不上普通高中的班主任。

中职学校的班主任，一方面要完成一定量的教学工作，另一方面还要处理好教务处、学生处等各部门部署的各类班级管理的行政事务，同时还要负责学生的教育工作。在中职扩大招生后，免试入学导致学生生源素质下滑，问题学生越来越多，班级学生的日常管理难度加大，这就要求班主任付出的劳动和心血更多。忙碌的工作之余，频繁的家访，深更半夜跑去医院、派出所成为常态。可以毫不夸张地说，中职班主任是一份高强度、高风险的工作。但是他们的工作地位和工作待遇却与其工作的重要性不相符。

(二) 现有管理制度影响了班主任专业化发展

中职学校的班主任多是从专业任课教师中挑人担任。表面上看，专业教师担任本班的课程较多，易于了解学生，掌握学生情况，由于相当一部分专任教师都是非师范院校毕业，没有经过教育管理学、教育心理学等相关理论和知识的系统学习和训练。班主任往往费了很多精力和心思，班级管理效果却欠佳。而学校往往只是针对新任班主任开展短期岗前培训，这种培训内容较笼统、流于形式，缺乏系统性和连贯性，收效甚微。

至今，仍然有许多中职学校仿照普通高中的评价考核制度来考核班主任工作。年度评价和考核只看表面数据，没有深入班主任工作一线了解具体情况，使得有些班主任认认真真、辛辛苦苦工作了一学期或者一年，考核结果却是刚刚合格。这在很大程度上打击了班主任工作的积极性。班主任的激励制度跟不上，大家都不愿意带班，更谈不上班主任专业化发展了。

中等职业学校是为社会培养一线技术人员的，学校发展以及专业设置，必须适应和紧跟社会经济发展的需要。随着新专业、新课程不断涌现，中职学校的教师，也要不断更新知识及技能。由于中职教育的特殊性，专业教师必须具备双师型的要求，在完成教学任务的同时，需要参加技能培训和考证；还要带领学生研发、生产、销售产品；以及参加教师技能比赛、课题研究；指导训练学生参加各种技能比赛、企业实践、毕业实习等。可以说，中职学校的班主任作为一名专业教师，工作内容烦琐、工作压力大。疲于完成各项工作的现实，阻碍了班主任对个人职业理想的追求。

二、班主任专业化的含义

《辞海》对"专业化"的解释有两个方面的含义：一是指一个普通职业逐步发展成为较为专业的职业的过程；二是指一个职业群体在更加专业的发展道路上，具有多高的水平或者达到多高的层次[3]。从班主任整体而言,"专业化"是把班主任的系列教育行为看作是其专业的行为,是班主任这个职业群体专业化的一种表现。"班主任专业化"就是提高整个班主任队伍外在的专业化水准。从班主任个体而言,"专业化"是指班主任个体参加各种培训和学习,不断将相关专业理论付诸实践,提高自身专业水平,成为合格的专业班主任的过程。总之,"班主任专业化"是一个持续深化的过程,群体的专业化和个体的专业化相互补充,相互完善。

这里提到的班主任专业化,是指群体和个体专业化相结合的一个总体内涵。

三、中职学校班主任专业化发展的策略

(一) 树立班主任专业化理念

学校领导的思想意识是班主任专业化发展的前提条件。现阶段,中职校班主任还是处于学校教育管理系统的"边缘"位置。班主任是任课教师的"兼职工作",班主任资格也是非专业化的"业余队伍"[4]。当下,教育主管部门把推动班主任专业化发展作为实施素质教育、不断提高教育教学质量的战略措施。越来越多的人已经意识到:班主任工作是一项专业劳动,班主任是专业工作者。但当下,不管是理论还是实践,不管是学校领导还是普通教师,对班主任专业化发展的概念模糊,处于萌芽阶段,因此,必须自上而下地树立班主任专业化理念,才能顺利推进班主任专业化发展,建设一支优秀的班主任队伍。

(二) 健全完善班主任培训体系

随着时代的不断发展,更多复杂的新问题不断涌现,给班主任工作带来了更多的困难,因此,班主任要不断学习新知识、新方法来适应工作的需要。要有效地、快速地提高班主任的专业能力,必须健全完善一种内外结合、全面系统的中职学校班主任培训培养机制。以"全面规划、分段实施、点面结合、持续发展"作为班主任专业能力培养指导思

路，确立短、中、长三个阶段的培训计划和培养目标。

中职学校班主任专业化发展的培训，因其工作的特殊性，应包括三个方面的内容：一是组织、建设、管理班级的技能；二是师生之间的沟通技能；三是了解和教育学生的技能。在具体实施过程中，可以从岗前培训、日常培训、专项培训三个方面共同推进。

岗前培训作为班主任短期培训计划，对新任班主任进行全面系统的培训非常必要。中职学校的班主任专业背景各不相同，对班主任工作专业知识的掌握也参差不齐。岗前培训的目的是为班主任工作打下前期基础，培训重点是了解班主任教育管理工作的重要性、熟悉班主任岗位工作职责和工作流程、学习与班主任工作相关的基本知识和技能、掌握班主任工作的基本方式方法。

中期培训主要以专项技能提升培训为主。中职学校班主任对学生进行思想教育、心理咨询辅导、就业指导是其工作的重难点，这些对学生的成长甚至人生道路都将产生重要的影响。正因为如此，对班主任的思想教育、心理咨询、就业指导等方面的知识和技能也就提出了很高的要求，必须进行专项的培训以适应工作的需求。培训内容包括思想教育知识和方法的培训、心理干预和辅导能力的培训、学生职业生涯规划能力的培训、毕业生就业指导能力的培训。

班主任工作是一个长期的、循序渐进的过程。需要长期开展日常培训进行查漏补缺，针对实际工作中出现的新问题进行重点学习，提升班主任自身的专业素质和管理技能。班主任专业能力的培训是一个长期的过程，计划安排要合理，内容要全面，不能流于形式，要满足实际工作需要，真正解决班主任工作中遇到的实际困难，提高工作效率，为中职学校班主任队伍的专业化建设起到良好的促进作用。

（三）实施班主任资格认证准入制度

班主任资格认证准入制度是班主任职业专业化的基本特征，它应该成为班主任获得工作岗位的首要条件，并且也是对班主任工作专业性的认可的基本条件。规范中职学校班主任资格的认证准入制度，把真正符合工作岗位要求的、具备较高的素质和技能的人才选拔到班主任工作岗位上来，是推动中职学校班主任队伍专业化建设的关键。

班主任资格认证准入制度，不仅考核班主任人选的学历水平、思想政治表现、班级管理能力，还包括身体条件、教育教学能力、个性特征、职业道德水平等，考核班主任人选的综合能力[5]。教师经过班主任专业能力培训后，经过一定时期的实践工作，统一颁发班主任资格证书。持有该证书的教师才能正式担任班主任工作。目前，许多中职学校的教师因为觉得学生不好教育、班主任付出多、成就感弱、工作压力大、待遇低，大多数教师不愿带班。许多班主任是为了评职称才承担班主任工作，凑够年限或者一旦评上高级职称，就不愿再做班主任。因此，绝大部分班主任担任此项工作是学校领导要求或者直接安排的，不管教师是否愿意，不管其素质和能力是否胜任，只要安排有人做就行。这样的工作安排，使班主任工作的积极性大打折扣，岗位的随意性比较突出，更谈不上班主任队伍专业化建设。因此，实施班主任资格准入制度非常必要。教师经过培训考核合格后，颁发班主任资格证书，才能进入班主任工作岗位，再根据班主任工作绩效的不同，享受不同等级的班主任职级津贴。班主任资格认证准入制度不是为班主任工作设置门槛，阻碍教师担任班主任工作；相反，通过建立准入制度，挑选符合条件的教师担任班主任工作，提高班主任工作质量和效率，促进班主任队伍专业化建设。

（四）完善中职班主任工作考核与激励机制

科学合理的班主任工作考核与激励制度，是评估和促进班主任素质提升的主要手段，也是中职班主任培养的重要形式，是保持班主任队伍持续稳定发展的重要举措。

中职学校班主任工作的考核内容应包括职业道德、工作质量、工作业绩、工作责任心和工作态度，只有综合考核才能体现出考核的全面性和科学性。具体的考核方法是以定性考核与定量考核相结合为基础，给予班主任工作全面客观的评价；再结合教育处、学生处、专业部、学生的反馈意见及班主任的自我评价，从不同的层面了解班主任的日常工作表现，从而对班主任做出更加全面而又合理的评价。

完善有效的班主任工作激励制度，既能调动班主任对工作的积极性，又能提升班主任的职业认同感和幸福感。

1. 目标激励

根据不同专业的学生特点，制定具体的班主任工作目标，让班主任参与目标的制定过程，充分发挥主人翁意识，通过目标引导，使班主任工作成为一项有计划、有目的的行为，激励班主任认真完成班级管理各项工作。将班主任考评结果与奖励、提拔、评优挂钩，给予排名靠前的班主任适当激励，充分调动班主任的工作积极性，开发班主任的创造能力，促进其加强自身能力建设。

2. 薪酬激励

稳定而丰厚的经济收入，是每一位劳动者的追求。合理的薪酬制度是激励中职班主任不断追求自我实现和专业发展的有效措施。目前中职班主任的待遇和地位偏低，和班主任工作的复杂程度相比，薪酬和其他物质保障都不尽如人意。学校应在政策与待遇方面给予班主任适当的倾斜，提高班主任的工作量与薪酬比，完善津贴发放制度，建立起公正合理的班主任激励制度。

四、结语

近年来，随着国家经济发展的需求，产业结构优化的升级，社会对技师的需求越来越多，中等职业技术学校是为国家和社会培养专业技术人才的摇篮，中职教育进入快速发展时期。中职教育的发展离不开班主任工作，班主任工作直接决定着班级建设质量，对学生将来的人生有着不可估量的影响。因此，提高中职班主任专业能力，是中等职业学校管理工作的当务之急。作为中等职业技术学校一线的教师及基层管理者，深感中职班主任专业化发展的紧迫性，需要培养一支高素质、专业化的班主任队伍，开创中职教育的新局面。

参考文献

[1] 吴莹. 中职学校班主任工作动力不足现象研究 [D]. 成都：四川师

范大学，2015：1.

[2] 沈建. 中等职业学校班主任生存状态研究——以上海市若干所中职校为例 [D]. 上海：华东师范大学，2011：5-7.

[3] 丁绍辉. 高校辅导员队伍专业化建设研究 [D]. 青岛：中国海洋大学，2015：10.

[4] 孙丕珍. 中等职业学校班主任专业化发展研究——以青岛市某中等职业学校为例 [D]. 济南：山东师范大学，2013：30.

[5] 奉永文. 中等职业学校班主任专业化现状、问题与对策研究 [D]. 长沙：湖南师范大学，2013：33.

县级职教中心教师来源类型及其特点研究

莫炎坚

(岑溪市中等专业学校)

摘　要：县级职教中心的教师来源复杂，由多种类型教师组成，既有职业学校教师构成的共性特点，也有县级职教中心这一特定区域教师群体的特殊性。论文对县级职教中心教师来源类型及不同特点进行了深入分析，为县级职教中心教师专业发展及师资建设提供实践依据及理论参考。

关键词：县级职教中心；教师来源；特点分析

县级职教中心的教师来源复杂，由多种类型教师组成，既有职业学校教师构成的共性特点，也有县级职教中心这一特定区域教师群体的特殊性。教师的来源主要有：原职业技术学校的教师，从各乡镇抽调来的文化课教师，近几年从高校毕业生中录用的新教师，县级职教中心资源整合后来自其他职业培训机构的教师，来自企业的实习指导教师和兼职的行业精英、种养能手等。由于教师个人的"出身"不同，其自身专业发展的成因各异，对县级职教中心教师来源类型及不同特点的深入分析，有助于为县级职教中心教师专业发展及师资建设提供实践依据及理论参考。

就教师来源类型及其特点，县级职教中心的教师类型可分为以下四种。

一、师范类教师

(一) 师范类专业课教师

师范类专业课教师是指从高等院校、职业技术师范学院或职业教育学院毕业的教师，此类教师一般都属于"双师型"教师，毕业参加工作时就初步具备双师的资质，但双师资格还有待参加工作后重新认定。这类教师已具备对应的专业理论知识和一定的专业技能，同时也具备相关专业教育教学的理论基础，如专业教学法、心理学等知识。这类教师目前在职业学校里面比较受欢迎，尤其在县级职教中心教师队伍里，整体素质不高的情况下显得尤为突出。但该类教师也有其局限性，就是动手实操能力相对较弱，企业经历极少或没有，理实一体化的教学能力有待提升。

（二）师范类文化课教师

师范类文化课教师是指从普通师范院校毕业任教公共基础课的教师，这类教师多从县域内各中小学抽调或职业学校原班人马的一些成员[1]，主要负责语文、数学、英语、德育和体育等科目的教学工作。此类教师是师范类科班出身，专业知识和教育教学理论知识比较扎实，熟悉学科教学法等，而且入职前有过学校教育教学的实习经验，能很快很好地掌握中职学生的学情，授课效果显著。

二、转岗教师

县级职教中心发展早期，教师紧缺，队伍结构不合理[2]，基于县级职教中心规模扩大时期各专业招生人数难以控制，缺乏合理规划，从而导致教师调配的难度，校内各专业教师的转岗或跨学科现象比较普遍。这类型的教师可分为四种。

（一）普通中学转入职业学校的教师

这类教师多数是中小学抽调到职教中心的教师[3]，主要是职教中心成立初期学生人数暴增导致专业教师缺口大，由当地教育行政部门从中小学征调过来的教师，多为教授物理、计算机、音乐和美术等，到职教中心任教电工电子、计算机应用、服装或学前教育专业的相关专业课程。同时也有阶段性存在的协管教师，这部分教师主要是职教中心在春季期招生，实施初中三年级学生提前分流时，由送生学校派出协助职教中心缓解管理压力临时存在的教师，但也有一部分因工作需要留在职教中心工作。上述从普教转岗到职教的教师，因为有普教工作经历，教育教学经验丰富，课堂教学组织能力较强。但缺乏对职业教育特征的认识，对理实一体、校企合作、教产融合理解不够，工作中普遍存在唯成绩、唯纪律评定学生优劣的现象；专业教学上唯理论至上，实操动手能力较弱，无企业工作经历。

（二）文化课转专业课的教师

职教中心成立初期，为了解决专业教师紧缺的燃眉之急，学校内部调整或自愿转型，由文化课转任教专业课的教师。他们有较强的课堂教学组织能力，学习力强，接受新专业知识较快，但缺乏相关专业的系统理论知识，实操动手能力较薄弱，教师数量不多。在这部分教师中不乏转型成功的典型案例，有些后来还成了学科带头人或专业带头人。

（三）专业课转文化课的教师

在职教攻坚后期，综合改革成效突出的县级职教中心基本实现转型升级，从艰难的生存阶段过渡到规范管理阶段，学校已从规模发展过渡到内涵提升。学校的专业建设已由保生源、增设备向规范人才培养方案、制定课程标准、打造良好教学基础秩序方面努力，严格按照教育部的有关加快发展现代职业教育的相关文件精神，结合地方职教特色，注重学生"综合素养+一技之长"的培养目标。广西大部分县级职教中心在完成攻坚之后，经过近10年的基础能力打造，实现转型，在近10年的时间里，职校教师内部原班人马中的公共基础课教师逐年退休，而教育行政部门只给职业学校招录专业教师，公共基础课教师不增只减，教师紧缺，难从普教再抽调教师到职教中心任教，特别是当地中小学紧缺的英语、数学等学科的教师。职教中心只有从学校内部转型，从一些招生规模萎缩的专业抽调教师转上文化课，也有从新招聘入职的专业教师中转型任教公共基础科目，此部分教师多为专业人才，多从理工科院校毕业，专业理论及专业技能扎实，但对应的语、数、英等文化科目的知识相对薄弱，特别是对相应的学科教学法比较陌生，导致在新领域的专业成长有很大障碍，需要较长的适应期和成熟期。

（四）专业调整转其他专业课的教师

在县级职教中心发展过程中，由于学校布局调整或专业结构优化，部分专业撤并后，转任其他专业课程教学的教师[4]。这部分教师有一定的理实一体能力，对职业教育教学管理比较了解，但转任其他专业任教是不得已而为之，转型的积极性较低，多以应付学生了事，难谈质量，对教师个人的专业成长更难如登天。这类教师在转岗后，因不适应新专业岗位，只能再转管理岗，从而把自己多年所学专业丢弃，利用率不高。

三、非师范类专业教师

非师范类专业教师是县级职教中心专任教师中的主要类型，包括理工科院校大学毕业生和社会录用人员两种。

（一）理工科院校大学毕业生

从理工院校毕业的教师是县级职教中心数量最多的，如岑溪市中等专业学校，从职教攻坚时期到现在，已有100多名此类教师入职，超过专业教师数量的50%。这部分教师专业知识扎实，专业能力较强，但教育教学理论、心理学及学科教学法等方面理论和教学技能相对较弱，即所谓"师范性"较弱；而且这部分教师年龄不大，多是学校专业教师的骨干力量。由于他们多为理工科院校毕业，没有教师资格证，教育教学管理等经验相对较少，入职后的培训也多注重在教学法及德育管理等方面，他们当中大部分只能一边工作一边考取教师资格证。这类教师是县级职教中心"双师型"教师的主要培养对象，目前经认定双师资格的人数不多，而且这类教师的专业成长也有其片面性、单一性。入职后要从日常繁重的教学任务中花大量时间学习有关师范类的课程，并且缺少专业相关的提升培训或企业实践机会，严重影响了他们专业发展的速度。要从一名教学新秀成长为一名骨干教师或学科带头人周期太长，不少年轻教师难以跨越职业倦怠期，只有一部分实现了个人专业成长的突破，走向专业带头人或名师之路。

（二）社会录用人员

此类教师多为职教中心发展早期、专业教师紧缺时期，学校从企业或大学生中招聘的合同工，他们多有一技之长，解决当时专业教师缺口的燃眉之急。他们经过多年的教学实践锻炼，大多成为各专业理实一体化教师，能站得住讲台，也进得了车间，颇受学生欢迎。因此，各县根据实际情况，腾出编制，每年从这类校聘教师中通过招录方式转为在编员工，但人数不多。

四、兼职教师

县级职教中心除了全职教师外，还招聘了一批企业和生产一线的兼职教师，主要有以下三种类型。

（一）企业专家

企业专家是县级职教中心在专业建设过程中，从多年合作的企业中聘请的企业师傅。他们有丰富的企业生产、经营和管理经验，了解行业的发展状况，掌握企业生产的全部工艺流程以及各工种岗位的技能要求，实践能力强。他们多是企业的运营生产主管，在县级职教中心担任客座讲师，订有劳务合同，定期到学校给专业教师上培训课或给毕业班的学生做就业指导，参与学校人才培养方案和课程标准的制订等工作。如模具制造技术专业的企业专家大多是模具厂的生产主管，学前教育专业的专家多是当地幼儿园的园长，而旅游酒店服务类专业的则多为酒店的大堂经理或人事部经理等。

（二）能工巧匠

能工巧匠属于专业师傅类，有一技之长，而且在其从事的工种岗位上有多年的工作经验，掌握所从事工作的核心技能，是凭手艺吃饭的人，他们在学校里经常被聘为实训车间主任或实训指导教师。

（三）种养能手

种养能手是县级职教中心涉农专业教师或农村创业培训师，一般聘请当地的种养大户或致富能手。种养能手在涉农专业的实训基地担任实训生产指导，目前县级职教中心涉农专业长期处于萎缩甚至停办状态，所以这类兼职教师极少。

以上三类兼职教师有丰富的企业生产实践经验，但缺乏系统的专业理论，基本不具备教育教学管理的专业知识，在入职时经过简单的学校管理方面的培训。对这些兼职教师的考核管理很薄弱，甚至处于空白状态。由于这部分教师的主业是校外的经营生产，单靠职教情怀调动他们的积极性，效果不是很明显。而且就目前县级职教中心的财力，也难以支付高工资，所以此类人员的技术水平不高，难以请到真正的大师级人物。这些兼职人员很不稳定，从某种程度上，影响了县级职教中心正常的教学秩序及办学质量。

县级职教中心要根据教师的不同类型和特点，结合县级职教中心的实际情况，科学制订教师队伍建设的发展规划，分类培养，个性发展。在教师培训形式上，开展形式多样、内容丰富、有针对性的教师培训；在教师培训机制上，依据不同类型教师专业成长需求，构建及完善县级职教中心教师专业发展的服务体系。只有这样，才能保证县级职教中心的可持续发展，保障县级职教中心在国家"乡村振兴"战略中的人才支撑。

参考文献

[1] 李娜. 县级职教中心师资队伍建设的困境与对策 [J]. 长春教育学院学报，2013（3）：105-106.

[2] 王泽荣，赵清梅，吴全全. 中等职业学校教师队伍现状简析 [J]. 中国职业技术教育，2008（20）：32-35.

[3] 郭晨曦. 广西县级职教中心师资发展的问题及对策 [J]. 科学导报，2014（9）：209-210.

[4] 高云. 浅谈县级职教中心师资队伍建设 [J]. 中国职业技术教育，2010（25）：86.

利用微课促进中职教师信息技术应用能力提升

——以广西物资学校为例[①]

农丽艳

（广西物资学校）

摘　要：信息技术应用能力已经成为现代中职学校教师职业岗位的必备能力。影响教育信息化水平主要有客观与主观两方面因素，其中教师是信息技术应用的关键。针对中职学校教师信息技术综合应用能力普遍偏弱的现状，利用微课具有多种信息技术手段共融的特点，以微课为推手，促进教师信息技术应用能力的提升，实现教学质量的全面提高。

关键词：微课；中职教师；信息技术应用能力

当今社会是一个信息技术高速发展的时代，信息技术取代资本成为社会财富创造和经济发展的关键要素，广泛应用于各个领域，教育领域亦不例外。通过信息技术可以共享优质的教学资源，优化课堂结构，改进教育教学方法，创设逼真的教学情境，生动直观展示教学内容，营造轻松愉快的教学氛围，从而激发学生学习兴趣，提高教学质量。信息技术已全面渗入教学并发挥着重要的作用。

---

① 基金项目：
1. 2015 年度广西职业教育教学改革立项项目"利用微课促进教师信息技术综合应用能力提升的探索与实践"，项目编号 GXZZJG2015BO42。
2. 2016 年度广西职业教育教学改革立项项目"中职校园云信息化平台建设研究"，项目编号 GXZZJG2016A023。

一、信息技术应用能力是中职教师职业岗位的必备能力

《中华人民共和国国民经济和社会发展第十三个五年规划纲要》第五十九章之推进教育现代化中提出"推动现代信息技术与教育教学深度融合"。《国家教育事业发展"十三五"规划》的总目标进一步明确指出:"教育现代化取得重要进展,教育总体实力和国际影响力显著增强,推动我国迈入人力资源强国和人才强国行列,为实现中国教育现代化2030远景目标奠定坚实基础。"纲要和规划都要求教育信息化实现新突破,形成信息技术与教育融合创新发展的新局面,增强学习的便捷性和灵活性。鼓励教师利用信息技术提升教学水平、创新教学模式。信息化已成为当前教育改革的趋势。以信息化带动教育现代化,是发展现代职业教育的强大动力[1]。在新的历史阶段,我国继续将教育信息化列为一项重要任务。

随着教育信息化的深入普及,职业教育信息化也变得越来越受重视。教师是信息化建设的主体,职业教育信息化的建设关键在于提高教师信息技术应用能力,信息技术应用技能成为现代职业学校教师职业岗位必备的基本能力。只有掌握了信息技术,才能满足现代教师职业岗位的能力要求。在教育部的《中小学教师信息技术应用能力标准》中,对教师在教育教学和专业发展中对应用信息技术提出了基本要求和发展性要求。以教师教育教学工作与专业发展主线为核心,从"技术素养、计划与准备、组织与管理、评估与诊断、学习与发展"五个维度,明确要求应用信息技术优化课堂教学,以及应用信息技术转变学习方式。

二、利用微课提升中职教师信息技术应用能力

(一) 微课作为有效提升教师信息技术应用能力的途径

教师作为推进信息化应用的直接实施者,其信息技术应用能力影响着在教学中应用信息技术的程度[2]。教师最基本的信息技术能力,包括

计算机的使用能力、网络的使用能力、网络环境下资源的检索、技术和信息资源与课程的整合能力等,要提高教师的信息技术能力,需要寻找有效的途径,从易到难、从简到繁,逐步提高教师的信息技术应用能力。

在教学实践当中,微课是以阐释某一知识点为目标,以短小的在线视频为表现形式,以学习或教学应用为目的的在线教学视频[3]。具备以下几点优势。

首先,微课只需短短的几分钟就清晰明了地解析一个或多个知识点,师生观看视频更加自由,不受时空和人员限制。

其次,微课让观摩者思考更充分,反思更有效。职业教育注重操作技能的培养,而操作技能更适合制作成微课反复观看[4]。微课视频是自由的,视频播放可快可慢,可顺播亦可倒播,可仔细推敲,也可摘录,更可充分地思考。

最后,微课能有效地帮助教师实现个性化专业发展。制作微课所运用的信息技术可深可浅、可易可难,既可使用入门级的信息技术进行初级制作,也可以运用专业级的信息技术进行精湛制作。适合各层级信息技术水平的教师。由于每个教师的教学经历、经验和能力不同,教师录制的微课都具有个性。年轻教师偏向制作技术含量高的微课;中年教师具有较强的课件制作能力和教学经验,能制作优质微课;老年教师信息技术能力偏弱,制作的微课虽形式简单,但注重经验,对教学很有参考价值。

综上所述,微课优势突出,深受师生喜爱,可广泛用于教学当中。微课是多种信息技术共融的结合体,无论开发哪一种类型的微课,都离不开信息技术的支撑,如摄像机、录音笔、计算机、手机、视频编辑软件、PowerPoint 软件、绘图类软件、Flash 动画软件等设备及软件的应用。微课的开发可简可繁,既适合初学者入门,也适合技术水平较高的教师的提升,因此,微课是提升教师信息技术应用能力的有效途径。

(二)以微课为载体多渠道提高教师信息技术应用能力

微课制作具有涉及信息技术面广、技术难度可深可浅、老少皆宜等特点。广西物资学校课题组确定以微课作为切入点，根据教师信息技术水平的现状，对教师进行分层教学，开展专题培训，多渠道推进教师信息技术能力的提高。

1. 系统培训微课制作技术

微课制作融合了多种信息技术手段，按制作方式分类，可分为拍摄型微课、录屏型微课、软件制作型微课、录课笔微课、混合型微课等五种。课题组根据教师信息技术能力特点，设计相应的培训内容，制定有针对性的培训方案。对于信息技术应用能力较强的教师，培训的内容相应要求较高，难度也较大，如音视频编辑技术、Flash 动画制作，以帮助这部分教师制作更精湛的微课。对于零基础的教师，则培训的内容也相应偏向简单、基础，如录屏软件、图片处理软件，使其能够完成简单微课的制作，树立提高信息技术能力的信心。

课题组将制作微课所需的信息技术进行梳理、归类，根据知识的逻辑关系及教学对象的认知规律进行整合，将内容模块化，以任务驱动的方式进行培训，见表1。

表1 "微课"类型比较

比较对象 微课类型	设备要求	技术要求	适合学科类型	主要优点	主要缺点
课堂实拍型	摄像机、录音笔、计算机、视频编辑软件	拍摄、编辑、录音技术	活动性或实践型课程	场景真实、便于观摩	干扰信息多、受技术限制
纸笔拍摄型	手机、白纸、笔、话筒、手机支架、视频编辑软件	拍摄、编辑、录音技术	适合知识推导、习题讲解	制作方便	受环境噪声影响
PPT 录屏型	计算机、录屏软件、Camtasia、话筒、PowerPoint 软件	PPT 制作、录屏录音、视频编辑技术	适用于各专业、学科的内容	制作方便	受环境噪声影响

续表

比较对象 微课类型	设备要求	技术要求	适合学科类型	主要优点	主要缺点
手写板录屏型	录屏软件、Camtasia、手写板、绘图软件、SmoothDraw3、话筒	手写板、录屏录音、视频编辑技术	适合知识推导、习题讲解	制作方便	受环境噪声影响
PPT自动播放型	计算机、PowerPoint2010软件	PPT制作、音频编辑技术	适合简单知识内容的讲授	制作方便	互动性差
Flash软件制作型	计算机、Flash软件	Flash动画制作和录音技术	适合模拟宏观或微观的运动或变化过程	直观生动	受技术限制、耗时多

按照微课类型，针对不同的对象开展微课培训。经过分级分期系统培训，教师们对微课制作的方法有了更加全面、清晰的认识，骨干教师能够完成精美的微课，零基础的教师也能完成初级微课的制作。在微课任务的驱动下，教师通过微课制作掌握了多项信息技术技能，信息技术应用能力得到了较大提升。

2. 鼓励教师参加微课竞赛

微课竞赛是促进某种技能更快提高的最佳途径，是检验技能水平的最佳手段。为了进一步调动教师学习及应用信息技术的积极性，帮助教师取得竞赛好成绩，不断提升教师自信心，学校配合教育厅的各项信息化教学及微课大赛工作，积极组织教师参赛。为了扩大参赛面，让更多的教师参与比赛，学校预先组织开展校内微课等信息化教学竞赛，并以比赛为目标开展多层次多形式培训。学校邀请具有丰富教学经验和评委经验的全国中职名师，到校开展主题为"教学设计的方法与策略"培训；邀请具有五年国家级信息化大赛评审经验的专家给参加信息化教学大赛的教师进行个性化指导。组织教师参加"职业院校教师信息化教学能力提升'万里行'培训班",参加广西级信息技术培训,到发达省市参加信息化专题培训。学校制定了相关的竞赛激励制度,对获奖教师给予一定的精神和物质奖励。通过竞赛激励教师主动学习、主动探索、主动创新,提高自身信息技术应用能力。

(三) 构建数字化教学资源共享平台

为了促进教师信息技术能力的提高,给大家提供信息技术学习平台,学校建立数字化校园资源共享平台,把教师们优秀的教学微课、课件、教学设计、论文等实时上传更新,学校组织信息技术专家将最新的信息和应用软件、信息采集工具,以及多媒体硬件、软件的使用方法做成课件或视频发布在平台上,供教师们学习。教师们可随时观摩调用,实现资源共享,使平台成为全校教师相互学习、相互借鉴、相互交流、共同提高的"教师之家"。此外,学校还鼓励教师建立自己的个人网站、网盘等,既实现了资源共享,又提高了教师运用信息技术的能力。

三、中职教师信息技术应用能力提升的效果

(一) 信息化教学水平明显提高

通过多方面工作的积极推动,近两年学校教师积极参加信息化大赛,取得的成绩逐年上升。在2015—2017年广西职业院校信息化教学大赛和广西中等职业学校"创新杯"教师信息化教学大赛暨全国总决赛广西选拔赛中,学校共有77件作品获省级奖项,其中一等奖作品24件、二等奖作品25件、三等奖作品28件。12件作品代表广西参加全国大赛,获得一等奖2件,二等奖6件,三等奖4件,见表2。两项比赛共有138人次参赛,参与人次多,覆盖专业学科广,学校被广西教育厅及广西职业教育发展研究中心评为"优秀组织单位"。此外,学校教师成功申报与信息技术相关的自治区级以上教研教改项目共8项,公开发表相关论文20余篇,学校教师信息化教学取得了丰硕的成果。

表 2　广西物资学校教师获信息化教学大赛奖励情况统计表（2015—2017 年）

比赛类型	广西赛获奖作品数量/件			全国赛获奖作品数量/件		
	一等奖	二等奖	三等奖	一等奖	二等奖	三等奖
职业院校信息化教学大赛	8	12	16	0	2	1
"创新杯"教师信息化教学大赛	16	13	12	2	4	3
合计	24	25	28	2	6	4

（二）教学质量整体提升

教师信息化能力水平的提升，创新了课堂授课模式，丰富了教学内容的呈现方式，将枯燥乏味的课堂变得生动有趣，有效地激发了学生的学习积极性。学生从被动式学习转化为主动探究，学习变得轻松愉快，课堂教学质量有了显著的提升。近两年，学校学生参加全国、广西职业技能大赛，共获得全国三等奖 5 项，广西一等奖 18 项、二等奖 21 项、三等奖 45 项。获奖面接近 95%，见表 3。

表 3　广西物资学校学生获专业技能大赛奖励情况统计表（2015—2017 年）

比赛类型	广西赛获奖情况			全国赛获奖情况		
	一等奖	二等奖	三等奖	一等奖	二等奖	三等奖
专业技能大赛/项	18	21	45	0	0	5

教学质量的提高，带来就业质量的根本改变，学生深受用人单位的欢迎，薪酬待遇较过去有明显提高。尤其参赛获奖选手，还未毕业就直接与用人单位签约。学校形成了以竞赛为抓手，以教学质量促就业，以就业质量促招生的良性循环，品牌形象得到提升，深受社会广泛认可和赞誉。学校连续几年招生爆满，多次出现一位难求的现象。

四、有待解决的问题

微课研究现仍处于初级阶段，不论是利用微课促进教学质量提升的研究，还是利用微课促进教师信息技术应用能力提升方面，研究成果还比较少，这与微课"火热"的现状显然不够匹配。同时，微课在教学中的作用与生命力也需要更长时间的考验。

现行的激励保障机制有待完善。虽然大多数教师已经积极投入努力提升自身信息技术能力的行动当中，但还是有少部分教师认识有待转变，依然停留在信息技术的简单应用当中。如何创新现有制度和教学评价体系，以持续不断地促进教师自觉提升自身信息技术的应用能力，成为我们下一步要解决的问题。

在现代信息技术快速发展、各种新技术层出不穷的背景下，必须与时俱进，强化培训的针对性、时效性。不仅要注重信息技术本身，更应注重信息技术在各专业、学科中的应用，让信息技术和教学深度融合，更好地为教学服务，实现有趣、有用、有效的"三有"课堂，不断提高职业教育的教学质量。

参考文献

[1] 李春燕，张翼然，周丽娟，夏金星. 中等职业学校教师信息技术应用能力现状及对策探讨 [J]. 职教论坛，2014（11）：4–9.

[2] 焦建利. 微课及其应用与影响 [J]. 中小学信息技术教育，2014（4）：4–6.

[3] 张屹，马静思，周平红，范福兰，白清玉. 中小学教师信息技术应用能力现状及培训建议 [J]. 中国电化教育，2015（01）：104–110.

[4] 刘明俊. 中职学校利用微课促进教学的应用与思考 [J]. 中国校外教育，2015（5）：154–155.

基于服务区域产业链的中职专业群体系构建研究

李小卓

（来宾职业教育中心学校）

摘　要：随着职业教育的不断改革与创新，中职学校应围绕地方产业链来进行专业设置与建设，找到行之有效的建设与发展模式，提高专业和产业的吻合度。论文以来宾职业教育中心学校为例，对如何构建基于区域产业链的中职"一核多元"专业群体系、助推区域特色产业链转型升级和中职学校专业的协同发展进行探究。

关键词：产业链；专业群；体系构建

从区域经济发展的实际需求出发，科学调整和设置专业，做到专业设置和区域产业结构相对接[1]，为地方经济发展输送合适、合格的技能型人才是中职学校提升核心竞争力需要解决的关键问题。随着职业教育的不断改革与创新，构建专业群发展模式能较好地对接区域产业链，在满足产业链发展的同时，又能做到专业协同发展，从而提升学校办学质量。

一、问题的提出

2010年12月2日，教育部召开了全国中等职业教育教学改革创新指导委员会第二次全体会议暨43家行业职业教育教学指导委员会成立大会，教育部原副部长鲁昕出席会议并提出职业教育"专业要与产业对接"的建设目标。在此背景下，中职学校围绕地方产业链来进行专业设置与建设，试图找到行之有效的建设与发展模式，提高专业和产业的吻合度。

二、概念的厘清

产业链,它是产业经济学中的一个概念,是基于一定的技术、经济关联,并依据特定的逻辑关系和时空布局关系客观形成的链条式形态[2]。从狭义上来理解产业链是指在生产过程中从原材料到终端产品所形成的完整链条,从广义上来理解产业链则是在面向生产的产业链基础上尽可能地向上下游拓展延伸,上游延伸进入基础产业和技术研发环节,下游拓展则进入市场拓展环节。

专业群,就是中等职业学校为服务区域经济,振兴地方特色产业,以学校优势专业为核心,将一些具有共同特性和关联课程的专业组合的一个集合。通过专业群的建设模式培养产业链所需的人才需求,达到助推区域经济发展和专业协同发展的目的。

三、专业群与产业链的关系

专业群将学校办学与地方区域经济紧密联系在一起,它不仅是学校做大、做强、做特的发展需要,同时也是学校服务于地方区域经济产业的突破口。专业群与产业链相互依赖、相辅相成,一方面,依托产业链的组成进行专业群建设,可以使中职学校的人才培养紧扣产业的人才需求变化,彰显职业教育服务产业、服务区域经济的特色。另一方面,专业源于产业,地方经济的发展和产业转型升级往往催生新的专业。因此,专业群与产业链相辅相成,相互促进。

四、专业群建设的重要性

(一) 有利于专业与产业及职业岗位的对接

产业是具有某种同类属性的经济活动的集合,直接为劳动者提供不同的服务岗位。以服务地方特色产业链来建设专业,建设方向将会直接聚焦于产业和职业岗位上，专业优势全方位对接和服务产业链，形成"你无我有，你有我特，你特我优"的专业建设特色，助力地方特色产业转型升级。

（二）有利于教学过程与生产过程对接

教学过程和生产过程最容易形成"两张皮"现象，即教的在实际生产中用不上，用的在教学过程中没有教。专业建设过程中将会按照产品生产过程进行核心课程设计，将教学过程设计为生产过程，在生产实践情境中展开学习过程，真正实现"工作任务课程化，教学任务工作化，学习过程生产化"。

（三）有利于专业课程内容与职业标准对接

人才培养的关键是课程，工作过程系统化课程开发的根基在于找到职业工作岗位、岗位群和职业标准。职业标准源于企业，源于产业，依托产业链来重构课程体系和开发课程，有利于专业课程内容和职业标准的对接。

（四）有利于学历证书与职业资格证书对接

对于产业链下的企业，不同的岗位都会有不同的职业资格要求，证书就相当于准入门槛。从产业和企业中了解职业工作岗位与职业资格证书的对应关系后，才能根据职业工作岗位的技能要求进行专业教学，并让学生在校学习期间考取相应职业资格证书。

（五）有利于职业教育与终身学习对接

随着科技的不断创新和技术的不断进步，每个职业岗位所要求的知识也在不断更新。基于产业链下工作的职业人，在岗位需求知识不断更新的大环境下，更容易去学习新知识和新技能，以适应岗位的新需求。

五、专业群建设框架体系

（一）专业设置现状分析

来宾职业教育中心学校是由 6 所中职学校资源整合后的学校，是国家级重点职业学校、国家中等职业教育改革发展示范校。2016年来宾职业教育中心学校专业设置见表1。覆盖专业大类目录19个大类中的9个大类，覆盖率为47.4%。开设18个专业，覆盖专业目录321个中的19个，覆盖率为5.9%。

表1 2016年来宾职业教育中心学校专业设置

序号	专业大类	专业名称
1	轻纺食品类	食品生物工艺（制糖方向）
2	加工制造类	机械制造技术、机电技术应用、数控技术应用、机电设备安装与维修、电子电器应用与维修
3	交通运输类	汽车运用与维修
4	信息技术类	计算机应用
5	医药卫生类	护理、助产、药剂、中药、中医康复保健
6	旅游服务类	酒店服务与管理、旅游服务与管理、中餐烹饪
7	文化艺术类	服装设计与工艺
8	教育类	学前教育
9	公共管理与服务类	文秘

（二）区域产业链现状分析

来宾是全国第二大蔗糖生产基地，蔗糖产业是来宾重要的支柱产业和特色产业，甘蔗则是农民收入的主要渠道。蔗糖产业经过多年的发展与积淀，以技术、人才、产品为桥梁，以蔗糖产品加工为中心，不断地向上游市场营销和下游蔗种培育拓展[3]，现已形成纵横交错的立体式产业链，纵向以甘蔗育种、机械化耕作、种植管理、机械化收割与装载、交通运输、蔗糖加工和市场营销于一体的产业链，横向则聚集在蔗渣环节的造纸、有机肥、食用菌、纸张、板材、饲料的产业链。

（三）专业结构与区域产业结构适应性分析

助推产业转型升级政策驱动是关键，国家从资金、良种、机械化等多个方面予以大力扶持地方性特色产业，来宾市的蔗糖产业将迎来重要发展机遇。2016 年，来宾市加快农业产业结构调整和"双高"基地建设，落实"两高"糖料蔗基地41.2 万亩①，糖料蔗单产提高 2.0%。2017 年将再新增27 万亩"双高"基地。相对于蔗糖产业的快速转型升级，学校的专业建设表现出明显的不适应性，专业建设与蔗糖产业的需求匹配度不够。

各种新型甘蔗覆土中耕机、大中型拖拉机、甘蔗联合收割机、甘蔗提升机的生产，极大地改善了甘蔗种植生产条件，减轻了蔗农的生产强度，推动了甘蔗综合产出与农民经济效益的不断提升。但是，这些新型设备的应用、保养、维修与当前蔗农的技术能力的矛盾成为制约农机综合效益与效率进一步提升的瓶颈。

随着"互联网+"行动计划的进一步实施，电子商务呈快速、健康发展态势，引导产业进入互联网销售模式，农产品电商进入快速发展期。蔗糖产业传统的"层级批发+零散销"模式带来的成本高、物流损失、交流信息不畅等诸多问题，都可以通过互联网技术快速解决。因此，蔗糖产业急需培养大量既懂蔗糖专业知识又能运用计算机技术开发电子商务销售平台的专业技术人员。

随着电子商务的快速发展，与之相对应的仓储物流也随之发展。智慧仓库的物流模式在智能机器人的工作下，实现了快速分拣、打包出货，仓库运行效率大为提升。智能机器人专业的人才将会在蔗糖产业中发挥重要的作用。

（四）提高专业结构与区域产业结构适应性的对策

1. 遴选相关专业形成专业群

首先，围绕蔗糖产业链的人才需求进行匹配专业的遴选；其次，在遴选出来的专业中构建以一个重点专业为主干，相关专业为支撑的专业群。

---

① 1 亩≈666.67 平方米。

2. 重构基于工作过程的课程体系

人才培养质量关键在课程，蔗糖产业是局域经济特色产业，全国开设蔗糖类专业的职业院校为数不多。教学标准陈旧，教材偏少，教材应用"水土不服"，这些成为专业教学质量无法有效提升的直接因素。根据蔗糖产业的特点和对职业岗位的任职要求，校企合作重构了以服务蔗糖产业链的基于工作过程的课程体系，按不同岗位的职业标准开发以职业素养与职业能力为核心的具有本土特性的系列化教材和教学资源库。

3. 建立专业建设动态调整机制

在专业群建设过程中，以服务蔗糖产业链为原则，对核心专业"强链"，缺失专业"补链"，新兴专业"建链"，过时专业"撤链"，不断优化专业结构，提高专业群与产业链对接的吻合度。近年来，学校针对生源萎缩、服务产业链能力弱、发展后劲不足的机械制造技术专业进行"撤链"；根据蔗糖产业链"互联网+"需求，将计算机应用专业加专业群，重点建设蔗糖电商营销平台搭建的课程，对蔗糖产业链上缺失的专业进行"补链"；在"中国制造 2025"和地方产业转型升级的大背景下，工业机器人以其特有的分拣和搬运智能仓储物流服务功能进入学校视角，学校新增了工业机器人专业并纳入专业群建设中，及时对新兴专业进行"建链"。

（五）建立专业群框架体系

以服务地方经济为出发点，根据蔗糖产业链的特点和学校现有专业情况，构建以食品生物工艺专业（制糖方向）为核心，以蔗糖关联课程对接蔗糖产业链的汽车运用与维修、机电设备安装与维修、数控技术应用、工业机器人、计算机应用等五个专业协同发展、良性循环的"一核多元"建设模式。学校在专业建设整体上聚焦蔗糖产业链，解决人才和技术服务的链式需求，形成"你无我有，你有我特，你特我优"的专业建设特色，助力来宾市蔗糖产业转型升级，如图 1 所示。

中职学校集中优势专业的教学资源聚焦区域特色产业链，从而形成专业群群体优势，有利于动态调整专业，增强专业设置的灵活性与适应性，更好地适应区域经济的转型升级。有利于专业的协同发展和学校整体实力的提升，形成中职学校的办学特色和品牌优势。

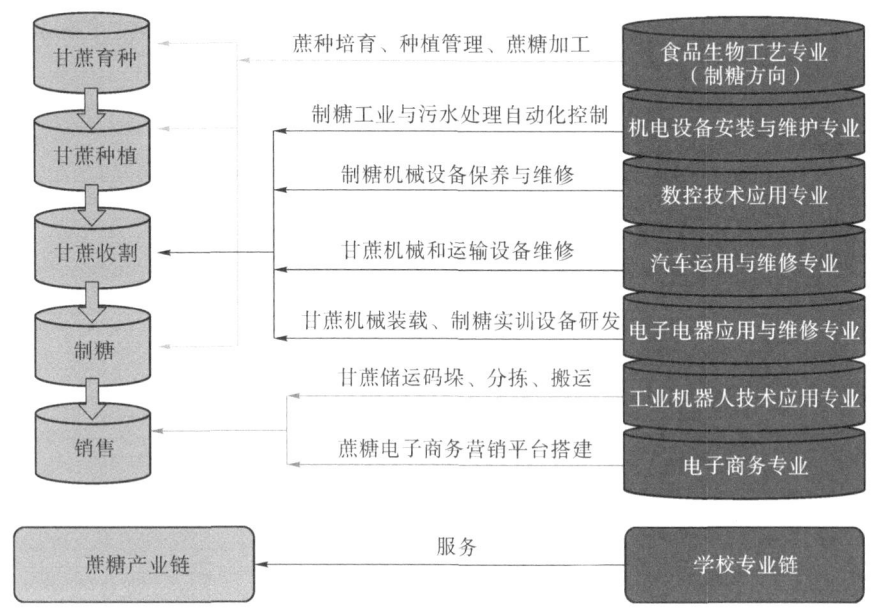

图 1　专业链服务蔗糖产业链结构

参考文献

[1] 张学芳. 基于区域产业结构对高职高专专业设置的调整 [J]. 沿海经济研究导刊, 2014 (17): 3-11.

[2] 秦虹. 职业教育专业群、人才链与产业链对接的探索 [J]. 教育科学, 2013 (10): 5-19.

[3] 黄可人. 基于产业链整合的广西蔗糖发展研究 [J]. 沿海企业与科技, 2012 (7): 20-46.

基于服务茉莉花产业发展的课程体系构建与实践

麦秀芬

(横县职业教育中心)

摘 要：职业教育与地方产业发展存在着密切的关系，地方产业的发展带动职业教育的发展，产业的转型升级又为职业教育带来发展机遇。论文以横县职业教育中心为例，按照"找准定位，服务产业"的原则，探索构建服务当地茉莉花产业发展的课程体系，研究面对产业转型升级，中职学校如何进行课程体系改革，以满足服务地方产业发展的需求。

关键词：课程体系；体系构建；服务产业

课程是落实立德树人的关键，是育人的载体和依据。课程连接着两头，一头是学校，一头是学生，对学生的教育教学主要是通过课程实现的，学生在学校的活动几乎都与课程相关。一所卓越的学校必然拥有卓越的课程，课程的竞争力决定学校的竞争力，课程的影响力决定学校的影响力。课程建设作为中职学校教育教学的一项重要工作，贯穿着学校建设的全过程。因此，如何进行课程体系改革，提高人才培养质量，服务地方产业发展，值得思考与研究。

一、课程体系相关概念的界定

（一）课程

广义的课程是指学校为实现培养目标而选择的教育内容及其进程的总和，它包括学校教师所教授的各门学科和有目的、有计划的教育活动。狭义的课程是指某一门学科，是对某一门学科的教学目标、教学计划、教学内容、教学方式和课程标准等方面的要求[1]。

课程在学生成长中处于核心地位。通过构建开放多元、内容充实和富有特色的课程体系，为学生提供更加自主、更具个性、更多选择的教育资源，构建更加自主的学习环境，让学生的潜能得到全面充分的发展，实现学校的培养目标。

（二）课程结构

课程结构是课程目标转化为教育成果的纽带，是课程顺利实施的依据。课程结构是课程各部分的配合和组织，它是课程体系的骨架，主要规定了组成课程体系的学科门类，以及各学科内容的比例关系、必修课与选修课、分科课程与综合课程的搭配等，体现出一定的课程理念和课程设置的价值取向[2]。

（三）课程体系

学校课程体系是指在一定的教育价值理念指导下，将不同课程的各个构成要素加以排列组合，使各个课程要素在动态过程中统一指向课程体系目标实现的系统，课程门类排列顺序决定了学生通过学习将获得怎样的知识结构。课程体系是育人活动的指导思想，是培养目标的具体化和依托，它规定了培养目标实施的规划方案。课程体系主要由特定的课程观、课程目标、课程内容、课程结构和课程活动方式组成，其中课程观起着主宰作用。课程体系是实现培养目标的载体，是保障和提高教育质量的关键。

二、课程体系存在的问题

课程体系建设关系到人才培养的质量问题。近年来，为了更好地服务地方产业发展，横县职业教育中心学校开始对现有课程体系进行改革，积累了一些成功经验。但总体而言，当前的课程体系仍然与人才培

养目标相差甚远,还存在着一些问题:

(一) 课程设置与产业发展有些脱节

由于缺乏对区域经济发展进行系统性、针对性的调查研究,导致学校没能很好地以产业发展和企业的需求为依据开发和设置课程,课程设置缺乏整体性,理论与实践不能准确吻合,课程以理论课程为主导,忽视实践课程及专业课程的更新,使课程设置不能更好地满足地方经济、产业发展和就业岗位的需要。

例如,随着横县茉莉花产业结构调整,转型升级,严重缺乏农村电子商务、农产品深加工、农业生态旅游等岗位的技能人才,但学校涉农专业课程设置滞后,没能很好对接岗位需求。因此,需要对专业课程体系进行重构。

(二) 课程建设目标不够明确

关于职业教育课程改革方向的争论一直存在,其中争论的焦点在于职业教育究竟应该注重理论知识的教育还是实践操作能力的培养。由于课改方向的不确定性,导致课程目标在基础素质与实践能力之间摇摆不定,出现了中职学校不断地修订课程目标、调整教学计划的现象。事实上,在当今产业转型升级的大背景下,中职学生既要具备广博的文化知识,又要掌握娴熟的专业技能,才能满足社会的需要。因此如何科学、合理地制定课程目标,使其既能促进学生的发展又能满足社会的需要是值得我们深思的问题。

(三) 课程内容不能满足社会需求

职业教育以培养各种专业人才为目标,这决定了中职学校必须根据市场的需求确定课程内容。在课程内容的选择上,要以培养实践能力为先,分配好理论知识、实践能力培养和技能训练的比例。然而,建立在传统教学模式之下的现行课程体系,过分强调知识的内在逻辑性与系统性。中职学生基础知识薄弱,如果理论知识在课程内容中占的比重过大,就会导致他们既学不好理论知识,专业技能又不过硬。另外,课程内容陈旧，没有按照产业岗位需求及时更新，不能适应用人单位及社会的需求。

（四）课程结构不合理

在事物变化的过程中，结构的影响最关键。学校的影响力，取决于课程的影响力；学校的创造力，取决于课程的创造力；学校的生命力，取决于课程的生命力。这三种力量的体现主要取决于课程结构。学校的课程结构不合理，主要表现在课程结构专而窄，基础性和综合性不够。并且，课程结构主要以知识为中心，过分强调知识系统性，忽视实践教学，学科间相互独立，不利于课程整体优化。

（五）课程开发缺乏企业参与

中职学校课程体系以就业能力为重点，技能训练为特色。这一特点决定了课程的开发与实施应该有企业的参与。目前，学校在课程开发与实施时，大多是教师"闭门造车，自给自足"，校企合作开发与实施课程只是停留在喊口号上。在课程开发时，应当综合考虑学校、地区和社会的需求，考察企业及社会对技能人才的需求状况及特点，以期开发出既满足学生需求，又有利于学校、企业和社会发展的校本课程。只有这样的校本课程，才会有长久的生命力。

三、构建服务茉莉花产业发展的课程体系

（一）课程体系构建流程

对接本地特色支柱产业——茉莉花产业，通过开展茉莉花产业技能人才需求的市场调研，了解服务茉莉花产业发展的职业岗位与工作过程、典型工作任务与职业能力，按照茉莉花产业发展需求，选择课程内容，建立课程标准，建设教学资源库，构建服务茉莉花产业发展的课程体系。课程体系构建流程如图1所示。

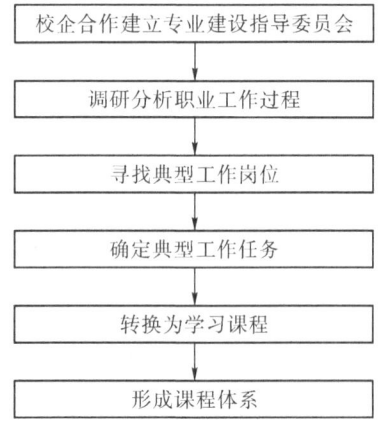

图 1　课程体系构建流程

（二）课程体系构建内容

横县茉莉花产业结构调整对专业课程的设置具有较大的影响，产业结构转型带来茉莉花产业就业岗位和岗位要求的变化。学校涉农专业根据该变化对专业课程体系进行重新构建。

确定茉莉花茶产业链岗位典型工作任务、对职业能力进行分析，将行动领域转化成学习领域，构建涉农专业课程标准。依据岗位职业能力标准，按照人才培养模式的要求，引入职业技能考核标准，把岗位生产要求融于教学，完成了服务茉莉花产业发展的课程体系构建。

以茉莉花产业链主要岗位能力要求为依据构建各个涉农专业的核心课程。新形势下的茉莉花产业链包括生产、加工、销售、服务、信息和旅游等，首先要依托人才培养目标定位来分析这些产业链的主要就业岗位的能力要求；然后设计可承载这些知识和能力的课程，即支撑专业的核心课程。

（三）课程体系构建特色

围绕学校专业群对接茉莉花产业链，全方位整合资源，把握茉莉花产业转型发展对技能型人才需求的走向，明晰行业企业发展的重点，前瞻性地预测其未来发展的方向，调整与优化专业布局，构建以茶叶生产与加工专业为龙头的专业群，实现专业服务茉莉花产业链全覆盖，引导茉莉花产业转型发展。

以茉莉花产业岗位需求确定课程的设置，以培养职业能力组织内容，以典型工作任务设计教学活动，开发了"茉莉花种植""茉莉花（茶）加工"等8门核心课程，构建了服务茉莉花产业发展的课程体系，实现了专业课程与工作岗位、课程内容与岗位技能的有效衔接，体现了课程设置的职业性、地方特色性，提高了专业人才培养的针对性和实用性。

参考文献

[1] 百度百科. 课程 [EB/OL]. https：//baike.baidu.com/item/%E8%AF%BE%E7%A8%8B/3314872？fr=aladdin.

[2] 百度百科. 课程结构 [EB/OL]. https：//baike.baidu.com/item/%E8%AF%BE%E7%A8%8B%E7%BB%93%E6%9E%84/8025623？fr=aladdin.

基于工作过程系统化的"食用菌生产技术"课程开发探究

黎德荣

(广西桂林农业学校)

摘 要：基于工作过程系统化课程开发理念，在分析目前中职学校食用菌生产技术课程性质的基础上，认为"工作过程系统化"课程开发重点为课程内容选择与课程内容排序，课程内容的序化以工作过程为参照物，以食用菌实际生产过程开发食用菌生产技术课程，充分发挥学生学习的自主性和创造性，充分体现学生是学习的行动主体，以真实职业情境中的行动能力为目标，将行动能力转化成学习领域中N个学习情境，让学生在完成学习情景工作任务中提高解决食用菌实际生产问题的综合能力和可持续发展的能力。

关键词：工作过程系统化；食用菌；课程开发

"工作过程系统化"教学指的是以实际工作为出发点和导向，以迁移和应用为目的，通过行动导向来培养学生关键能力，课程开发要与工作过程相联系，遵循企业实际工作任务开发"工作过程系统化"的课程模式[1]。

一、课程开发的基本思路与课程的性质

(一) 课程开发的基本思路

工作过程系统化的课程开发，充分体现学生是学习的行动主体，以真实职业情境中的行动能力为目标，将行动能力转化成学习领域中N个学习情境，学生分成小组独立地计划、独立地实施与独立地自我评

估，以学生为主，教师引导的互动合作方式，强调学习中学生自我建构的行动过程以专业能力、方法能力、社会能力、个人能力整合后形成的行动能力为评价标准[2]。

（二）课程性质与任务

"食用菌生产技术"是果蔬花卉生产技术专业食用菌生产专门化方向的一门核心课程，通过本课程的学习，使学生在理解食用菌生产及经营等基本理论的基础上，学会食用菌种类识别、菌厂建立、配置培养基、制种及栽培管理等技术，重点掌握适合南方的食用菌栽培技术、常用的设施、栽培的操作技术[3]；在培养学生技术、技能的过程中，提高学生发现问题和解决问题的能力。

二、开发的课程描述

本课程任务是让学生熟练地掌握食用菌生产的基本知识，熟练掌握中级食用菌工所要求的核心技能，同时养成良好职业道德，具有吃苦耐劳、实事求是、勇于创业、团结协作的精神。该课程描述见表1。

表1 "食用菌生产技术"课程描述

课程名称		食用菌生产技术	学时	90
教学目标	知识与技能目标	1. 认识南方常见食用菌种类及特点 2. 具有生产食用菌的基础知识 3. 掌握食用菌菇房建设 4. 掌握食用菌消毒灭菌的方法和操作 5. 掌握食用菌菌种制作 6. 掌握食用菌季节性常温生产、常规栽培管理技能 7. 掌握食用菌工厂化的关键技术 8. 具备认识新品种、利用新品种的能力 9. 具备有机食用菌生产能力		

续表

课程名称		食用菌生产技术	学时	90
教学目标	过程与方法目标	1. 学会利用互联网、图书资料等获取信息 2. 学会分析、整理专业信息；并提升实验和实践的能力 3. 学会确立目标；制定、选定方案；独立计划与实施 4. 通过自主学习，提高解决实际问题和管理项目的能力		
	情感、态度与价值观目标	1. 团队协助合作能力 2. 具备一定的公关、礼仪、沟通和社交能力 3. 对工作的适应能力、灵活性和进取心 4. 爱岗敬业，事业心、责任心和社会责任感；培养学生安全生产、生态环保、和谐持续发展的能力		
教学内容		1. 食用菌种类和品种识别、根据市场需要选择生产品种 2. 食用菌菌种场的建立 3. 食用菌生产菇房的建立 4. 食用菌培养基的制备 5. 食用菌菌种的生产 6. 食用菌季节性常温生产技术 7. 食用菌工厂化全年生产技术 8. 食用菌的采收和加工 9. 有机食用菌生产技术 10. 主要园艺设施在食用菌生产中的应用与维护		

三、课程的学习情境规划

以食用菌生产技术学习情境为例，描述"食用菌生产技术"课程的学习情境规划的具体情况，见表2。

表2 食用菌生产技术学习情境规划

情境序号	情境名称	子情境	任务	分配学时	备注
情境一	草腐型食用菌生产	情境1-1 蘑菇生产 情境1-2 草菇生产 情境1-3 鸡腿菇生产	菌场建立、灭菌和消毒、培养基的制备、菌种生产和保存、季节性常温生产、工厂化生产、病虫害管理、产品采收及处理	20	各学校结合当地食用菌生产发展的实际情况，每情境至少选择一个子情境进行工作系统化教学，每一个子情境都完成生产的完整工作任务。季节性生产、工厂化生产至少完成1种
情境二	木腐型食用菌生产	情境2-1 香菇生产 情境2-2 黑木耳生产 情境2-3 平菇生产 情境2-4 秀珍菇生产 情境2-5 金针菇生产	菌场建立、灭菌和消毒、培养基的制备、菌种生产和保存、季节性常温生产、工厂化生产、病虫害管理、产品采收及处理	20	
情境三	珍稀食用菌生产	情境3-1 杏鲍菇生产 情境3-2 白灵菇生产 情境3-3 茶树菇生产 情境3-4 滑菇生产 情境3-5 竹荪生产	菌场建立、灭菌和消毒、培养基的制备、菌种生产和保存、季节性常温生产、工厂化生产、病虫害管理、产品采收及处理	30	
情境四	药用菌生产	情境4-1 灵芝生产 情境4-2 冬虫夏草生产	菌场建立、灭菌和消毒、培养基的制备、菌种生产和保存、季节性常温生产、工厂化生产、病虫害管理、产品采收及处理	20	

四、课程学习情境描述

以杏鲍菇生产为例，描述"食用菌生产技术"课程的学习情境，见表3。

表3　食用菌生产技术学习情境描述

学习领域：食用菌生产技术	总学时：90学时
学习情境3－1：杏鲍菇生产	单元学时：20学时

工作任务1	菌场建立
工作任务2	灭菌和消毒
工作任务3	培养基的制备
工作任务4	菌种生产和保存
工作任务5	季节性常温生产技术
工作任务6	工厂化生产技术
工作任务7	病虫害管理
工作任务8	产品采收及处理

学习目标

知识与技能目标	过程与方法目标	情感、态度与价值观目标
1. 能制定杏鲍菇生产方案 2. 会根据南方市场和气候特点需求选择品种，安排合理的生产时间适地适栽 3. 掌握杏鲍菇菇房建设 4. 掌握食用菌消毒灭菌的方法和操作 5. 掌握杏鲍菇菌种制作和栽培袋的制作 6. 掌握杏鲍菇季节性常温生产常规栽培管理技能 7. 掌握杏鲍菇工厂化生产的关键技术 8. 具备认识杏鲍菇新品种，引进利用新品种的能力 9. 具有有机食用菌杏鲍菇生产能力 10. 掌握杏鲍菇采收和采后处理	1. 学会利用互联网、图书资料等获取信息 2. 学会分析、整理专业信息，并提升实验和实践的能力 3. 学会确立目标；制定、选定方案；独立计划与实施 4. 通过自主学习，提高解决实际问题和管理项目的能力	1. 团队协助合作能力 2. 具备一定的公关、礼仪、沟通和社交能力 3. 对工作的适应能力、灵活性和进取心 4. 爱岗敬业，事业心、责任心和社会责任感；培养学生安全生产、生态环保、和谐持续发展的能力

续表

学生	扮演角色：中级工（技术员）	教师	扮演角色：技术主管
	工作要求：在教师引导和指导下完成工作任务		工作要求：引导和指导学生学习
	需要的能力： 1. 了解杏鲍菇生长发育的规律 2. 具备杏鲍菇常规管理能力，掌握杏鲍菇生产菌场建立、消毒灭菌、制种及栽培、病虫害防治、采收及处理管理等生产基本技术 3. 掌握杏鲍菇工厂化生产的关键技术 4. 掌握杏鲍菇无公害生产规程		需要的能力： 1. 掌握杏鲍菇生产发展前景，具有杏鲍菇栽培管理的经验 2. 具有组织杏鲍菇生产日常管理工作的能力 3. 良好的工作态度、敬业精神

教学方法	教学资源	教学场地	考核内容	评价方法
1. 演示法 2. 现场教学方法 3. 岗位训练法	1. 参考书 2. 教学课件 3. 影像资料 4. 网络课堂 5. 网络资源	1. 校内食用菌实训基地 2. 校外实习基地 3. 多媒体教室	1. 学习态度与课堂表现（20分） 2. 杏鲍菇栽培管理岗位职业技能能力考核（80分）	1. 学生自评 2. 教师评价 3. 行业评价

五、学习任务的教学描述

以果蔬专业学习情境"杏鲍菇生产技术"的工作任务——培养基

制备的杏鲍菇一级种培养基制作与灭菌为例，对学习任务进行教学描述。

（一）提出教学主题

杏鲍菇一级种培养基制作与灭菌是杏鲍菇生产的重要环节，选择适宜的培养基配方及合理改良培养基，为杏鲍菇菌丝生长提供全面的营养，同时便于杏鲍菇菌种的转管、分离、提纯、扩管培养与贮藏。

（二）初始情境

学习的初始情景主要指学生的基础知识、学习积极性和学习能力，以某校果蔬161班学生为例，分析如下：一是学生在前期初步接触一级培养基的配制，实践操作有待加强；二是学生对理论知识的问题把握能力有待加强；三是学生具有一定的模仿力、实践动手能力及表现欲望。

（三）制定教学目标

1. 知识与技能目标

选择适宜的配方，掌握配制、分装培养基的方法，掌握用手提式高压灭菌锅进行培养基灭菌的方法。

2. 过程与方法目标

学会利用互联网、图书资料等获取信息；学会分析、整理专业信息，并提升实验和实践的能力；学会确立目标；制定、选定方案；独立计划与实施；通过自主学习，提高解决实践问题和管理项目的能力。

3. 情感、态度与价值观目标

具有团队协助合作能力；具备一定的礼仪、沟通和社交能力；爱岗敬业，事业心、责任心和社会责任感；培养学生安全生产、生态环保、和谐持续发展的能力。

（四）教学设计

根据杏鲍菇生产技术的教学内容，进行教学设计，见表4。

表4 "杏鲍菇生产技术"教学设计

教学过程	资讯（课前准备）	要重点突出分组。实施班级21人，拟分5个小组，除了1个组5人外，其他组4人。分组方法是：先定出综合能力强的10人，由他们在10张5色卡片中任选一张，再由其余学生选择，以同色卡片定组，各小组自行确定组长。 预先设置教学案例：近几年，小王一直生产杏鲍菇，每年都从福建购买栽培种生产，成本高、效益低，而且杏鲍菇产量和品质得不到保证，为了降低成本提高效益，小王决定自己制种。通过这个教学案例引出本次教学的主题。学生课前可通过网络、提供的相关资料学习，探究杏鲍菇一级种培养基制作和灭菌要点，在活动中多启发学生正、逆双向思维，鼓励学生发表不同见解，激发学生参与的积极性
	计划（课前准备）	通过引导学生学习引导文、思考引导问题，让学生做好有关一级种培养基制作和灭菌的信息收集、理解和掌握。学习以小组为单位，群策群力、集思广益、相互补充完善，制定出制作一级种培养基的方案、操作流程、评价标准
	决策（20分钟）	各小组审核确定项目计划，既是对前面学习的检查，也是学生对所学知识的递进，该阶段教师、学生共同确定一级培养基制作和灭菌操作的评价标准
	项目实施（100分钟）	在项目实施过程中，教师除了技术指导外，还要着重做好安全巡查；学生要充分发挥小组学习的优势，互帮互学，参照一级培养基制作和灭菌操作评价标准完成项目
	检查（30分钟）	1. 项目检查（15分钟）。在小组内开展自查，看谁的一级培养基制作符合要求，谁的问题在哪儿，成功的经验和失败的教训有哪些，怎样克服不足，如何从好到更好，将知识、技能落实到人 2. 成果展示（15分钟）。每组展示自己最好的作品，简要汇报学习成果
	评价（30分钟）	评价既是教师对全过程的总结，也是学生学习新知识的开始

续表

学习效果检查	布置任务：每组学生按照教学要求，完成50支试管一级种培养基的制作任务。教师巡查、监督指导，随时提醒注意安全生产、生态环保。 综合运用学生自评、互评，教师点评，依据一级种培养基制作和灭菌操作评价标准进行技能评分。教师引导学生进行自评和小组评价，并依据嫁接技术要求标准和学生表现对学生进行客观公正的评价。教师最后进行课程总结

一级种培养基制作和灭菌操作评价考核标准，见表5。

表5 一级种培养基制作和灭菌操作考核与评价标准

序号	考核内容	考核要点	配分	评分标准	扣分	得分
1	培养基配方的确定	选择适宜培养基，计算、称量	10	称量动作不规范扣2~3分，培养基等酌情扣分		
2	制马铃薯滤液	马铃薯处理、切片，煮马铃薯滤液、过滤	10	马铃薯处理、制液不合理扣2~6分		
3	琼脂热熔添加糖类	琼脂热熔添加糖类	10	琼脂热熔质量、糖类焦化程度扣1~6分		
4	定容及调节pH值	定容准确合理运用0.1% NaOH或HCl调节pH值	10	运用0.1% NaOH或HCl操作不当扣1~10分		
5	分装试管包扎成捆	操作规范、分装量为试管量1/5，保持试管口干净，塞棉花或胶塞合理，10支一捆，包扎稳固	10	操作不规范酌情扣分		

续表

序号	考核内容	考核要点	配分	评分标准	扣分	得分
6	灭菌	手提式高压灭菌锅操作规范	20	操作不规范酌情扣分		
7	冷却、排斜面	高压灭菌结束,及时排斜面,斜面长度为试管长度的3/5	10	斜面长度不合理酌情扣分		
8	安全生产生态环保	不浪费原料,用刀,加热,高压灭菌安全操作,工具器材清洁归位、场地整洁	20	酌情扣分		
合　计			100			
项目	若发生下列情况之一,应及时引导纠正: 1. 选择配方不合理、计算称量不正确 2. 不按操作流程操作 3. 手提式高压灭菌锅操作不规范					
评分	自评:		小组评:		教师:	
平均分						

随着课程改革的不断深化,工作过程系统化课程已经在中高职课程改革中占到主导地位,而目前各院校的课程建设尽管已经提出基于工作过程的设计与开发,但操作方式还停留在模块课程、项目课程阶段,还没有很有效地根据特定职业的工作过程构建专业课程体系。基于工作过程的课程体系的构建应凸显岗位技能和相关技术应用能力课程的要求。现实的职业资格以及未来的职业资格都具有不断变化的因素(对象、内容、手段、组织、产品、环境等六要素),但是据此提出来的抽象工作过程(资讯、决策、计划、实施、检查、评估等)具有普适性。通过基于现实的工作任务的分析,掌握普适的可持续发展的抽象工作过程,

以不变应万变，应对面向未来的具体工作过程。因此，基于工作过程的课程开发具有理论实际有机融合，更贴近行业岗位实质的特点，是值得大力尝试与推广的课程改革方向。

参考文献

［1］姜大源．论工作过程系统化的课程开发［J］．新课程研究（职业教育），2012（11）：5–7.

［2］尹红．基于工作过程的果树生产技术课程教学设计［J］．广西教育B（中教版），2014（6）：67–69.

［3］黄毅．食用菌栽培（第三版）［M］．北京：高等教育出版社，2008：37–77.

基于工作过程导向的"急救护理学"课程开发实践

周 薇

(广西中医学校)

摘 要：工作过程系统化的课程开发是当前世界上先进的职业教育课程开发方法之一，"急救护理学"是中职学校培养护生对急危重症病人进行紧急处理、配合医生抢救和病情观察能力的一门重要的专业必修课。论文以工作过程为导向，对中职护理专业"急救护理学"课程进行了开发设计，旨在深化教学改革，探索护理专业课程改革和人才培养新模式。

关键词：急救护理；工作过程；课程开发；职业能力

"急救护理学"是中职学校培养护生对急危重症病人进行紧急处理、配合医生抢救和病情观察能力的一门重要的专业必修课。传统的教学模式通常分两段进行：一是在教室讲授理论知识；二是到实训室进行护理技能训练，理论和实践是分段学习。这样的教学模式不利于培养学生的职业能力，学生毕业后很难在短期内适应急救护理工作岗位的需要，缺乏岗位适应性。因此，以工作岗位需求为导向，课题组对中职护理专业的"急救护理学"课程进行了"基于工作过程"的开发探索，现将实施过程介绍如下。

一、基于工作过程导向的课程开发理念

工作过程系统化的课程开发是当前世界上先进的职业教育课程开发方法之一[1]。所谓基于工作过程导向的教学，是以工作任务为中心构建一定的教学情境，围绕工作任务的实施来开展学习[2]。为有效提高学生

的学习效率，在急救护理课程开发中，我们根据急救护理工作的实际流程组织教学内容，将"工作情境"和"学习情境"进行融合，形成一个有机整体。教学中注重将临床的真实情境再现于课堂，让学生在"学中做""做中学""学做合一"，构建"理论实践一体化"[3]的教学模式，突出对学生职业岗位能力的培养，实现高素质、高技能的人才培养目标。

二、课程开发的途径

（一）课程目标的制定

根据护理专业人才培养目标和岗位需求，课题组教师走访了市内5家有代表性的"三甲"医院广泛征求医院护理专家的意见，经多次讨论、认真分析岗位应具备的职业能力，结合课程特点确定了"急救护理学"课程的培养目标。

1. 知识目标

具有"生命第一，时效为先"的急救护理理念；具备较扎实的急救处理的基本理论、基本知识和基本技能；掌握急救的基本技术、技能，如心肺复苏术、气管插管术、电除颤术、止血、包扎、固定、搬运技术等。

2. 能力目标

具有敏锐的观察能力和灵活的应变能力，能及时识别常见急、危、重症，并对病情做出判断；能将掌握的专业技术转化为从事临床急症护理的职业本领；具有主动求知和继续学习的能力。

3. 素质目标

培养学生热爱护理专业，爱岗敬业，有为人民健康服务的意识，有乐于奉献的精神，有高度的责任心，有慎独严谨的品行，有较强的团队合作精神，有较好的人文、社会科学素养，有良好的护士仪表、举止、语言、态度和职业情感。

（二）课程内容的组织

目前《急救护理学》教材的课程内容主要是学科知识体系为主，即以基本概念、基本原理为基础构筑理论体系，属于形式化的知识，工作过程知识在课程内容中很少得到体现。为此，课题组成员与医院护理专家共同研究，参考护士执业资格标准，对教材内容进行优化和重新排序，按照实际工作岗位的工作任务和职业能力要求，确立"急救护理学"课程的主要教学内容，并按急救护理工作过程进行"学习情境"的编排，确立了"院外急救→医院急诊救护→医院重症监护"三大学习情境，10项工作任务，见表1。

表1 "急救护理学"教学情境设计

学习情境	工作任务	主要内容	职业能力
院外急救	紧急呼救	院外急救的概念、特点、任务、原则；院外急救服务系统设置与管理；呼救技巧	遇有危急伤病员时能立即呼救，快速启动紧急医疗救援系统；宣传紧急呼救技巧
	现场评估	院外急救现场环境的评估；危重病情的快速评估；批量伤员的检伤与分类	具备对危急伤病员的现场评估能力
	现场救护	急救技术的应用：心肺复苏、电除颤、止血、包扎、固定、搬运等；院外急救用品的配备；现场救护要点	能运用常用救护技术展开现场急救
	安全转运与途中监护	常用转运工具及其特点；转运途中的监测与护理	具备安全转运和途中监护及抢救配合能力
医院急诊救护	接收急诊病人	急诊科的任务、设置；急救绿色通道的相应制度；急救绿色通道的硬件、人员要求	正确接诊病人的能力
	预检分诊	急诊护理工作特点；分诊的方法、技巧、病情评分、分类和要求	正确进行急诊预检分诊的能力
	急诊处理	一般病人处理；急危重病人处理；传染病人处理	能够对不同病情、病种进行处理

续表

学习情境	工作任务	主要内容	职业能力
医院重症监护（ICU）	ICU患者的接诊	ICU的概念、设置、管理、感染的控制；ICU病人的收治程序、对象与治疗原则	熟悉ICU的设置，能进行ICU患者的接诊，并能进行有效的管理
	ICU监护	体温监护；呼吸功能监护；循环功能监护；中枢功能监护；肾功能监护；心电监护	能熟练运用常用重症监护技术对患者进行监护
	ICU生命支持	气管插管的方法及注意事项；气管插管的适应证、禁忌证；机械通气的定义、适应证及禁忌证；使用呼吸机的操作程序；使用呼吸机的注意事项	能进行气管插管；正确安装呼吸机管道；正确设置通气参数；能够识别呼吸机报警；能进行气道管理

教学内容依照救护过程进行安排与组织，使教学内容与临床急救护理过程保持一致，这样的学习方式更符合护生的认知规律。例如，我们将"院外急救"这一学习情境设置为四项工作任务，分别是：紧急呼救；现场评估；现场救护（心肺复苏、电除颤、止血、包扎、固定、搬运）[4]；安全转运与途中监护。其中，每一项工作任务又制定出对应的学习内容和职业能力。指导学生完成每一项工作任务，使其初步掌握常见急危重症病人的院外救护方法。

（三）学习情境的实施

学习情境安排在模拟的工作任务和工作过程的背景下进行，因此理实一体化教室更有利于实施教学，教室里配备有相应的急救设备。常采用案例教学法或项目驱动教学法，课前1~2周将案例或项目布置给学生预习。课堂上学生每6人为一个小组，小组长担任护士长角色，指导本组学员完成急救的工作任务。例如，以一急性有机磷农药中毒病人的急救为例。

1. 引入学习情境

上午9时左右，120救护车转入一个30岁左右女性病人。家属代诉，病人1小时前因与家人吵架，自服有机磷农药（乐果）200 ml，查体：T 37.5 ℃，P 120次/分，R 30次/分，Bp 110/80 mmHg，神志不清，皮肤湿冷，肌肉颤动，瞳孔针尖样，口腔流涎，两肺较多哮鸣音和散在湿啰音。

2. 分析

该病人由救护车转入，立即进入"医院急诊救护"阶段。

3. 工作任务描述

接收急诊病人→预检分诊→急诊处理三项。具体工作按照以下步骤进行：

（1）接诊病人，分析病情。通过收集病史、体格检查和辅助检查评估病情。

（2）制订计划。通过病情评估，该病人属于Ⅰ级危急症病人。学生制订抢救计划，拟定具体的急救措施。

（3）实施计划。以小组为单位，按照拟定的计划给病人施行急救措施：反复洗胃、静脉穿刺给药、吸氧、吸痰术、心电监护、必要时进行心肺复苏技术、经鼻气管插管、应用呼吸机等[5]。实施过程中强调对病情的监测，对每一个完成的工作步骤进行记录。

（4）工作评价。每一项工作任务完成后，采用学生自评、互评和教师点评的方式对工作完成的质量如何，急救程序的设计是否严谨，急救护理措施是否有效进行评价。

（5）学习总结。下课前教师对抢救流程是否按计划完成，医护配合是否到位，学习目标是否达成进行总结。

（四）教学方法的应用

教学过程中遵循教师为主导、学生为主体的教学方式，根据教学内容的不同，选用适合的教学方法。常采用的教学方法有以下几种。

1. 案例教学法

通过典型案例让学生较为直观地了解所面临的问题，更有针对性地指导学生实施工作任务。

2. 角色扮演法

通过同学之间扮演患者和护士的小组活动，让学生有机会换位思考，训练学生与病人的交流能力，并体会工作任务，树立服务意识。

3. 小组讨论法

通过小组讨论，有利于启发学生思维，分享同学间的经验，能够使学生更好地理解任务，达到分工协作、互相配合完成任务，同时培养了学生组织能力，树立团队意识。

4. 现场模拟演练法

通过模拟现场的急救训练，培养学生分秒必争的急救意识，训练学生快速反应，灵活应变能力，能运用急救技术展开现场救护的能力[5]。

（五）考核方式的改进

基于工作过程的课程标准，不仅让学生学会操作技术，更要提高其职业能力。因此，传统的单纯以学生理论考核和操作考核评定成绩的方式已不适宜，应对学生进行综合性评价，主要包括以下两方面。

1. 过程评价和结果评价相结合

我们采用的过程评价包括学生的到课率、课堂发言与讨论的表现、操作练习情况、实验报告和平时作业成绩等。结果评价包括期末理论考试、综合操作考核。

2. 学生评价和教师评价相结合

学生评价包括学生的自评，同组学生间的互评，还有小组间互评，最后加上教师评价。

通过以上综合的评价，从而使课程的考核更加公平、全面和客观，更好地反映学生的真实水平。

三、体会

基于工作过程导向的"急救护理学"课程开发，是将静态的学科体系的理论知识转变为动态的行动体系的知识和能力。我们根据专业特点对教材内容加以整合、序化，融入真实的护理工作任务，由学习情境引出工作任务，引导学生在完成任务的过程中达到对急危重症病人从院外救治到重症监护的教学目标，学生们获取知识的过程始终都与具体的工作任务相对应，课程整体设计紧扣职业岗位所需的理论知识和技能，所学的技术和专业理论不再抽象。采取这样的教学方式可以有效地增强学生的职业情感和职业能力，提高综合素质，为学生未来职业生涯和实现职业能力可持续发展奠定基础。当然，基于工作过程的课程开发对于我们还处于起步阶段，具体的项目内容及实施效果，需要在教学中进一步检验。我们希望通过不断思考、探讨，不断创新，加强课程内涵建设，以开发出适合职业教育特点的职教课程。

参考文献

[1] 吴全全，闫智勇．工作过程系统化课程开发范式的内涵与特征[J]．中国职业技术教育，2017（15）：57-64.

[2] 姜大源．工作过程导向的高职课程开发探索与实践[M]．北京：高等教育出版社，2008：2-3.

[3] 赵志群．我国职业教育课程模式的发展[J]．职教论坛，2018（1）：52-57.

[4] 邹玉莲，周薇，余尚昆．急危重症护理[M]．北京：科学出版社，2012（6）：36-37.

[5] 万晓燕．高职护理专业急救护理课程开发[J]．卫生职业教育，2013（6）：88-89.

中职物流专业现代学徒制项目实施的研究与探索

张 杰

(柳州市第二职业技术学校)

摘 要：随着社会经济的不断发展，柳州市汽车制造业也得到了较大发展，对于密不可分的物流行业来说，物流企业对物流专业学生的综合素养要求越来越高，学生职业能力与企业岗位需求存在着较大的差异，而现代学徒制项目的推行可以在很大程度上解决这些问题。企业参与教学全过程有利于实现专业设置与产业需求对接，课程内容与职业标准对接，教学过程与生产过程对接等目标；同时，提高了教师的专业化水平，解决了学校与企业师资融通的问题，为培育高质量的中职物流人才提供了良好的平台。论文以柳州市某职校物流专业现代学徒制项目的实施为例，提出物流专业现代学徒制项目实施的关键点。

关键词：中职学校；校企合作；现代学徒制

学校专业与企业岗位需求的无缝对接一直是各职业学校的教学目标之一，但也是各学校在专业建设中的困惑之一。为了缩短学生到企业的适应期，中职学校在专业建设中都想方设法与企业进行合作，从模拟的教学环境到专门的订单班，从班级文化建设到企业文化建设，可以说学校尽了最大努力来达到这个目标，但往往效果不尽如人意。其中最大的问题就是企业的参与度较低，企业没有教学的动力，校企合作中学校一方处于被动地位，校企合作容易变成一纸空文，而现代学徒制的引入正是解决这一问题的有效途径。

一、项目背景

根据《国务院关于加快发展现代职业教育的决定》，教育部 2014 年发布了《教育部关于开展现代学徒制试点工作的意见》（教职成〔2014〕9号），要求根据各地产业发展情况、办学条件、保障措施和试点意愿等，选择一批有条件、基础好的地市、行业、骨干企业和职业院校作为教育部首批试点单位。在总结试点经验的基础上，逐步扩大实施现代学徒制的范围和规模，使现代学徒制成为校企合作培养技术技能人才的重要途径。柳州市是广西现代学徒制项目实施的试点城市，柳州市某职校重点建设的物流服务与管理专业有幸成为此次试点专业，引入英国的物流专业现代学徒制项目。

二、项目方案的制定

作为试点建设专业，现代学徒制项目的引入对于学校来说是一个新生事物，很多教师对于现代学徒制项目存在不少疑惑。什么是现代学徒制？现代学徒制应该怎么做？现代学徒制项目有什么作用？简单来说，现代学徒制项目可以提高企业的参与度，解决课程设置、师资互通、教学环境等校企对接的问题，最后达到学生职业能力与企业岗位需求相匹配，实现校企无缝对接的目标。现代学徒制项目不是万能的，它有优势也有劣势，不要为了项目而随意制定实施方案，致使本末倒置，最终达不到项目实施的效果。在制定方案前，一定要做好前期的专业调研工作，首先通过市场调研、企业调研等途径找出专业建设和人才培养模式存在的问题，然后思考现代学徒制能否解决这些问题；这样现代学徒制项目实施方案才具有目的性、更有可行性。

三、项目实施途径

实施现代学徒制项目有很多因素，包括学徒的选择、合作协议的签订、师资的培养等一系列工作，但是从整个项目的实施进度来看大致可以分为三个阶段。

（一）准备阶段

这一阶段需要建立项目机构、开展专业调研、制定实施方案、考察与遴选合作企业、制定协议、选择学徒、遴选师资、签订协议等。本阶段的关键是选择合作企业，这是现代学徒制项目能否顺利实施的核心。一般来说，中职学校培养的学生主要以服务地方经济为主，在选择企业的时候，首先要考虑到区域经济的发展是否与企业的发展战略相符合，企业是否有旺盛的生命力。因为现代学徒制项目不是一朝一夕就能完成的，企业生命力不强就容易造成项目半途而废，形成大量人力和财力的浪费。其次，还需要考虑到企业的规模。中职学校专业教师工作量巨大，如果学徒分布在多个企业会造成教学和监控的困难，质保体系就难以运行。

此外，本阶段还有一个关键点在于寻找国外教育机构进行评估师和内审员的培养，该机构的好坏会影响到实施阶段中师资的培训和教学模式的学习。有些现代学徒制项目会跳过这一过程，直接通过校企合作来推动现代学徒制项目的实施。笔者认为在资金充裕的情况下，通过国外教育机构对师资进行培训更有利于校企的紧密合作。一方面，校企共同派遣师资进行学习可以增加双方的了解；另一方面国外的教学模式和教学方法为学徒的培训拓展思路，特别是对于项目教学的推进有非常大的借鉴作用。

（二）实施阶段

实施阶段包括了学徒的培训与学习、评估师培训、内审员培训、证书的获取等工作。这一阶段的作用是让学校的教师和企业师父真正参与到现代学徒制项目中来，为今后项目的延续打下良好的基础。区别于我国传统的教育培训模式，英国现代学徒制有着严格的质量保证体系，它是学徒、企业和行业持续发展的重要保证。在项目实施的过程中，内审员和评估师是两个必不可少的角色。内审员根据行业及企业的发展，制定及修正评估标准，对评估师、学徒进行质量监控，保证项目的良性运作。评估师则负责对学徒进行培训和评估，测评学徒是否达到行业、企业的用工标准[1]。

本阶段的难点有两方面：一方面是交流，这不但体现在语言上，也体现在资料的学习上。由于评估师和内审员是由学校教师和企业人员共同组成的，所以英文水平参差不齐，在外教对评估师进行培训时，翻译不准确是项目实施的很大障碍。由于每个行业的不同，行业术语和流程造成了翻译偏颇。由于每个人的理解不同，有时很简单的一些规则和操作，翻译后给评估师造成了很大困惑，给项目的推进带来阻碍。有时评估师不得不返工处理相关材料。所以，在与国外教育机构沟通时一定要配备水平较高的翻译人员。

另一方面是协调工作，由于企业不能停产，学校也不能停课，协调培训时间成为本阶段需要解决的难题之一。如何协调国外培训机构、学校、企业三方的培训时间是保证培训质量的关键，需要企业迁就国外培训机构、学校的时间。

（三）总结阶段

总结阶段是现代学徒制项目实施的最后阶段，也是项目能否延续的重要阶段。在这一阶段，项目工作烦琐、工作量最大，包括资料的整理与编辑、项目实施方案的调整、现代学徒人才培养模式的建立、人才培养方案的撰写、课程体系的建设、师资融通体系的构建、职业标准的制定、评价体系的完善等，这些工作需要学校和企业双方进行深入沟通、协商、洽谈才能完成。该校物流专业引进的现代学徒制项目来源于英国，因为两国的国情不同、项目实施的环境不同，不能完全按英方的模式推动项目的发展。由于项目运行的机制不同，需要对项目进行系列化的本土化调整，涉及校企合作及发展[2]。

四、项目实施的难点

该职校实施英国的物流专业现代学徒制项目，从引入到实施过程中遇到许多困难，主要有如下几点。

（一）语言环境差异

语言差异是形成困难的主要原因，无论是在准备阶段中寻找国外教育机构，还是在实施阶段中培训师资，甚至在总结阶段中整理资料，语言差异是学习英国现代学徒制体系的主要障碍之一。

（二）师资融通困难

校企师资融通一直是校企合作中难以解决的问题之一。企业师父给学生授课，将企业知识与企业文化传授给学生，让教师到企业顶岗或对员工进行岗位培训，达到校、企、生三赢的目的。但在实际操作中，学校和企业工作都有连续性，师资互通在时间调配上困难重重；属于事业单位的学校很难支付教师额外工作的补贴，同样的困难也会出现在企业；所以师资融通需要学校和企业做出更大的努力[3]。

（三）行业标准确立

不同行业有不同的标准，我国物流行业涉及范围广，物流行业标准一直没有得到良好的推进和实施。2018年6月，中国物流与采购联合会发布了《汽车零部件物流KD件包装和集装箱装载作业规范》征求意见稿，并没有正式的规范文件。而对于第三方物流企业来说，很多服务标准来源于供应商，标准不统一，对于学徒的培养评估缺乏依据，所以在项目实施的总结阶段，统一标准是项目实施的重要环节之一。

五、解决途径

（一）聘用专业翻译

学校要解决语言差异可以从两方面着手：一方面是提高评估师的外语水平，这对评估师今后学习和实施现代学徒制项目帮助很大；另一方面是聘用专业翻译，在与国外教育机构洽谈时进行沟通和协商，对行业熟悉和了解现代学徒制项目的翻译，才能更好地为评估师的培训工作提供帮助。

（二）建立校企师资融通制度

学校和企业都要重视师资融通工作，深入挖掘师资融通给学校和企业带来的好处，建立师资融通相应的制度，给予教师和企业师父一定的费用补贴，为他们的提高和晋升提供发展平台。

（三）依托行业、企业制定标准

行业标准的制定是现代学徒制项目的重要环节之一，在某些行业缺乏国家标准之前依托当地行业协会和企业，参考大型现代化企业现行的标准，对现有的标准进行整理和编辑，同时兼顾标准的通用性，让现代学徒制项目在当地得以开花结果。

参考文献

[1] 谭家兴.现代学徒制的内涵与要素分析 [J].长江工程职业技术学院学报，2015（4）：47-48.

[2] 徐丽华.校企合作中企业参与制约因素与保障措施 [J].职业技术教育，2008（1）：48-50.

[3] 鲁叶涛.基于现代学徒制的高职人才培养模式探析 [J].教育与职业，2014（12）：19-21.

第三篇

教学改革与教学实践

信息化教学在中职
德育生本课堂的运用和实践

陈 静

（广西物资学校）

摘 要：进入21世纪以来，信息技术的运用为教育教学提供了一个新的平台，信息化教学在教育领域的创新，引发了教师的价值观、学习观、教学观的变革，课堂教学主体、教学方法、教学过程、教学环境和评价方式都发生了变化，为构建生本课堂创造了条件。论文分析了信息化教学构建中职德育生本课堂的途径，对如何运用信息化构建中职德育生本课堂进行了大胆的探索和尝试。

关键词：信息化；中职德育；生本课堂

信息化教学是当前教育教学改革的一大热点，中职德育课是实施德育素质教育和完成对中职学生德育目标的主要渠道，中职德育课程的有效性，直接关系到中职学校人才培养的质量。德育课是中职教育的基础课程，但易受传统教学模式的影响，导致学生被动地接受，教学效率低，缺乏创新的精神。因此，中职学校德育教学要倡导生本课堂并结合信息化手段，激发学生的兴趣，调动学生的学习主动性，提高德育教学实效性。作为德育教师，要转变教育观念，贯彻"生本教育""以生为本"的思想，要善于借助信息技术作为改善课堂教学的重要手段，不断改进教学方法，寻找解决问题的途径，从而实现学生的全面发展。

一、中职德育生本课堂构建的必要性

"生本教育"，是由郭思乐教授首先提出来的一种全新的教学理念，生本教育是以"一切为了学生，高度尊重学生，全面依靠学生"为宗旨的教育理念，要求教师以学生为本，相信每位学生的学习潜能，尊重每位学生的个性发展，给予学生自由探究的时间和空间。"生本教育"理念与传统的灌输式教学理念相反，倡导学生自主探索、合作交流、动手实践，是为了学生好学而设计的教育。让学生在学习兴趣的驱使下主动去学习，而不是被动地接受，在不断思考和探索的过程中，学生能够提高自己的自主思考能力和解决问题的能力，激发学生对于学习的热情和兴趣，极大地提高课堂的学习效率，让学生成为学习真正的主人。

所谓中职德育生本课堂，就是在中职德育课堂中，教师要以生为本，营造乐于探索、善于交流、敢于合作、勇于创新的学习氛围，实现教学主体的多维互动、教学方法的有效运用、教学效果的动态生成、教学评价的多元发展，并最终创造出多元、开放、和谐、鲜活的课堂。

当前中职德育课教学过程中存在着一些问题：教学方式较为传统，教学环境封闭，以教师讲授为主，教师占据课堂大部分时间，课堂互动较少，学生被动接受知识；学生认为德育课学习无用，不能用德育知识解决生活中的实际问题，对德育课学习不感兴趣；学习途径单一，学生缺少主动学习的机会和能力，没有形成发现问题、解决问题的能力，除课堂教学以外不会主动学习德育内容。

针对这些问题，可以借助信息化教学手段解决，因此构建中职德育生本课堂是非常必要的。

（一）构建中职德育生本课堂是落实课程改革精神的内在要求

中职教育课程改革，要求课堂重心由教师传授知识转向培养不同学生的学习能力；教学方式由教师讲授转向学生主动学习、师生共同深度拓展；课堂互动模式由单一的师生互动转向师生互动、生生互动和人与资源互动的多维互动模式；知识结构形成由满堂灌转向动态生成；教学评价的方式也由以结果为导向，强调选拔功能转向注重过程性评价，促进学生全面发展的多元化的评价方式；教师的课堂角色由"演员"转向了"导演"。课程改革引发了教师的价值观、学习观、教学观的新变革。

（二）构建中职德育生本课堂是提升教学效果的有效途径

课堂是教师传授知识、提高能力、展示教学魅力的舞台，也是师生互动学习、共同成长的平台，中职德育课教学效果应是实现教师与学生的共同成长。生本课堂不仅要对学生主体进行关注，还需要对教育主体与环境之间的相互作用进行关注，在课堂教学中通过师生互动、生生互动、人与资源互动形成良好的课堂教学氛围，而教学氛围直接影响着教学效果的达成。正如吴康宁教授所说："课堂教学这一社会有机体是否真正充满生机与活力，取决于人际互动这一动态过程的状况。"课堂教学中特殊的教学环境对课堂系统的稳定与发展也会产生重要的影响，并最终决定着理想教学效果的达成。

（三）构建中职德育生本课堂是促进学生全面发展的必然要求

中职生正值青春发育期，身心发展迅速、精力旺盛，年龄一般在15~18岁。青春期是各年龄发展阶段的最佳时期，又称为人生的黄金时代。但是，中职生又是一个特殊的学生群体，有的是成绩差没能升入普通高中，有的是留守儿童（少年），有的来自单亲家庭或经济困难的家庭，其内心世界是非常不稳定、不平衡的。他们渴望脱离父母的束缚、管理及保护；他们自主意识增强，处理事务的能力不断地发展；他们不满足于书本的现成理论，渴望独立思考以及发表个人的独到见解。但单一的校园生活使其对自我学习和生活出现的问题处理不力或出现情绪化、极端化，同时各种碎片化的信息不断冲击他们的是非价值和伦理判断标准。中职德育生本课堂要求教师准确掌握学生的学习和生活状态及特点，在教学中满足学生的兴趣，联系实际生活帮助学生解决学习以及生活中的困惑；培养学生发现解决问题能力，注重是非判断能力的培养，及时发现和清除不良现象。

二、信息化教学是构建中职德育生本课堂的有效途径

传统的中职德育课堂教学，往往师生角色是固定的，教师高高在

上，知识就像水流一样，从教师的"高地"流向学生的"洼地"，学生被动、机械地接受，充当容器的角色[1]。在信息化的课堂教学中，教师利用信息化技术，创设故事情境、虚拟情境、问题情境、任务情境，引导学生走上自主探究问题的道路。学生在情景的引导下，通过小组合作、完成任务、展示成果，达到学习知识、探索人生道理、提升职业素养的学习目标。在整个教学过程中，知识就像循环的水流，伴随着问题的探究在师生之间互动传递，在双向的探讨中实现理性—感性—理性的重新建构的过程。

在信息化教学中，教师由知识的传授者、灌输者转变为学生主动获取信息的帮助者、促进者；学生由外部刺激的被动接受者转变为信息加工的主体、知识意义的主动建构者；教学过程由讲解说明的过程转变为通过情景创设、问题探究、协商学习、意义建构等以学生为主体的过程；媒体作用也由作为教师讲解的演示工具转变为学生主动学习、协作式探索、意义建构、解决实际问题的认知工具[2]。教学信息化从根本上改变了传统的教学模式，为生本课堂的构建提供了必要条件，使课堂真正成为学生与教师共同成长的沃土。

（一）信息化教学以生为本，强调学生主体

以生为本，教师就要懂得尊重学生的差异美，不能要求所有学生统一按照某一种教育模式去发展，利用信息技术构造出的翻转课堂最大限度地做到"以人为本""因材施教"。学生可随时观看教学视频，根据个人的学习能力，自己制定学习进度，可随意地暂停、倒退、重复和快进。如果忘记了之前学习的内容，还可以利用教学视频重新学习。智能手机的普及，使得学习时间更加自由化、自主化，随时随地学习成为可能。以人为本的另一个方面是，教师对学习有困难或疑问的学生适时给予个性化指导。由于学生在课前通过教学视频学习新知识，于是，课堂成为学生当堂做作业、交流研讨或做实验的场所。学生做作业的时候，教师通过"学习管理平台"，及时发现学有困惑的学生，及时介入给予一对一的指导，效果非常好。

教学是一门科学，也是一门艺术。教学艺术是教师在遵循教学客观

规律的前提下，为适应学习主体的学习能力、提高学生的学习效果而使用的具有审美价值的教学方法，信息技术的使用提高了学生学习的活跃性和积极性，使生本课堂教学成为一门艺术。

（二）信息化教学丰富教学方式，教学方法多样化

信息化支持下的课堂教学，需要对学生在教学过程中的主体性地位予以重视，要求师生在课堂中共同成长。教师通过声音、文字、图像以及媒体技术等将教学内容或是要表达的意义展示给学生，使学生能够更加容易领悟和接受所要了解的信息，改变过去单向的信息灌输，形成学生与教师、技术、教学内容的多维互动，最大限度地激发学生的学习兴趣。同时，信息化的学习环境又可以为学生提供多元的学习方法，例如，探究式学习、案例式学习、项目式学习等。多样的教学模式不仅能增强学生的学习兴趣，还能提高学生的思考和动手能力，从而实现"先做后学、先学后教、不教而教、以学定教"的生本方法论。

（三）信息化教学延展教学时空，实现开放互动式课堂

传统的课堂教学时空受到一定的限制，在固定的场所、固定的时间里进行。信息化教学则不同，它利用计算机技术、网络技术、现代通信技术等手段摆脱了时空的局限。从时间上来说，信息化教学利用微课、慕课等载体，通过微博、QQ空间、微信等平台，让学生充分利用课余时间进行自主学习和探索，突破课堂45分钟的限制；从空间上来说，信息化教学可以突破教室这个固定的学习场所，将课堂延伸到图书馆、市场、企业、社区等，让学生利用各种信息化技术和平台搜集资源进行课堂外的自主学习，以提高学生自主收集加工信息、自主探究问题、小组协作等方面的能力和素养。

中职德育课教学既是教师向学生传授系统的德育理论知识的智育过程，也是教师促进学生形成特定个性心理品质提高道德素质的过程[3]。学生利用信息化的交互性打破个体性学习的封闭性，通过微信、QQ或网络等各种沟通渠道，向教师提出问题，并请求指导，或发表自己看法和体会，学生在课下通过学习视频的形式吸收知识，在课上能够有更充

分的时间用于师生之间、生生之间的交往,这种交往不只是教师教、学生学的简单相加,而是通过长时间的交往以形成一个真正意义上的"学习共同体",使单向个体性的封闭学习转变为协作社会性学习,最大限度地实现了人际互动、教师与学生的互动、学生与学生的互动,以及教学主体与多媒体环境的互动,构建起开放和谐良好的生本课堂环境。

(四)信息化教学课堂动态生成,教学过程生本化

陶行知先生曾说过:"我们深信生活是教育的中心。生活教育是给生活以教育,用生活来教育,为生活向前向上的需要而教育。"老师可以利用智能手机的便利,制作各种教学视频,真实地展示日常生活中的情境,为课堂教学的生活化创造条件,教育要通过生活才能成为真正的教育,才能发出力量。构建生本的德育课堂就必须让课堂教学过程更加开放,融入学生的日常生活实际,使教学信息洋溢着生命的气息,促进知识的生成,充分体现对学生主体的人文关怀。

以多媒体和网络技术为核心的信息技术,改变了传统的以文字为教学中心、以书本为主要学习内容的文字性学习,释放了学生的思维空间,使学生不再受书本知识的约束,大胆地设想、大胆地实验,体会德育课学习的乐趣,进而掌握更多的、新兴的知识。信息化教学一方面在课程的教学过程中强调使用信息资源去完成知识技能的学习;另一方面学生运用信息工具获取信息、处理信息,也提高了课程的教学效率、改善了教学效果,促进了知识学习的自主生成[4]。

(五)信息化教学学习记录全面,教学评价多元化

生本课堂的评价主体应包括教师、学生、企业、社会,同时要形成多方共同参与、交互作用的多元评价制度,通过多方面信息反馈促进被评价对象的发展。教学评价不仅具有促进学生学习、改进教师教学的目的,同时也是联系教师和学生思想、情感等活动的重要环节。传统的中职德育课教师既要讲授知识,又要引导学生进行问题探究,还要做好学生之间的自评和他评,操作起来比较困难,很难实现过程性评价的及时性和有效性,故教学评价方式比较单一,主要是以一张试卷成绩来评判

学生的学习效果，这种评价方式具有强烈的选拔功能，忽视了评价应有的调控、激励功能。在信息化教学中，借助学习平台记录学生的学习过程，包括预习作业、课堂参与、讨论交流、提问记录、学习总结、实践反馈等，教师一方面可以及时引导学生开展自评和他评；另一方面则可以通过学生的评价及时掌握他们的学习进展、学习困惑、学习效果，以便及时做出引导。既能较好实现过程性评价的有效性，又能节约教学时间，还能让学生充分体会到评价过程的自主性和民主性，真正做评价的主人。实现评价主体多元化、评价方式多样化、评价内容全面化。

值得一提的是，在信息化条件下的中职德育生本课堂，一定要做到有的放矢。信息化教学为学生呈现的是丰富多彩的视听盛宴，有利于充分激发学生的学习兴趣，可以有效点燃学生的求知欲[5]。但是仅仅凭借视听的刺激、简单的人机对话，无法引发学生真情流露、心灵碰撞，没有体会感悟，也就谈不上"德育目标"的实现。透过繁华，回归教育本真，无论是PPT、微课、慕课还是其他的新技术、新载体，都是课堂教学中某种具体教学方法和手段的应用。任何的教学方法、教学手段最终都要服务于教学目标的实现。因此，在中职德育教学过程中，我们要把信息化教学和其他教学方法进行有机结合，互相取长补短，帮助学生既能很好地实现知识目标和能力目标，又能很好地实现情感、态度、价值观目标。

三、信息化教学构建中职德育生本课堂实例

笔者长期从事德育课教学，近些年参加了各类信息化教学培训，在中职德育课程教学中积极进行信息化教学探索和实践，并取得较好效果。现以"职业生涯规划"中的"做好由学校人到职业人角色转换"这一课堂教学进行实例分析。

职校学生第三年顶岗实习步入工作领域，需要及时从学生角色转换到职业人角色，只有角色转换成功，才能尽快适应社会、融入社会。"做好由学校人到职业人角色转换"这一内容是"职业生涯规划"课程

的核心所在。学校人到职业人角色转换有四个重点——责任导向、团队导向、行为导向、品德导向。学生记住这四个词不难，但要真正认同，转变情感态度，并落到具体行动中却并不容易。故此，本堂课我们以信息化手段为依托，以学生的兴趣和内在需要为基础，进行教学设计，通过学生亲身体验和实践，在完成"我是小老师"任务的过程中把责任、团队、行为、品德这四个导向，真正内化为自己的需要，从而做好角色转换的准备。

（一）变革教学方式，强调学生主体

如何让学生真正成为学习的主人，不仅学会而且会学，这是教学的关键也是教学的精华。我们把本次课的学习任务单上传到"学习通" App 创建的"职业生涯规划"课程里，学生登录"学习通" App 并完成预习任务：第一，个人自主学习，观看微课"学校人 VS 职业人"，明确学校人和职业人的区别；第二，小组合作探究，完成"我是小老师"任务的各项准备。角色转换的重点——责任导向、团队导向、行为导向、品德导向，每个小组领一个主题词，通过微视频、PPT、图片展示等方式谈谈对主题词的理解。课上选出发言人作为"小老师"给大家讲解。学生根据任务单的要求进行组内分工，收集素材，设计方案，合作讨论，拍摄微视频，制作 PPT 等。准备过程中，学生通过"学习通" App 讨论组随时反馈自主学习小组任务完成过程中的困惑，教师及时跟踪指导各小组，掌握课前任务完成情况，并对教学预设做针对性的调整。信息化教学的这种灵活性使课程更具个性化、人性化等特点，极大地激发学生的创造性，学生积极主动地参与学习，打破教师的"一言堂"，教师走近学生，德育走进心灵，增强德育课教学的针对性和实效性。

（二）突破传统局限，丰富学习方式

借助信息化教学的优势，针对学生的学习特点开展教学活动，我们引导各小组运用信息化手段，完成"我是小老师"任务展示，有效增强教学效果。比如"解放"组谈角色转换之责任导向，该小组通过 QQ

聊天软件，采访优秀汽修学长，学生不出校门就能与作为"职业人"的学长交流，了解学长现在的工作情况、工作环境，听取学长分享在校学习经验。进一步认同在校期间要做好本职工作，勇于锻炼自己，做好角色转换的准备。"红旗"组谈角色转换之品德导向，他们设计了问卷调查，"假如你是汽修企业老板，招员工时最看重什么？"并利用"学习通"App完成调查任务，当堂汇总数据分析。小老师展示同学们参加校园招聘会拍摄的企业招聘信息、了解的情况，并得出结论：良好的道德品质是用人单位最看重的职业素养。在小组任务的完成过程中，利用信息化平台和数字化资源与老师、同学开展合作交流学习，突出了职业学校"做中教，做中学"的特点，有力地促进了学生处理信息能力、分析能力和思维能力的发展，培养了学生的团队协作意识。在学习过程中，学生的情感体验也更为丰富，提高了学习自信心。

我们通过"学习通"App发送《小组任务评价表》及《个人学习效果评价反馈表》，了解学生本次课的学习效果，根据评价结果评选出完成"我是小老师"任务最佳的小组。借助信息化的学习平台节约教学时间，较好实现过程性评价的有效性，还让学生充分体会到评价过程的自主性和民主性，真正做评价的主人。请同学们利用"学习通"下载自我训练表格——《找差距，定措施》，课后完成并上传。把纪录片《大国工匠》《中国大能手》推送至课程平台，推荐课后观看，帮助他们拓宽知识面，开阔视野，也有效增强了德育课教学的时代感，突破了课堂的时空限制，大大拓展了课堂的空间，延长了教学时间。

（三）激发学习兴趣，提高教学质量

利用智能手机的便利，制作教学视频，真实地展示日常生活中的情境，为课堂教育的生活化创造条件。"宝骏"组谈角色转换之行为导向，拍摄学生在汽修操作不规范的图片及微视频，让各小组找出错误和危害。一幅幅图片形象生动，抢答环节学生积极踊跃，通过抢答学生愈发意识到在汽修实训操作中要做到行为不能出错，要按照行业标准，一丝不苟、精益求精。课堂练习环节，学生结合本堂课程的教学重、难点开发的游戏练习软件"闯关游戏"进行练习。一步一步闯关，解除了

汽修实习生小明的烦恼，也检测了对重、难点知识的掌握和运用。游戏方式趣味生动，极大地保持了学生的学习积极性，并巩固其所学。利用信息化教学手段，营造乐于探索、善于交流、敢于合作、勇于创新的生本学习氛围，有效地刺激学生的学习欲望，激发学习兴趣。学生在参与中掌握知识，在展示中生成能力，在实践中转变态度。

（四）培养职业能力，增强综合素质

如何通过行为导向的转换养成规范操作的职业行为习惯，是这堂课程的难点。结合所授汽修专业的行业要求，我们和汽修专业教师共同制作了微课"汽修举升安全操作规范"，通过错误演示、正确示范等直观形象地强调汽修举升正确的操作规范，强化安全、规范、标准意识。微课融于教学当中使抽象知识形象化，通过视觉、听觉等多种渠道传递给学生，刺激学生多感官、立体化地接受信息，易于理解和接受，转变情感态度。学生通过观看形象直观的微课，掌握汽修举升规范操作的要领，强化安全、规范意识。

利用汽车维护虚拟仿真软件，拓展德育教学空间。组织学生在电脑上进行汽车举升操作模拟实训练习，把空洞的说教变成学生亲身体验和感受。通过模拟实操，学生真切感受到汽车举升的每个环节都不能出错，这有利于学生养成规范操作的行为习惯，借助信息化手段突破教学难点，实现由"知"到"行"的德育目标。信息化教学资源的丰富性和共享性、教学活动的多样性使教学的自由度得到很大提升，借助微课、微视频，利用汽车维护虚拟仿真实训软件、学习游戏软件等信息化资源，创设职业情境，烘托职业氛围，把德育养成教育与专业素养提升有机结合，提高学生综合职业素养，凸显德育教学为专业服务的职教理念。

总之，信息化教学的发展，带来了教育形式和学习方式的重大变革，对转变教育思想和观念、深化教育改革、提高教育质量和效益、培养创新人才具有深远意义。在中职德育生本课堂中广泛使用信息化教学手段，可以丰富课堂容量，激发学生的学习兴趣，起到了优化课堂教学，提高教学效率的作用，为现实和理论搭起了一条"绿色通道"，充

分发挥德育课的德育主渠道作用。运用信息化教学手段构建德育生本课堂，使德育课焕发出勃勃生机，这是实现中职德育跨越式发展的必然选择。

参考文献

[1] 张轰."畅游云端"：中职德育学科信息化教学初探[J]．新课程研究（中旬），2016（5）：95．

[2] 姜艳丽，张学超．信息化教学模式应用于实践教学的思考[J]．考试周刊，2013（95）：126．

[3] 纪荣．初探信息化教学在中职德育课中的运用和实践[J]．新课程（上旬），2013（9）：67．

[4] 姚贵琴．信息化教学构建中职德育生态课堂的研究[J]．学科实践，2016（9）：88．

[5] 梁俊．中职学校德育课信息化教学的特征与价值意蕴探微[J]．职业教育，2015（4）：55．

基于校园微课网络平台的中职"护理学基础"教学实践

高 文

(广西医科大学附设护士学校)

摘 要：微课作为一种碎片化学习方式，已经广泛地运用到了教学的各个领域。不同的学校和专业，微课实践的展现平台各有不同。广西医科大学附设护士学校在"护理学基础"课程的微课实践与应用中，将微课与校园网络平台相结合，取得了较好的效果。

关键词：微课；实训教学；网络平台

微课（Microlecture），是指运用信息技术按照认知规律，呈现碎片化学习内容、过程及扩展素材的结构化数字资源，目前已经广泛地运用到了教学的各个领域中。严格来说，微课是一种碎片化的学习方式，医学教育注重整体性和系统性，这使得微课并不适用于医学系统教育中。但是，护理操作是由一个个单独的操作组成的，操作中的重难点是独立存在、需要反复学习的，这很适合微课的使用。不同的学校和专业，微课实践的展现平台各有不同。广西医科大学附设护士学校将微课与校园网络平台相结合，取得了较好的效果。

一、知识点的选取

知识点的选取是微课制作使用中最重要的一步，只有选择了正确的、合适的知识点，才能达到好的教学效果。教学中教与学是两方面，一方面是教师的教，另一方面是学生的学。知识点的选取应该以学生的学习感受为主体，结合教学的重难点。

微课的制作需要大量的人力物力。为了使有限的资源得到最大程度的利用，在选取知识点时必须反复衡量，以免在后续使用过程中造成资源浪费。"护理学基础"的知识点多且琐碎，如何选择微课制作的知识点，需要正确把握。有些知识点重要，但是难度小，学生很快掌握；有些知识点较难，但是并不重要。加之临床新技术新知识更新快，一些知识点很快发生变化和更新。如果把更新快的这些知识点做成微课，将很快被淘汰，这样就造成了资源的浪费。再者，微课本身的特点是小而精，每一个微课重点说明一个问题，而有些问题并不是那么容易解决的，也不适合通过微课来进行展现。

综合以上考虑，同时参考广西卫生厅下发的《护理55项操作标准》，我们选取了"护理学基础"课程的近20个知识点，然后制作成问卷征询学生意见，由学生选取他们认为最难或者最需要掌握的10个知识点作为试用，其中包括体温单的绘制、吸药手法等。这些知识点的共同特点是学生只听一次课很难准确掌握，但是在临床护理工作中很重要，几乎每天的护理工作都会接触到。这些操作也是护理专业的经典操作，比如吸药手法，不会轻易被新的方法取代。这些知识点的有效选取，为后面的工作奠定了良好的基础。

二、微课制作的方法

护理操作基本可以按照评估、诊断、用物准备、实施及评价几个步骤来进行。对于护理操作来说，文字的表述难以解释清楚，需要文字与视频的结合才能达到最好的效果。在微课制作中，视频的拍摄需要大量人力物力，而大量的微课制作费用更是难以解决的问题。同时对于护理操作本身来说，整个操作流程的拍摄无论是对操作者本身，还是后期制作以及拍摄设备的要求都较高。学生在实际练习中，对于操作流程的把握是很快的，难以把握的是一些用时不长的知识点，这些知识点可能只是三分钟或者一分钟甚至几十秒的时间。因此，我们将视频拍摄的重点确定为针对某些操作难点的拍摄。例如，吸药这一操作，注射器及安瓿瓶的拿法是很多学生很难迅速上手的内容，一旦方法不对，就有可能造成吸出药液的污染，注射到病人身上会产生难以预料的严重后果。在传统的视频拍摄中，需要几个镜头同时对着一个操作者，通过不同角度拍摄出从持针到药物吸取的整个过程。这种拍摄方法，对镜头的位置、设备的要求以及操作者操作的稳定性都有很高的要求。一旦操作者出现操作失误，则需要重新再来，如果镜头位置不合适，在后期剪辑中也难以达到好的效果。为了避免这些难题，我们选用了短视频分段拍摄，一个一个镜头展示应该如何持针，不同的安瓿瓶应该怎么拿，以及如何正确无污染地吸取药液等。分镜头的拍摄方法，降低了拍摄难度，对设备要求较小，减轻了操作者的压力，同时也能拍摄出很好的效果。在微课制作合成阶段，结合PPT文字解释的方式，对操作的演示进行解释。学生通过这样的微课学习，无论是对操作的本质还是操作的内涵都能很好地把握。对于大量微课的制作来说，利用这种分镜头拍摄方法制作微课，技术要求相对较低、费用少、效果好，是一种比较适合"护理学基础"课程微课制作的方法。

三、微课的使用载体

微课在各类课堂中都有较多的使用，搭载微课的平台也各有不同，例如用微信、网络，等等。广西医科大学附设护士学校将微信与校园网络平台结合，效果较好。目前，在校的中职学生年龄较小，凭兴趣进行学习的有相当部分学生。通过观察发现，学生喜欢以图像类为主的媒体，搭载在校园网络平台的微课非常符合学生的喜好。校园网络平台与学校的实训中心实行联网，实训中心每一个床位的床头都安装有与校园网络平台联网的终端设施。在课外，学生除了能够观看视频进行学习以外，还可以与床头及多媒体教室中的录播设备连接起来。学生借助网络上的微课进行预习，然后在课堂上听教师讲解具体细节。在一般的课堂教学中，由于学生较多，练习步骤中，老师无法反复观看每个学生的不足及错误，同时，有些学生的自尊心较强，也不愿把自己不完美的一面展示给别人看，这样就造成部分学生不能掌握正确的操作步骤及要点，甚至对学习失去兴趣。借助搭载微课的网络平台，使学生在练习时可以借助实训室中每个病床床头的录播系统将自己的每一次操作录下来后回放，在回放的过程中再与微课中的示范进行对比。在这个过程中，学生不断练习、不断比较、不断找出自己的不足，从而不断进步，起到非常好的教学效果。

四、微课内容的调整与补充

医学护理专业是一个发展变化非常迅速的行业，很多知识不断更新，教师在课堂上授课的内容也必须紧跟临床，做到与临床同步。为了做到这一点，微课内容也必须不断地更新，小到一些细节的改变，大到对整个微课内容和形式的调整，促使微课内容与临床实践更加契合。同时，我们经常性收集学生们使用微课的反馈意见，例如，有的同学认为有些知识点展示得还不够全面，或是有些视频的拍摄角度还不够合理等。教师结合这些意见，再对微课进行调整，从而更适合学生的学习。在这个调整过程中，"分镜头"拍摄方式在微课制作中凸显出很大优势。视频拍摄是人力物力花费最多的阶段，花了较多费用拍摄制作的微课，有时因为一个物品的改变或是一个细微操作的变动，使得整个微课的知识点过时而不能再用，造成了人力物力的大量浪费。我们目前使用的微课，前期的"分镜头"拍摄，后期则仅仅是短视频的连接，重新制作时仅仅只需要改变一个或几个点就可以达到很好的效果，节省了大量经费，同时也起到了很好的效果。这种与临床无时代差异的微课方式，也能引起学生较浓厚的学习兴趣，激发他们的学习热情。

总之，一切教学手段的运用都是更好地为教学服务。近年来，广西医科大学附设护士学校实习生、毕业生口碑良好，实习单位、用人单位认为该校学生的动手能力强，操作基础好，这与多元化教学手段的运用有着一定的关联。在今后的工作中，我们会进一步研究更好的教学方法，达到更好的教学效果。

微课在中职教育教学中的应用探究

李 想

(广西华侨学校)

摘 要：在"互联网+"时代，微课在中职教育教学中具有重要的作用，也存在一些问题。论文提出了加强微课教育教学的培训工作、构建校园微课网络平台、多渠道提升教师的微课制作及教学水平、加强师生互动，以发挥微课的最大效用。

关键词：微课；中职教育教学；应用

微课最早起源于美国，它的特点是：教学时间较短，一般是 10 分钟以内[1]，是某个知识点的展现，不仅可以在个人电脑上进行观看，也可以在手机端进行观看。在"互联网+"时代，微课在中职的教育教学中有着越来越重要的地位。一是智能手机在中职学生群体中已经普及，教师利用 QQ、微信和网络学习空间等平台，将自己录制的微课视频上传至各个平台，学生只要有访问权限，就可以很方便地在手机上进行观看，这为微课在中等职业教育教学中的应用提供了基础。二是微课具有短小精练的特点，这有利于抓住中职生有限的注意力，发挥出最大的学习效率，非常适用于学习能力较差、无法长时间保持专注的中职生。

一、微课在中等职业教育教学中的作用

(一) 微课使实训教学更直观

中职教育教学的核心就是培训学生具备某一职业技能，因此实训教

学是中职教育教学的重要环节。在实际教学中，教师不可能在课堂上做多次操作指导，部分学生没有在课堂上记下所有的操作步骤。因此，教师把操作步骤、生产过程中的一些标准和规范录制成微课，让学生在实训操作中，参照微课操作的规范，边看边跟着操作。这样，可以避免一些精密设备因学生操作失误而造成损坏。特别是对于操作性较强的一些专业来说，由于场地或人数限制，不能保证所有学生都能看到教师的具体操作过程；通过微课视频对操作步骤的展示和补充，使所有学生都能观看、消化，更好地理解和掌握知识。目前，职业教育教学在人才培养上强调对"完整、标准、规范、安全"的要求，通过微课展现技能训练环节中实际操作的规范和要求，使知识点更准确有效地传播给学生。

（二）微课使抽象知识点更形象

中职教学中，除了实操技能之外，还有一些概念性内容，包括课堂中没有讲解、课外拓展的知识点。通过微课视频把这些概念性的知识点立体化、形象化，让学生更好地理解，引导学生在课中、课后利用移动终端自主学习来有效提高学习效率[2]。在学生对概念性知识点把握的基础上，教师可以把有限的课堂时间充分用于实训、案例分析和情景模拟等课堂活动。

（三）微课可以节约教育教学成本

许多专业的实训设备、实训耗材对于学校来说都是一笔不小的开支，尤其当学生技能还不熟练的情况下，极易发生操作失误造成设备损坏或耗材浪费，甚至还会出现安全事故。把实训的操作步骤、重点、难点等制作成微课，学生在实训操作前通过微课反复学习，掌握相关要点，再进行操作，可以大大降低教学成本，消除安全隐患。

（四）微课网络教学平台可实现师生互动

网络上的微课学习平台，不仅是微课资源视频观看的平台，还具有交互性。师生之间、学生之间可以通过微课网络教学平台进行互动，讨论学习内容、评价学习情况。教师可以通过平台查看学生观看微课教学视频的进度，更好地掌握学生的学习情况，学生可以通过平台反馈学习的情况和问题，促进微课教学顺利有效开展。

二、微课在中职教育教学应用中存在的问题

微课教学是对传统教学的再一次变革，教师们在过去的十几年刚刚经历了从传统教学向多媒体教学的一次变革，现在微课教学的推行其实是对多媒体教学方式的扩展和补充，使原来传统的课堂教学方式向没有时间空间限制的网络在线学习方式发展，颠覆了传统的教学模式，在推广过程中还存在一些问题。

（一）中职微课教学资源匮乏[3]

目前，相对于普通中小学而言，中等职业教育的职业课程类微课资源比较稀缺。普通中小学讲授的知识具有较强的稳定性和通用性，教师可以通过网络共享丰富的微课资源。而中等职业教育的职业教育课程，不仅知识点多，而且要符合职业的岗位要求，同时还必须跟得上市场需求的变化。相对于稳定的中小学基础教育，不断顺应市场变化的中职教育要做职业课程的微课资源难度自然就大了。所以，中职教师通过网络找到合适的资源直接拿来用较为困难，大多数情况下还是需要自己亲手制作。

（二）微课录制占用教师的时间精力较多

微课视频虽短，却是对知识点的精准讲解。因此需要教师在熟知知识点的基础上，编撰拍摄脚本，通过拍摄制作深入浅出的讲解以展现知识点。好的微课，还需要后期处理的细致加工。因此，录制微课视频教学，需要花费教师更多的时间进行备课和准备。

（三）难以把控微课在课余时间的推广

中职学生的学习特点就是对学习缺乏热情，不会自觉地学习，如果让他们在课余时间上网，那么他们一定会优先选择打游戏、看视频等娱乐项目。所以，如何引导学生利用课余时间去学习微课，是推广微课过程中存在的最大问题。

三、微课在中职教育教学应用中的对策

(一) 构建校园微课网络平台

学校应在校内建设能够上传微课资源的网络学习平台，鼓励教师上传自己制作的微课教学视频，方便教师在教学过程中使用微课。另外，同一个专业的教师，可以形成合力，共同制作微课视频，节约制作时间。例如，广西华侨学校从2014年开始建设数字化校园平台，其中就有可以上传微课视频的教学资源平台，通过搭建该平台，教师们积极上传微课资源，目前微课视频的容量已达到1TB。这样，有利于中职学校建设具有校本特色的微课资源库平台，促进学校信息化建设水平的提升。

由于经费原因，不能开展微课资源建设的中职学校，可以充分利用网络上比较好的免费网络学习。比如蓝墨云班课、超星学习通等，它们的功能都比较完善，除了具有微课视频的上传功能外，还可以布置任务并能查看学生的学习进度，师生互动、评论评分，等等，非常适合中职教师使用。

(二) 加大微课教学的培训力度

部分计算机基础比较差的教师，对微课制作有畏难心理，认为制作微课很困难，应该是计算机专业教师的事情。事实上，微课的制作过程技术难度不高。如果不是专门制作用于参加比赛的微课，所需工具并不复杂，只需要一部智能手机、一个手机支架、一盏台灯、一台装有处理视频软件的电脑，中职教师只要稍微学习，就能运用自如。教育主管部门和学校应该为教师开设微课制作和应用的培训课程，消除教师的畏难心理，提高微课制作水平。培训的内容包括：微课的制作方法、微课在教学中的应用。只有通过培训，才能使中职教师理解、认可和学会制作微课，正确使用微课。

（三）鼓励教师参加微课制作竞赛

近几年，教育部、各省教育厅等教育主管部门组织的信息化教学设计大赛中，都有微课比赛，可以看出国家对微课教学是持鼓励态度的。所以，学校应该鼓励教师积极参加微课制作比赛，提高学校整体的微课制作水平。以广西华侨学校为例，近几年，学校鼓励教师参加信息化大赛，邀请国内知名的微课制作专家进行指导，提高教师的微课制作水平，在全国和全区的信息化大赛中取得不俗的成绩，尤其在2016年的全国信息化大赛微课项目中取得了4个一等奖、4个二等奖、1个三等奖的好成绩。

（四）加强微课网络平台师生互动

微课制作出来，归根结底是要让学生进行学习的，如果学生不用，制作的微课只能是摆设，毫无意义。因此，教师要指导学生利用微课学习，检查学生的微课学习效果，并指导学生进行知识点练习，让学生的学习方式逐渐地发生改变。

参考文献

[1] 黎加厚. 微课的含义与发展 [J]. 中小学信息技术教育，2013 (4): 11-12.

[2] 罗赟. "微课"该如何走进职业教育的课堂 [J]. 广东教育：职教，2014 (6): 50-52.

[3] 缪晓梅. 浅谈"慕课""微课"在职业教育中的作用及制约因素 [J]. 吉林省经济管理干部学院学报，2016 (4): 96-97.

微课在中职"基础会计"教学中的应用
——以银行存款余额调节表的编制为例[①]

凌 霞

(广西玉林财经学校)

摘 要:随着信息技术的迅猛发展,教师的课堂已不再是一支粉笔、一块黑板,或者是单纯的多媒体讲授。微课作为课堂教学的有效补充形式,能给学生提供自主学习的环境,是传统教学的补充和拓展。论文以"基础会计"中"银行存款余额调节表的编制"为例,探讨微课在中职会计教学中的应用。

关键词:微课;基础会计;银行存款余额调节表

"基础会计"主要学习会计的基本理论、基本方法和基本技能,使学生掌握会计的一些基本概念、思维方式、专门方法。本课程在会计专业课程体系中占有非常重要的地位,为后续"财务会计""成本会计"等课程的学习奠定基础。信息化的发展冲击着传统的"基础会计"的课堂教学,微课作为新型的教学辅助手段,使课堂教学中的资源利用率得到提高,教师的课堂感染力得到提升,并促进学生学习效率的提高。

一、微课概述

"微课"是微课程的简称,主要就一个知识点进行针对性讲解的一

[①] 基金项目:2017年度广西职业教育教学改革研究项目"微课在中职会计教学中的应用与研究",项目编号 GXZZJG2017B150。

段视频，视频的时间一般在 5~10 分钟。在教育教学中，微课所讲授的内容呈点状、碎片化，这些知识点，可以作为教师在课堂上的讲授素材；也可以作为学生预习、复习的材料。作为一种新型网络课程教学，能给学生提供自主学习的环境，是传统教学的补充和拓展。微课轻松有趣，内容精而易懂，教学方式生动形象、活泼灵动，能很好地调动学生的学习兴趣和积极性。

二、"基础会计"教学现状

"基础会计"是会计专业的入门课程，主要学习会计的基本理论、基本方法和基本技能，是中职学生学习的第一门专业基础课。一年级的学生年龄在 16 岁左右，生活经历比较少，对企业的经营模式及经济活动内容缺乏了解，而本课程中涉及的专业词汇较多，专业理论抽象，准则规范性强，学生学起来难免觉得枯燥、费解，学生缺乏学习兴趣，畏难情绪突出，导致教学存在很大困难。而"基础会计"教学中教学方式和教学手段比较单一，教师通常处于主导地位，在课堂上会形成"老师讲学生听""老师写学生抄""老师划学生背"的局面，忽视了学生的主观能动性。

三、中职基础会计教学中微课的应用

信息技术的不断更新发展，为微课教学提供技术支持，而微课程也被广大教师应用到各个学科当中，把"微课"作为一种"新教学素材"重构课堂。借助微课引发学生的自主学习，促使学生主动建构知识，探索主体性和自主性的培养得到教学过程结构的保证，最大限度地优化课堂，提高教育教学质量。在会计课堂教学中，利用微课增加新的素材，开展混合式课堂教学。因此，在会计微课教学当中，教师应分析教学内容，明确教学目标，科学合理地安排教学过程。

（一）微课内容的选取

微课一般为 5~10 分钟的教学视频，选择知识点一定要细化到某个知识点。每个学科的教学内容都很多，如果把所有内容都录制成微课，将会耗费大量人力、物力、财力，这是没有必要的[1]。微课题材选取应该从课程的教学重点、难点入手，要求主题突出，内容完整。"银行存款余额调节表的编制"是基础会计课的一个重要知识点，是学生走上会计岗位必须掌握的基础技能之一。该知识点的教学内容是比较适合用微课进行教学的。

（二）教学设计

"银行存款余额调节表的编制"的微课教学设计，见表 1。

表 1 "银行存款余额调节表的编制"的微课教学设计

微课名称	银行存款余额调节表的编制
知识点来源	本课题选自大连理工大学出版社出版的由曾钧、阎卫主编的《基础会计》（第一版）项目八任务二"财产清查的方法"中银行存款的清查
适用对象	会计专业一年级学生
学情分析	会计专业一年级学生刚学"基础会计"，专业知识较薄弱，大多数学生对有关现金清查内容比较容易理解，但是学生对银行存款清查中的未达账理解困难，所以本节课将理论与实例相结合，由实例引入理论，再由理论去解决实例所存在的问题，让学生理解并掌握银行存款清查方法，同时能编制银行存款余额调节表
设计思路	以实例讲解法为主线，仿真实际工作情形，用企业银行存款日记账及银行对账单作为实例，逐笔核对查找出未达账项；然后以设疑法提出问题，解决问题；在解决问题时，采用引导发现法，引导学生发现未达账项哪方未登账，从而根据补记法的登记要求，哪方未登补记在哪方；从而归纳总结做题方法

续表

微课名称	银行存款余额调节表的编制
教学背景	"银行存款余额调节表的编制"是每位出纳都应该熟练掌握的一项基本技能,而银行存款的清查,涉及企业资金的安全问题,所以作为一名合格的出纳人员,首先要有熟练的专业技能,其次还要有较强的安全意识和严谨的工作作风
教学目的	掌握"未达账项"的概念和种类;了解银行存款余额调节表的目的;掌握"银行存款余额调节表"的编制方法
教学重点、难点	教学重点:学生学会编制银行存款余额调节表。 教学难点:根据银行存款日记账和银行对账单找出未达账项,并分析未达账项的四种类型;确定该笔未达账项在哪方已经登记,从而确定应补记的一方
教学方法	实例讲解法、引导发现法、演示法等方法
课后训练	进行"网中网"会计实训平台"基础会计实训模块"练习特殊业务模块中的财产清查练习
教学反思	在本堂课的教学中,比较满意的是: 1. 本堂课的导入是一段情景对话,以出纳具体工作为例,以出纳在核对账目中出现余额不相等与会计主管的一段对话,引起学生学习的兴趣。 2. 在讲解未达账项时,以账簿表格的形式出现,这样能使学生直观从图表中查找出来,同时与实务工作对接。 3. 在余额调节表编制方法的讲解上,采用了实例讲解法、引导发现法、演示法等方法,一步步引导学生,使学生逐步理解并掌握,从而达到本节课的教学目标。 教学不足:视频的时间有限,有些细节问题讲解过于仓促

（三）教学实施

1. 课前任务

本次课前，让学生下载老师制作的"银行存款余额调节表的编制"的微课视频，给学生布置任务，让学生课下先自行学习，了解银行存款余额调节表编制的整个流程，完成老师下达的任务书。

2. 课上微课展示

将制作好的微课（动画）再次展示给学生观看，之后分组讨论找出哪项是未达账项，如何查找。

3. 教师引导

首先老师采用引导发现法，引导学生发现未达账项哪方未登账，从而引出编制银行存款余额调节表的方法"补记法"如何登记，最后根据补记法的登记要求，哪方未登补记在哪方；从而归纳总结做题方法，强调学生在编制银行存款余额调节表过程中，主要是学会如何查找出未达账项，且能清晰分清哪方没有登记入账。

（四）教学反思

通过本课程的学习，让学生掌握银行存款余额调节表的编制方法，使每位学生都能正确编制，并且能独立完成银行存款的清查工作。银行存款余额调节表的编制是每位出纳人员都应该熟练掌握的一项基本技能，提取银行存款的清单，涉及企业资金的安全问题，所以作为一名合格的出纳人员，首先要有熟练的专业技能，其次还要有较强的安全意识和严谨的工作作风。

微课强调以学生为中心，要求教师心中必须有学生，这样才能上好微课，才能展示出教师的风采和高水平的教学技能。

微课只是教学资源或教学环节中的一部分，而不是教学的全部，其设计要体现"项目导向、任务驱动、反馈互动"的原则，教学应用中既要引入有趣、层次分明，又要逐渐推进和适当总结，才能让学生在最短的时间内学到最关键的知识。

微课选题是关键，既要以课题的重点、难点为主，体现教学的独立性、完整性、示范性和代表性；又要小而精、微而全，并且与教学内容匹配，切忌题大内容小或题小内容大[2]。

四、结语

微课作为一种新型的教学方式，具有短、小、精、活的特点，突破了时间、空间限制，学生可以自由自在地学习。在中职会计教学中，微课可以作为教学载体，可以帮助学生预习、复习，用于课前、课中和课后，实现理论和实践的结合，既提高了学生的自主学习意识，又提升了教学质量。

参考文献

[1] 常娅娅. 微课在高职《基础会计》教学中的应用——以"提取现金"微课教学为例 [J]. 经贸实践, 2017 (6): 288 – 289.

[2] 黎霞. 微课在高职院校《基础会计》教学中的开发与应用——以"试算平衡"微课教学为例 [J]. 四川职业技术学院学报, 2016 (4): 151 – 152.

利用多媒体加强中职音乐教学课堂互动性的探究

罗秋怡

（广西理工职业技术学校）

摘 要：音乐教学是将音乐与教育两种文化形态进行结合的教学活动，为了确保其教学实效性，则需要重视提升课堂互动性。在中职音乐教学当中，加强课堂互动性一直是教育工作者积极探索的重难点。利用多媒体教学改变过去陈旧的教学模式，强化音乐与文学的渗透，通过情境创设与对学生音乐学习的启发，加强中职音乐教学的课堂互动性，从而提高课堂教学实效性。

关键词：多媒体；中职音乐教学；课堂互动性

随着我国经济的迅猛发展，社会对各类人才的需求与日俱增，中职学校在教育体系中的地位也愈发凸显，已成为我国教育体系中的重要分支。而中职音乐教育是实施美育教育的重要手段和途径，是全面推进素质教育的一个重要组成部分，对提高中职生音乐审美素质和能力，促进学生全面发展起着不可替代的作用。纵观当下中职学校的音乐课堂教学现状，大部分教师沿用讲解音乐专业知识、分析音乐特点、剖析音乐创作背景等传统教学模式。对于音乐中涉及的符号、曲调等内容详细解析，往往出现教师热情四射，而学生一头雾水的局面，这种互动性不足的课堂教学方式难以提升教学成效[1]。基于此，我们结合中职音乐教学特点，尝试利用多媒体技术加强音乐课堂教学的互动性，解决音乐教学中的重难点，提高中职音乐教学的实效性。

一、中职音乐课堂教学互动存在的不足

中职学校的学生大部分为15~18岁，刚刚走出初中校门便开展职

业技能方面的学习，他们的身心发展尚未完全成熟，普遍存在焦躁、封闭及不稳定的性格特性。这决定了中职学校的音乐教学要与其他专业院校的音乐教学在教学方法手段、目的及任务方面有所区别。从目前的中职音乐课堂教学现状来看，还存在如下不足。

（一）教师教学方式陈旧

许多中职学生对于音乐知识不甚了解，加之中职音乐教学内容与方法较为枯燥单调，大多以互动性不足的灌输型教学模式为主，导致学生对音乐课堂教学兴趣不足，不愿意参与课堂学习，互动性只会越来越差，久而久之则形成了恶性循环。

越来越多的中职音乐课堂教学似乎演变成为单纯的技能教学，这种传统的音乐教学方式依旧停留在"黑板画一画、课堂讲一讲、课后练一练"的阶段，对学生的审美意识与审美能力关注不足，教师只关注乐理知识的深度讲解。这与当前素质教育背景极度不符，不仅无法发挥音乐教学实效，也难以为中职院校专业课程服务，更谈不上促进学生综合素养的全面提升。

（二）学生学习兴趣不高

中职院校的教育目标在于培养更多专业技能型人才，向社会输送具有一技之长的专业人才。许多学生对中职院校音乐课程的开设目的不甚了解，导致其在上课中兴趣索然，教师在讲台上讲解，学生在座位上做自己的事情。

二、运用多媒体加强中职音乐教学课堂互动性的策略

中职学生正处在身心发展阶段，普遍存在自控能力较差的特点。在音乐课堂教学中，教师应当采取针对性措施激发学生的学习兴趣，加强生生之间、师生之间的互动，在良好的参与氛围下，提高中职音乐教学的实效性。

（一）运用多媒体找准中职音乐教学与学生兴趣的契合点

要想激发学生对音乐学习的欲望而达到促进课堂互动性提升的目的，则需要教师找准学生对音乐感兴趣的点。只有实现教师、学生与音乐作品的有效连接，对彼此关系精准定位，才能够确保中职音乐教学与学生兴趣高度契合，从而提升学生的鉴赏水平，在课堂中乐意参与和互动。鉴于音乐教学与兴趣契合的重要性，要实现这一目标，教师可充分利用多媒体辅助教学得以完成。

比如，首先教师可利用多媒体将《春江花月夜》《春晓》等大家较为熟知的歌曲播放出来，而这些曲目的制作都是基于学生较为熟悉的诗词作为歌词进行重新编曲的，所以在学生与教师对诗词有一定了解的基础上，整个歌曲的深刻内涵便能够完整传达给学生，学生对整个意境的感悟也会加深[2]；其次，为了激发学生对音乐教学的兴趣与热情，达到加强课堂互动性的目的，教师可将歌曲创作背景的影像资料用多媒体展示出来，充分吸引学生对音乐学习的兴趣，进而参与其中，在和谐氛围中构建学习情境，提升学生的音乐鉴赏水平。

又如，在欣赏《瑶族舞曲》时，教师可利用多媒体教学去激发学生的学习兴趣。在对引子部分进行欣赏的过程中，为能够让学生对该音乐所表达出的意境有所理解，教师可结合音乐作用去设计与其相呼应的"景"，让学生在多媒体直观展示出的"景"中去辅助对这首音乐作品的理解，从而激发想象与发散思维。在音乐响起的瞬间，屏幕上便呈现出高山、流水、瑶寨、孩童，随着长鼓声悠远传来，镜头逐步推向瑶族山寨的平和景象当中，自然而然便会让学生感受到重大节日即将来临的气氛。当音乐推进到《瑶族舞曲》的第一部分时，出现了多种乐器演奏，为了让学生能够对乐器的音色有更深刻认识，可利用多媒体展示当前所播放乐器的图片。比如第一次主题出现时所用的小提琴音，屏幕便可显示小提琴；第二次主题出现时所用的是木管乐器组，屏幕显示木管乐器组。在视听结合的欣赏教学之下，学生对不同乐器的音色有了更深刻的记忆，从而让学生与教师、学生与教材以及学生与学生之间产生了良性互动，激发了学生的学习兴趣。

（二）运用多媒体开展学习与启发相结合的教学

无论做哪一件事，唯有深度参与其中才能够切实感受到其优缺点。在中职音乐教学中，为了让学生充分参与课堂教学，教师可利用多媒体辅助教学手段去强化生生之间、师生之间的互动，通过学生主观能动性去激发并促进其独立思考能力的养成，让每一个人都能积极开动脑筋。

在中职音乐教学当中，教师可利用多媒体技术开展学习与启发相结合的教学。首先，在日常音乐课堂教学当中，教师可结合平时积累，利用多媒体为学生播放一系列优质、动听的音乐作品，并且把握中职学生的心理特征及实际教学进度展开讲解，重视对学生相互讨论的引导，不管学生的见解正确与否，都应对其参与积极性给予鼓励；其次，在课外时间，组织学生利用多媒体鉴赏曲调简单、旋律优美的音乐作品，通过教师讲解了解音乐作品含义，逐步提升学生对音乐学习的兴趣，加强课堂互动性。

比如，在欣赏《瑶族舞曲》的过程中，在多媒体画面的展示下，学生的视觉、听觉与思维被充分调动，在逼真情境当中学生对音乐的感悟与启发会进一步加强，在身临其境当中激发学生的共鸣，从而对乐曲表达的深刻内涵有所理解，随着乐曲的情绪一同变化。又如，在欣赏与教学《为了谁》这一歌曲时，教师在音乐播放的过程中，利用多媒体播放1998年全国抗洪救灾时武警官兵艰苦奋战的场景，一个又一个抗洪英雄倒下，这些画面带给学生的启发，无不为之动容，进而在后续演唱过程中便会带着感悟与启发进行演绎，表达的情感与感染力则更加饱满，学生的音乐表现能力便得以提高。

（三）运用多媒体为中职音乐教学创设积极学习环境

音乐是一种使人身心愉悦的艺术表现形式，但在诸多中职音乐教师的课堂教学活动中，我们更多的感受是严肃、单调、枯燥等氛围。究其原因，是教师的教学手段过于单一，导致学生兴趣索然，整个学习环境较为压抑[3]。要加强中职音乐教学的课堂互动性，教师可尝试利用多媒体去为学生创设更为积极的学习环境，采用更加生动的教学语言及示范，促使学生的音乐学习始终保持在兴奋状态，从而提高教学的实效性。

运用多媒体创设中职音乐教学氛围要注意两个方面。

首先，需要深度挖掘教学材料。教材作为音乐教学的根本，教师要想加强课堂互动性，实现教学目标，则必须开动脑筋，对各种教学方法的利弊进行权衡，同时结合所教班级学生的特点，透过多媒体技术设备灵活展现出来。其次，教师要改变对枯燥乐理知识的过于深度讲解。利用多媒体将其中的演奏技巧、声乐训练等知识用形象方式表现出来，化枯燥为趣味，从而让学生在良好学习环境中提高参与互动的积极性。

比如，教师在引导学生欣赏《春江花月夜》乐曲的开头、高潮及结尾三部分时，利用多媒体将音乐与画面结合去创设良好的学习氛围，让学生在欣赏中感受每一段乐曲的音色、速度以及情绪，从而提高课堂教学的互动性。在欣赏开头音乐部分时，多媒体呈现从日薄西山、夜色朦胧到日出东方的美丽景象，伴随的音乐是起始部分节拍较为自由的引子，主要由大管、黑管合奏出，其中主题音乐由黑管奏出，而长笛则独奏出一段装饰性乐句，该部分音乐张弛有力、缓急结合、情绪舒缓优美，带领人们走入了唯美夜色环境当中；在欣赏乐曲高潮部分时，多媒体呈现出江涛汹涌、游人欢愉、波光粼粼、野鸭戏水的画面，此时音乐呈现出多种配器演奏以及多种木管乐器合奏的方式，一同将整首乐曲推向高潮，学生们的情绪也跟随着音乐渐快、渐强、渐热烈的变化逐步高涨，在音、画共同创设的环境中去感受江涛汹涌与家庭游玩的快乐；在欣赏乐曲结尾部分时，多媒体屏幕呈现游人散去、野鸭归巢的幽静画面，音乐则为黑管低音演奏，旋律轻柔舒缓，也再次让学生置身于幽静夜色的环境当中，对于夜色美体现无尽遐想。因此，通过多媒体辅助教学，为学生欣赏乐曲时创设出更为生动的意境，在强烈感染力的作用下，学生可以轻松区分每一段乐曲的衔接点、力度、速度、音色的变化，产生无尽美好的遐想。

三、结束语

综上所述,随着中职音乐课堂教学改革的逐步深入,要想全面提升课堂教学实效性,提高学生对音乐艺术的鉴赏能力与自身审美观念,则需要教师与学生在课堂中展开充分互动。鉴于传统课堂教学模式难以达到加强课堂互动性的目的,可尝试利用多媒体辅助教学实现这一目标,提高中职学生的音乐素养,净化学生思想,助力中职音乐教学改革的有序推行。

参考文献

[1] 赵宏兵. 有关通过多媒体强化中职音乐教学的课堂互动性探索 [J]. 文艺生活·文艺理论, 2014 (6): 100–100.

[2] 耿新. 浅谈多媒体教学如何加强中职音乐教学的课堂互动性 [J]. 青年科学: 教师版, 2014, 35 (11): 145.

[3] 傅静文, 李佳. 浅谈如何利用多媒体加强中职音乐教学的课堂互动性 [J]. 中国信息技术教育, 2014 (4): 54–54.

中职"民族服饰文化"课堂教学策略的思考

马宇丽

(广西纺织工业学校)

摘 要：坚持以人为本的实践创新原则，深化课堂改革理念，探索有效教学策略，灵活教学方法，才能使课堂教学呈现活力。论文以中职服装专业文化课程"民族服装与服饰"课程为例，阐述了影响民族服饰文化课堂教学的相关因素，对课程内容结构进行分析、编排，从教师课前准备、教学方式、实践实训以及课堂评价等方面进行思考与实践。

关键词：民族服饰；教学策略；课堂

目前中等职业学校的服装文化课程的教学普遍存在着以下几方面的情况：学生对文化基础类课程的学习兴趣较低，一到上课就走神、睡觉、发呆；教学以书本理论为主，轻视实践过程；教学手段创新困难等。如何让学生乐于接受专业文化基础类课程，让学生乐于学习，我们对中职服装专业"民族服饰文化"的课堂教学进行了思考与探索。

一、中职服装专业文化基础课程课堂教学现状

（一）教学过程枯燥无趣味

中职课堂教学改革已经推行多年，目前仍有不少专业文化课教师还是停留在讲授教学上，最多就是运用了PPT教学或者播放一些教学视频，并没有在教学组织和教学方法上进行较大的改革。因此，满堂都是以教师为主导的教学，失去了吸引学生的魅力，导致学生不喜欢听这一

类型的专业文化课程。

（二）教学内容偏理论缺实务

以民族服装与服饰专业"民族服饰文化"课程为例，该门课程主要讲授少数民族服饰特征及文化内涵。在日常生活中，少数民族服饰不常见，学生学习非常困难。作为民族服装与服饰专业的学生，这样的专业文化基础课程学习又是必不可少的。如何让学生感兴趣并乐于学习，成为课堂教学改革的重中之重。

二、影响民族服饰文化课堂教学的相关因素

让学生乐于学习，考验着教师的教学组织能力及教师的专业素质。在进行民族服饰文化课程教学时，如果教师单独使用PPT、视频开展教学，就无法吸引学生的关注，单纯的课堂讲授无法满足学生的需要。教师在课堂教学内容上仅是根据教材，介绍各种民族服饰的特点及相关的文化内涵，教师讲的多，学生听的多、做的少，学生就很容易出现上课走神、发呆、睡觉等。因此，教师的专业素质和课堂教学技能，是提升学生学习成效的前提条件。教师的课前备课质量直接影响课程的教学效果，教师的教育手段和教学方法也影响着课堂教学的水平[1]。

此外，中职学生的生源水平参差不齐，学习能力薄弱，大多数学生是为某一种职业技能进入中职学校学习的，对理论知识的学习具有排斥性、信心不足、上课注意力不集中、对学习缺乏兴趣等造成了专业文化课程教学成效不高[2]。

三、中职服装专业文化基础课程课堂教学的策略与实践

（一）教师对教学内容做好前期设计

教师在进行民族服饰文化课程的教学前，要做好充足的备课准备。教师必须熟悉少数民族的服饰特点及文化内涵，并对整个课程内容进行前期

设计。笔者将民族服饰文化这门课程分成几个方面的内容：北方民族服饰、南方民族服饰、织锦、绣花、扎染蜡染、文身、背饰、头饰和服饰色彩。每个内容设计一项任务，以学生的小组活动、实践训练为载体。教师提前设计任务考核评价内容，准备任务需要的材料。学生在每次课程前通过微信群或QQ群得到下次课程任务，小组长根据任务要求分工合作查找资料。刚开始时大部分学生并不重视课前准备，经过几次在课上匆忙完成任务和有准备完成任务小组的作品对比发现，没有做课前准备的小组其作品难以达到效果，得不到教师和学生的肯定，而产生愧疚失落感。此后，大部分学生对课前准备有了充分认识，能自主开展课前学习。

（二）创设激发学生学习兴趣的教学情境[3]

民族服饰专业文化基础教学与其他专业的教学存在共性，但其专业特点决定了其特色，主要体现在与民族服饰结合紧密方面。民族服饰文化课程是一门知识普及型课程，对该课程的教学和教学方式应进行改进，鼓励教师在教学过程中勇于创新，让学生主导课程的学习。根据课程内容，设置教学情境，学生分组学习。例如，民族服饰的色彩文化学习，可以让学生在课前先通过微课学习了解课程内容，在课堂上让学生分组提取某一民族服饰色彩，并设计一款改良的民族服装，由小组商议上台演讲、推销小组的设计，其他各组出资购买，价高组获得奖励。通过这种教学设计活动，提高学生的参与性，让学生由被动学习变成主动学习，课堂气氛活跃，学生参与度高，极大提高了学生的学习效率。

（三）增强民族服饰文化实践教学[4]

民族服饰文化基础课程的实践教学环节，首先考验教师的课前设计能力，教师要善于总结发现，根据教学内容对课堂进行设计，增强学生的动手实践能力。

第一，课堂教学实施环节，可以根据服装专业的特殊性进行必要的课堂改革。针对课程的需要，由教师带领学生走出课堂，可以到博物馆等实地见识民族服饰。另外在网上收集各类民族服装款式、图案、面料等，让学生在课前有丰富的素材，使教学既生动又直观，避免了理论授课过于抽象化的弊端。

第二，提高学生解决问题的能力。教师在课堂上鼓励学生参与学习讨论，每次课前准备好下次课程的内容，让学生根据任务要求组队，准备所需材料。学生在自主学习的过程中相互讨论、交流，上网寻找素材进行课前准备，提高了学生的动手能力和思考能力。在课堂上，通过教师的监控和引导，鼓励学生围绕着任务进行讨论和发言，交流学习，动手完成任务。整个教学过程教师起到引导作用，随时对学生进行指导，保证任务顺利完成，把控课堂实践教学效果。

（四）完善课堂多元评价体系

课堂评价是课堂教学活动的重要环节，是检验课堂教学成效的重要体现。教师深化课堂教学评价的内涵，丰富教学评价内容，完善课堂教学评价方式。根据每次课堂任务的内容设计评价方式，除了传统的小组互评、师评外，拓展评价方式，采用多样化的评价方式。如产品售卖获利评价，微信、QQ 平台作业评价等多元评价方式，不仅能活跃课堂气氛，还能让课堂有效延伸，让学生对每次课堂都充满期待，深化课堂教学改革。

总之，职业教育是一种综合技能人才培养的教育。在当前课改形势下，坚持以人为本的实践创新原则，深化课堂改革理念，探索有效教学策略，灵活教学方法，并在教学中认真落实，才能使服装专业文化基础课程的课堂教学呈现活力，达到专业基础课程应有的目的。

参考文献

[1] 付磊. 新形势下职业中专数学高效课堂教学策略浅论 [J]. 现代农业, 2014 (12): 84-85.

[2] 王路, 葛喜珍. 大学生"服饰搭配艺术"选修课建设探索与思考 [J]. 教育教学论坛, 2015 (10): 123-124.

[3] 方水美, 样振刚, 孙凌洁, 韩方珍. "质量管理学"课程教学改革研究 [J]. 现代农业, 2014 (12): 85-86.

[4] 戴美萍. 中职服装设计教学改革的几点思考 [J]. 山东纺织经济, 2012 (2): 93-96.

信息技术在中职茶艺课程教学中的应用

潘 玉

（广西工商学校）

摘 要：随着信息化时代的到来、教育信息化的推进，信息技术在专业课程教学中发挥了巨大的作用，信息技术与课程整合已成为教育改革中一项重要的议题。本文对信息技术在中职茶艺课程课堂教学中的应用进行了思考和实践。

关键词：信息技术；茶艺课程；课堂教学

《教育部关于加快推进职业教育信息化发展的意见》（教职成〔2012〕5号）指出，要贯彻落实《国家中长期教育改革和发展规划纲要（2010—2020年)》关于加快教育信息化进程的战略部署，切实推进职业教育广泛、深入和有效应用信息技术，全面加强信息技术支撑职业教育改革发展的能力，以先进教育技术改造传统教育教学，以信息化促进职业教育现代化[1]。信息技术与课程整合成为教育改革中一项重要课题。如何让信息技术更好地、行之有效地为专业服务，笔者在中职酒店专业做了相关的尝试和探索。

一、中职茶艺课程的教学现状

以酒店专业开设的茶艺课程为例，我们做了课堂教学情况的调查。主要问题体现在两方面：一是34.7%的学生认为该课程理论知识较为枯燥，缺乏学习兴趣；二是41.2%的学生认为茶艺课程实践性太强，步骤多且烦琐，有许多操作细节。在教学课堂中，教师的示范时间有限，无法实现在有限时间内多次、重复示范，导致学生们无法在有限的时间内记住实训的操作步骤，大大影响教学效果和效率。

如何解决茶艺课程教学中存在的这些问题？在中职酒店专业茶艺课程教学中尝试引入信息技术，以图、文、声、像并茂的方式辅助教学，激发学生的学习兴趣；有利于优化课堂，提高教学效率，改善教学效果。

二、信息技术在中职茶艺课程中的作用

（一）有利于提高教学质量

利用微课信息技术，给学生重现教师授课的现场及过程，树立学生对茶艺课程学习的信心，激发学习的兴趣，培养自主探究的能力。同时，微课视频可以按照学生的不同需求，构建自主、探究型学习环境，对教学内容有选择性地学习和反复观看、练习，以达到巩固课堂知识、提高学生的实际动手能力的目的，完善其知识体系的构建。信息技术作为学生学习茶艺课程内容和资源的获取工具、情境探究和发现新知的学习工具、协商学习和交流讨论的通信工具、知识构建和创作实践的操作工具、自我评价和学习反馈的检测工具，在"信息资源利用—专业知识探究—小组合作学习—以赛促学—沟通反馈检测"的过程中完成学习任务、实现学习目标[2]。

（二）优化茶艺课程学习环境

充分利用网络资源，优化学生学习环境，实现茶艺课程和信息技术的有机整合。这种信息化教学环境，既能发挥教师主导作用又能充分体现学生主体地位。学生在"自主、探究、交互式"的学习环境中不受时空限制，快速灵活获取信息，丰富多样的交互方式，打破地区界限的协作交流，有利于培养学习者创造性地自主发现和自主探索[3]。

（三）创建新型的茶艺课程教学模式

在移动网络环境下，利用云班课平台，教师在云端创建班群和班课

空间，为学生提供移动设备上的任务、作业、课件、视频、微课和试题等资源推送，建设课程教学资源库，实现线上线下交互式信息化教育教学模式。

（四）有利于提高教师信息化水平

当前广西各中职学校任教酒店管理专业的教师明显不足，特别是茶艺课程教师，其中能把信息技术与该课程融合教学的教师更是屈指可数。目前，茶艺课程教师有的是半路出家；有的虽然是科班出身，但信息化技能欠缺；有的信息技能较过硬，但又缺乏该课程的职业素养等。因此，通过把信息技术与茶艺课程的整合研究，可以起到以点带面的作用，锻炼师资，培养骨干。

三、信息技术在中职茶艺课堂的教学实践

从2014年至今，我们团队一直致力于信息技术与酒店专业课程融合的课题研究，在全国、全区中等职业学校信息化教学设计和说课大赛及中职创新杯教师信息化教学设计和说课大赛中屡获一、二、三等奖。现以一堂茶艺课堂教学为例进行阐述。

这次授课的课题是"绿茶茶艺——冲泡西湖龙井茶"，在茶艺理实一体化实训工作室开展教学，将教师的微课、操作视频、移动平台等大量信息技术手段应用于教学过程的三阶段，使教学形式多样化、课堂内容丰富化、学生参与度高，教学效果明显。

（一）教学阶段

1. 课前探索阶段

在云班课平台向学生推送学习任务单、微课等学习资源，让学生进行碎片化自主学习，通过该平台跟踪并掌握学生课前学习的情况及效果，更好地确定教学难点。

2. 课堂实施阶段

在云班课移动环境中的互动教学新模式下，从创设情境到任务提升

共7个环节，让学生的学习更高效。借助云班课平台，让学生用手机进行智能签到，激发学生对新鲜事物的兴趣，实现快速、高效完成课堂考勤。其次，模拟企业早会，教师扮演经理，学生扮演店长，总结上一次课存在的问题，进行企业6S管理。同时，布置今天的工作任务，进行茶艺师礼仪操训练，以规范学生的日常行为，培养文化气质。

在教师示范环节，为了更好地解决教师无法实现在有限时间内多次、重复示范步骤，导致学生们无法在有限的时间内记住实训的操作步骤的问题，将教师的操作做成微课，与现场示范相结合，并通过PPT展示难点操作步骤"冰心去凡尘"和"凤凰三点头"。通过强调细节，反复操作，以达到突破教学难点。

在"小试牛刀"环节中，组织各组学生反复训练，学生通过手机App观看微课，加强冲泡步骤的训练。茶艺师冲泡训练时，小组其他成员充当观察员，利用手机拍摄，将素材发布到云班课平台，提高学生学习积极性，储备素材。

在"技艺比拼"环节，每组选出一名代表，与其他小组进行PK，其余学生进行观察，用手机记录每一个操作细节。教师在云班课平台发布话题"推选心目中的茶艺师"，学生可在云班课平台上点赞、投票，引入信息技术，让学生有很强的参与感，体验成为茶艺师的成就感。

任务结束后，使用在线交互式软件，完成在线测验，检测学习效果，完成教学目标。

3. 课后拓展阶段

让每位同学以"我是小小茶艺师"的身份，上传冲泡西湖龙井茶的操作视频至云班课，参与互动及评选活动。以现在时尚的手段，为学生们提供展示平台，体验成就感。

（二）信息化的教学设计

在茶艺课程中，以"绿茶茶艺——冲泡西湖龙井茶"为例说明课程内容的教学设计（见表1）。

表1 "绿茶茶艺——冲泡西湖龙井茶" 教学设计

教学环节	教学内容	教师活动	学生活动	设计意图及信息技术应用	时间安排
课前探索 任务驱动	通过微信群、云班课手机App等途径下发学习任务包及微课	下发学习任务包及微课等资料	1. 利用手机、电脑等下载学习任务包和微课等 2. 与老师在线讨论并反馈问题	【设计意图】充分利用碎片化时间，培养学生自主学习的能力 【信息技术应用】1. 有效利用微信、云班课平台等移动环境下的互动教学新模式辅助教学 2. 利用云班课平台及时跟踪学生自主学习的情况	课前一周

续表

教学环节	教学内容	教师活动	学生活动	设计意图及信息技术应用	时间安排
课堂实施	智能签到 创设情境 激趣导入	【智能签到】通过云班课手机App，让学生用手机签到。 环节一：【创设情境】 1. 走进职场 （1）学生——店长和茶艺师 （2）老师——经理 （3）将职业岗位贯穿课堂 （4）早会：检查上一节课存在的问题，引导学生进行6S体系管理，并引出今天的工作任务：今天茶艺室将接待三位远道而来的重庆客人，我们将冲泡杭州的西湖龙井以表心意 2. 职场礼仪 让学生进行茶艺师礼仪操训练，将职业岗位要求和职业素养贯穿教学始终 3. 文化引入 结合今天的工作任务，诵读视茶如命的乾隆皇帝所作的《坐龙井上烹茶偶成》一诗，其"君不可一日无茶"的历史典故，引出教学重点：冲泡西湖龙井茶的程序	1. 利用手机、电脑终端，同时打开云班课平台，提供签到手势，便于学生签到 2. 召开早会，利用企业6S体系管理课堂，改进不足 3. 布置工作任务 4. 茶艺师礼仪训练 5. 利用历史典故、诗句等，引出教学重点，结合诗句中"心莲"与冲泡程序"润莲心"解说茶文化，同时弘扬中国传统文化	1. 打开手机云班课App进行签到 2. 店长总结不足，便于改进 3. 接受工作任务 4. 做礼仪操 5. 通过学习乾隆皇帝的诗：《坐龙井上烹茶偶成》，理解"心莲"的意思，在此基础上进一步理解绿茶茶艺解说词	【设计意图】 1. 利用手机签到软件，激发学生对新鲜事物的兴趣，达到快速、高效完成课堂考勤的目的 2. 利用情境教学，使教学内容与职业岗位要求相融合，培养学生的职业技能和准则 3. 文化导入，拓宽学生的知识面，重温中国茶文化 【信息技术应用】 1. 指导学生利用手机云班课App进行课堂签到，快速高效集中学生注意力，并引导其迅速进入课堂 2. 拍摄学生礼仪操视频，上传至云班课资源库，便于其他同学学习茶艺师礼仪	15分钟

续表

教学环节		教学内容	教师活动	学生活动	设计意图及信息技术应用	时间安排
课堂实施	分析任务 教师引导 探究新知 攻克难点	环节二：【薪火相传】 1. 分析任务 西湖龙井属于扁平光滑、蓬松不易下沉的绿茶，采用下投法 2. 教师示范 教师示范冲泡西湖龙井茶步骤，展示冲泡西湖龙井茶的茶艺技能 操作步骤：七字口诀 观、洗、投、冲奉、品、谢	1. 备具备水备茶，知识点分析 2. 示范冲泡西湖龙井茶的步骤	1. 做好冲泡西湖龙井茶的准备工作 2. 观察教师示范	【设计意图】 通过教师展示，播放配乐，结合茶艺解说词，让学生在视觉上对绿茶茶艺有一个总体感官认知，使学生在感受中国茶艺之美过程中弘扬和传承中国茶文化	20分钟
		环节三：【微课学习】 ——开启茶艺师之门 1. 播放微课 将冲泡龙井茶的正确操作步骤一一展示，使学生达到初级茶艺师水平 2. 攻克难点 通过茶艺操作对比图，突显难点，避免出错 难点 （1）洗杯：手不能碰到杯口，逆时针洗杯三圈 （2）凤凰三点头： 悬壶高冲，水不断流，三起三落，注水7分满	1. 组织学生通过云班课手机App观看和学习微课 2. 将微课上传至云班课平台 3. 跟踪学生学习进度，及时发现问题，研究解决方案	1. 观看微课 2. 通过云班课平台自主学习、探究新知 3. 云班课平台、微信等提出疑惑之处，及时反馈	【设计意图】 通过播放微课，学生观看正确的步骤，结合解说词加深对冲泡西湖龙井的印象，强调知识要点、强化操作步骤 【信息技术应用】 1. 利用手机云班课软件，让学生随时随地进行碎片化微课学习 2. 教师通过云班课平台，查看学生学习的进度和难度，及时发现问题	10分钟

续表

教学环节		教学内容	教师活动	学生活动	设计意图及信息技术应用	时间安排
课堂实施	任务实施 攻克难点 人人参与	环节四：【小试牛刀】——走上茶艺师之路 1. 将学生分成6组，每组3人 2. 学生根据自己的学习情况，使用手机观看微课，反复练习冲泡西湖龙井茶的步骤，克服"温杯洁具"和"凤凰三点头"困难，使冲泡西湖龙井茶更加流畅、自然、规范 3. 在练习过程中，组织学生拍摄各小组茶艺师的操作过程，并发布至云班课平台进行纠错、总结及评价	1. 组织学生分组练习 2. 巡查、指点迷津、纠正错误姿势 3. 用云班课跟踪学生微课学习的进度 4. 播放配乐 5. 引导学生探讨	1. 分组练习 2. 利用手机观看微课，辅助练习 3. 用手机拍摄茶艺师的操作，上传至微信群、云班课 4. 各组同学自由探讨	【设计意图】 1. 课堂巡视，发现操作不规范之处及时指出并纠正 2. 学生利用微课反复练习 3. 让学生利用手机拍摄的素材进行探讨 【信息技术应用】 利用微课、云班课平台攻克难点	60分钟
	任务探究 突破重点	环节五：【技艺比拼】——攀登茶艺师之巅 1. 每组同学相互比拼，并选出一名代表，与其他小组进行PK 2. 教师通过云班课平台发布话题，组织学生评选"最佳茶艺师"	1. 组织学生进行PK赛 2. 发布话题，让学生探讨 3. 利用云班课投票功能组织学生评选"最佳茶艺师"	1. 有序进行PK赛 2. 观察、记录、拍摄、总结、评价 3. 利用手机进行点赞、投票，选出"最佳茶艺师"	【设计意图】 培养学生的竞争和团队合作的精神 【信息技术应用】 1. 组织学生用手机拍摄，为课程学习积累素材 2. 利用手机点赞，提高学生参与度和学习积极性	30分钟
	体验成功	环节六：【总结评价】 1. 评价 采用学生自评、小组互评、教师点评进行评价，填写学习评价表 2. 总结 利用交互式在线测验平台，检测学生掌握知识的情况	1. 引导学生自评、互评 2. 指导学生填写评价表 3. 教师总结归纳，强调细节，鼓励和表扬	1. 自评、互评 2. 填写评价表 3. 在线测验	【设计意图】 采用鼓励政策，增强学生自信心 【信息技术应用】 利用交互式在线测验平台，检测学生掌握知识的情况	15分钟

续表

教学环节	教学内容	教师活动	学生活动	设计意图及信息技术应用	时间安排
课堂实施	任务提升 知识拓展 情感升华	环节七：【任务拓展】 敬师茶、感师恩——举杯齐眉 引典故习文化 要求泡茶人举杯齐眉，以腰为轴，躬身将茶献出，这样一则表示对品茶人的尊敬，二则表示对茶这种至清至洁的灵芽的敬重。 这种礼节出于汉代著名的夫妻典故叫作举案齐眉，后来引申用来表达奉茶者对受礼人的敬重	1. 解释"举杯齐眉"是从典故"举案齐眉"演变而来的 2. 解说"举案齐眉"的典故和引申义 3. 指导学生知礼、懂礼、守礼和用礼	1. 学习中国传统文化 2. 向老师敬茶，行茶礼	【设计意图】 1. 培养学生知礼、懂礼、守礼和用礼 2. 引典故、习礼仪、传经典、颂文化 3. 加深师生情谊，以礼相待	10分钟
	规范管理 任务结束	【6S管理】 下课后，按照企业6S管理体系，让学生对实训室进行清洁整理工作： 整理茶具、整顿工位 打扫地面、清洁卫生 提升素养、安全管理	指导学生用6S体系管理收拾好实训室，按照职场要求做好清洁整理工作	人人动手清洁整理	【设计意图】 将企业管理要求引入课堂，将职业教育贯穿教学活动始终	

续表

教学环节	教学内容	教师活动	学生活动	设计意图及信息技术应用	时间安排
课后拓展	拓展1： 每个学生将自己冲泡西湖龙井茶的操作视频发布到云班课、班级微信群，利用手机App进行点赞和评价 拓展2： 在学校的职业技能周活动中，学生以茶艺师身份进行技能展示	1. 通过云班课后台查看学生上传视频情况，及时跟踪他们的学习进度和评价情况 2. 组织开展技能展示	1. 上传视频到云班课、班级微信群，并进行点赞和评价 2. 以茶艺师身份进行茶艺展示	【设计意图】 1. 培养学生的竞争和团队合作的精神 2. 让学生以茶艺师的身份在展示活动中大显身手，将职业规范与职业素养潜移默化地输送给他们，让学生体验成就感 【信息技术应用】 利用手机点赞，提高学生的参与度和学习积极性。 及时了解学生学习动态，跟踪、反馈学习情况	课后一周

四、结束语

从酒店专业茶艺课堂教学可以看出，信息技术与茶艺课程融合初见成效，我们将在信息技术与专业课程深层次整合方面继续努力，实现一种既能充分发挥教师主导作用又能突出体现学生主体地位的以"自主、探究、合作"为特征的教学方式,充分发挥学生的主动性、积极性、创造性,实现传统的课堂的根本性变革。

参考文献

[1] 中华人民共和国教育部. 国家中长期教育改革和发展规划纲要(2010—2020年) [N]. 人民日报, 2010.

[2] 郑志国. 信息技术与文秘专业课程整合初探 [J]. 秘书之友, 2009: 36-38.

[3] 何克抗. 从 Blending Learning 看教育技术理论的新发展 [J]. 国家教育行政学院学报, 2005 (9): 37-48.

中职学前教育专业古诗词教学刍议

邱 亿

(北海市中等职业技术学校)

摘 要：在略显浮躁的现代社会，在缺失人文素养的中职生群体中，古诗词如同一杯清茶，抚慰滋润着学生干涸的心灵。文章立足于中职学前教育专业古诗词教学的现状，分析了中职学前教育专业古诗词教学的意义，尝试根据古诗词不同风格采用诵读、讲述、绘画、书写、改写、吟唱等多种策略进行教学改革。

关键词：中职；学前教育；古诗词；教学策略

中国是一个诗的国度，诗的历史源远流长，名家辈出，名篇佳作卷帙浩繁，从"蒹葭苍苍"到"庚寅以降"，从"采菊东篱"到"明月天山"，从"坐看云起"到"安得广厦"，经典的古诗词，如同耀眼的星座，光耀了悠悠三千年。它是古老文化的智慧结晶，也是我们应该生生不息传递的瑰宝。人生自有诗意。诗词能慰藉人的心灵、涵养人的精神，在略显浮躁的现代社会，在缺失人文素养的中职生群体中，古诗词如同一杯清茶，抚慰滋润着学生干涸的心灵。下面就笔者多年古诗词教学的经历，谈一谈中职学前教育专业的古诗词教学。

一、中职学前教育专业古诗词教学的现状

在中职学校不断扩大招生规模的今天，中职生入学门槛不断降低，学生文化素质不断降低。据调查，大多数中职学生的古诗词储备量极少，能完整背诵出来的古诗词寥寥无几。古诗词语言凝练，内涵丰富，对于中职生来说，晦涩难懂的古诗词理解起来有一定的难度，导致大多数学生对古诗词兴趣不大，厌学情绪高，学习效率低下。

在古诗词的教学中，为了让学生逐字逐句地理解，对字词进行细致的讲解成为古诗词课的教学重点，教师常常运用以讲授为主的教学方法。这让本来就对古汉语望而生畏的中职学生更提不起学习的热情，以至于对诗词的背诵，也成为学生学习的负担，完成效果较差。

二、中职学前教育专业古诗词教学的意义

《中等职业学校语文教学大纲》关于"课程教学目标"是这样规定的："引导学生重视语言的积累和感悟，接受优秀文化的熏陶，提高思想品德修养和审美情趣，形成良好的个性、健全的人格，促进职业生涯的发展。"在"教学内容与要求"中也规定："基础模块——诵读教材中的古代诗文，大体理解内容，背诵或默写其中的名句、名段、名篇。"因此，学好古诗词，是实现语文教学目标和要求的需要。

未来的学前教育工作者，应该是德智体诸方面全面发展、具有综合职业能力的高素质劳动者。学好古诗词，有助于学前教育专业学生培养自身的文学情趣，提升自身的文化品位，丰富自身的人文素养，陶冶自身的情操，从而成为一名优秀的学前教育工作者。

三、中职学前教育专业古诗词教学的策略

笔者在多年中职语文教学经历中，结合学前教育专业学生特点，根据古诗词不同风格采用诵读、讲述、绘画、书写、改写、吟唱等多种策略进行教学，大大提升了学生学习古诗词的兴趣，在取得较好教学效果的同时，也提升了学生的语言表达能力、写作能力、书法水平及审美能力。

（一）诵读

古人云，"书读百遍，其义自见""熟读唐诗三百首，不会作诗也会吟"。经典的古诗词语句隽永、韵律和谐、意蕴深远，富于音乐美和节律美，最适合朗诵和吟咏。吟诵经典古诗词，可以让学生在审美愉悦

中培养语感，在潜移默化中净化心灵，在轻松惬意中拓展知识。学前儿童对传统中国文化的启蒙学习，往往也是从诵读古诗词开始的。因此，在学前教育专业古诗词教学中，笔者紧紧抓住诵读这一命脉，以读贯穿始终。首先要让学生读准字音，遇到不认识的字可以借助工具书查阅；接着要学会划分句子节奏，读出诗词的韵味；最后要在诵读中领悟作者的思想感情，读出诗词的情感。在诵读指导上，可以运用现代教学技术手段，播放名家诵读录音、录像作为示范以供学生模仿；也可以采取教师范读、师生接读、学生分读、指读等多种形式，营造氛围，把学生带入古诗词审美意境之中，让学生读出节奏美，读出情感美，读出意蕴美[1]。比如在《将进酒》（李白）一课的教学中，为了让学前专业的女生能够更好地领会诗人李白的恣意洒脱、放浪不羁，笔者在课堂上播放了濮存昕朗诵诗歌的视频，营造了一定的氛围，有助于学生对诗歌情感的理解。

（二）讲述

经典的古诗词就像是中国历史文化上熠熠发光的明珠，但这些明珠创作的年代距今久远，其中许多词句凝练难懂，今天的中职学生难以领略它们的耀眼光芒。在古诗词教学中，遇到难懂的词句，传统的教学方法是教师逐一进行详细的讲解，学生听得一头雾水，把握不住要点，也渐渐丧失了学习的兴趣。针对这一情况，结合学前教育专业学生口语训练的教学目标，笔者尝试由学生讲述诗词故事的方法来解决这一难题[2]。比如在《双调·折桂令 叹世》（马致远）一词的教学中，为了让学生理解词中的历史典故，笔者通过课件展示相应的历史故事资料，让学生结合课文的解释，用自己的语言把项羽、刘邦、韩信、蒯通、萧何以及南柯一梦的故事讲述出来。讲述故事，学生既锻炼了逻辑思维及语言表达能力，同时也理解了诗句，拓展了知识。

（三）绘画

诗歌是语言的艺术，它的意境是通过语言来实现的，所有的意象也都是语言的表达。苏轼在《书摩诘蓝田烟雨图》中说："味摩诘之诗，诗中有画；观摩诘之画，画中有诗。"可见诗与画的关系之紧密。所谓"诗中有画"就是诗歌突破了语言的界限，而充分发挥出启示作用，在读者的头脑中形成了清晰的图画。在学前教育专业古诗词的教学中，经过教师点拨，学生可以借助联想、想象等手段，根据诗的描述在自己的头脑中形成一幅画面，并把它用笔墨展示出来，来加深对诗词的理解。比如在教授《登高》（杜甫）一诗中，其中描写登高所见秋江景色的两联"风急天高猿啸哀，渚清沙白鸟飞回。无边落木萧萧下，不尽长江滚滚来"。景象苍凉阔大，气势浑灏奔放。其中的"风急""天高""猿啸""渚清""沙白""鸟飞""无边落木""不尽长江"用语凝练、形象鲜明，构成了一幅精美的画图。考虑到学前教育专业学生需要掌握一定的绘画技能，在课堂上笔者要求学生将诗歌用绘画的形式展现出来，学生通过自身的绘画创作以及相互间绘画作品的赏析，加深了对诗歌思想内涵的理解，同时也锻炼了绘画技能，提升了审美素养。

（四）书写

对于语文基础知识薄弱的中职生群体而言，诗歌难背，就算背诵出来也经常会把字写错。而学前教育专业学生要想成为一名合格的幼儿园教师，还应该加强书法基本功训练。目前全国已经有一些省份对教师的书法水平等级达标做了规定，比如江苏省规定幼儿园教师的书法水平要达到五级以上。笔者结合所在学校开设的书法课程，要求学生把学过的古诗词用硬笔、软笔及粉笔展现出来进行评比，学生们反复练习，细心描摹，在提高学生古诗词的默写水平的同时，也提升了自身的书法水平。

（五）改写

学前教育专业学生要顺利成为幼儿园教师，必须通过幼儿园教师资格考试。在《幼儿园教师资格考试标准》中规定了"职业道德与基本素养"模块的内容，其中包括对"写作能力"的要求："掌握问题知识，能根据需要按照选定的文体写作，能够根据文章中心组织、剪裁材料；具有布局谋篇，有效安排文章结构的能力，语言表达准确、鲜明、生动，能够运用多种修辞手法增强表达效果。"可见对写作能力的要求不低。为了加强学生写作能力的训练，在深入理解古诗词的基础上，引导学生恰当地翻译出诗词的意思，充分地想象和领悟诗词的意境，融入人物的感受，并自然地添加有关的背景材料，把古诗词改写成一篇充满诗意的文章。比如教授《青玉案 元夕》（辛弃疾），可以要求学生就辛词中描绘的南宋元宵节盛景进行改写。这种古诗改写形式的作文练习，将古诗词学习与写作能力有机结合在一起，对提高学生的文学功底大有好处。

（六）吟唱

从艺术起源讲，我国诗、歌原本一体，即"诗乐一体化"。到了宋代，宋词的词牌都对应着固定的乐曲，当时的词是用来唱的。北宋婉约派创始人柳永就长于抒写羁旅行役之情，创作慢词独多。他写的词铺叙刻画，情景交融，语言通俗，音律谐婉，在当时流传极其广泛，人称"凡有井水饮处，皆能歌柳词"。随着历史的推移，那些曲子逐渐失传，到了现代，词和散文一样，成了纯文字作品。对于十六七岁喜爱音乐并且正在学习声乐的学前教育学生来说，纯文字作品远远不及音乐有魅力。在教学中，把词用音乐的形式来表达，学生喜闻乐见，往往能收到意想不到的效果[3]。比如，学习李清照的《一剪梅 红藕香残玉簟秋》可以播放由该词改编的歌曲《月满西楼》，让学生在婉转动人的旋律中感悟词中的愁绪。也可以让学生尝试将古诗词用现代的音乐节奏唱出来。比如苏轼的《水调歌头 明月几时有》就被王菲用现代音乐进行了新的演绎。同时，教师也鼓励学生把所学的古诗词"填词"到自己喜爱的流行歌曲当中，古诗新唱。耳濡目染下，不再需要教师强行要求学生背诵诗词，学生学习诗词的兴趣也逐渐增加。

教学有法，教无定法，贵在得法。中职古诗词教学的有效策略还有很多，不能一一枚举。对于古诗词教学而言，引导学生去感悟博大精深的传统文化，提升学生的人文素养才是最根本的目的。希望我们的中职生能在教师的指引下，与东坡饮酒、秦观夜话，与稼轩论剑、清照煮茶——人生自有诗意，"生活不止眼前的苟且，还有诗和远方"，每位学生都能找到自己的诗意人生。

参考文献

[1] 单秀凤. 试论高职院校学前教育专业古诗词诵读教学策略 [J]. 新校园, 2012 (11): 66.

[2] 肖德梅. 古诗文阅读教学的困惑与策略 [J]. 语文世界, 2011 (3): 49-50.

[3] 黄高松. 中职古诗词教学与流行歌曲的有效融合 [J]. 语文教学通讯, 2012 (11): 56-57.

微课在中职幼儿教师口语教学中的应用

苏 俭

（钦州市合浦师范学校）

摘 要：随着微时代的到来，微课以其小身材、大容量等特点为传统中职口语教学注入新的力量。论文主要探讨中职幼儿教师口语教学应用微课的作用和意义，以及如何在中职幼儿教师口语教学中有效应用微课，提高学生学习自主性和积极性，提高口语教学质量，真正发挥它的大作用。

关键词：微课；中职；口语教学

信息化教育技术的飞速发展不断推动着职业教育的进步。在当今这个微事云集的微时代，"微课"作为一种新型教学资源已走入中职教育，以其"小身材"受到了教师和学生的欢迎。笔者在中职幼儿教师口语教学过程中引入微课，实践与探索如何更好地运用微课激发学生学习兴趣，提高课堂教学质量，加强学生职业技能训练，尽其所能地发挥它的"大作用"。

一、微课辅助教师口语教学的作用

（一）利于化解学习难点，降低口语教学难度

"微课"是指以视频为主要载体，记录教师在课堂内外的教育教学过程，主要是围绕一个知识点的重点、难点、疑点或教学环节而开展的精彩教与学活动的全过程[1]。微课一般短小精练，教学视频是微课的核心组成内容。微课的时长一般为5~8分钟。微课可以围绕口语课程中

一些学生学习的难点和重点进行针对性的讲解和分析，教师在课堂上将学生难懂的部分多次播放，实现知识点的透彻讲解，利于学生理解掌握；尤其是在普通话学习部分，针对粤方言区学生学习普通话时平翘舌音、舌面音等发音难点，利用动画制作发音动程图，形象直观地呈现气流的走向、舌尖位置、舌位的高低、唇形的圆展等整个发音过程，帮助学生掌握正确的发音方法和发音技巧，有助于学生进行辨音和正音，化解口语学习难点，同时降低了口语教学难度，取得良好的教学效果。

（二）激发学生学习兴趣，培养自主学习能力

微课常运用视频或音频等多种媒体手段来呈现教学内容，内容生动形象，形式活泼多样，能够让学生在视觉和听觉上同时得到刺激，利于展示口语交际的真实情境，提供生动鲜活的教学案例，让学生最大限度地感受到语言表达的氛围，有利于学生主动开口，有效激发学习兴趣。在学生的自主学习中，微课不超过10分钟的内容信息，能更好地聚焦学生的注意力。教师可以将授课过程中的重点难点以及重要的教学环节制作成微课上传到网络，学生有了学习资料，就可以在课前课后根据个人学习的薄弱点，自主选择练习。这样，微课就容易让学生形成主体意识，激发他们学习的积极性，并督促自己主动参加课堂各项活动的开展，这样有利于学生学习主体地位的确立，让口语教学成为"以学生为中心"的教学，加强了学生自主学习能力的培养。

（三）拓展学生学习空间，强化学生技能训练

微课的容量一般较小，形象直观不枯燥，学生可以在线观看，也可以用手机或者平板电脑等移动信息设备灵活方便地进行下载，自主学习有章可循，随时随地自主操控，实现移动学习，拓展了学生学习的空间，提高口语学习的整体效率。微课选取的教学内容一般主题突出、指向明确、相对完整，学生可以在这种真实、具体、典型案例化的教与学情景中，实现教学技能、风格的模仿、迁移和提升，有助于完善课后知识拓展，帮助学生完成由知识到技能的转化，也可结合微课进行相关内容的自我检测及整理拓展工作，实现了课上课下加强学生技能的训练。

二、中职幼儿教师口语教学的微课内容体系设计

中职"幼儿教师口语"是学前教育专业的一门专业技能必修课,安排在一、二年级共三个学期进行学习。着重培养学生在教育教学活动中的口语运用能力。该课程的微课要根据其教学计划、教学内容、教学目标、教学重难点以及学生的实际情况等多方面内容进行设计制作。笔者根据教学实际、自身的教学经验和学生学习的差异性、专业特点,对课程的知识点进行研究与分析,把教学内容分为普通话训练、幼儿教师一般口语训练和幼儿教师职业口语训练三大板块,每个板块分为若干单元,构成完善的中职幼儿教师口语微课教学体系。具体板块的设计如下。

一是普通话训练板块:包括"声母辨正与舌操""平翘声母发音训练""舌面音声母发音训练""韵母辨正与唇操""前后鼻音韵母辨正训练""声调辨正与训练""语音演变与粤方言比较""语流音变与轻声儿化""多音词与易读错词""规范词语与方言俗语"等10个微课。

二是幼儿教师一般口语训练板块:包括"发声技能及训练""态势语及训练""朗读技巧及训练""讲故事技巧及训练""文本的修改""角色塑造""态势语设计""演讲技巧及训练"等8个微课。

三是教师职业口语训练板块:包括教学口语和教育口语两大部分共11个微课。其中,教学口语主要有"导入语训练""提问语训练""讲解语训练""应变语训练""评价语训练""结束语训练"等6个微课;教育口语主要有"沟通语训练""说服语训练""激励语训练""表扬语训练""批评语训练"等5个微课。

三、中职幼儿教师口语的微课教学实践

(一)课前巧用微课预习

中职学生自主学习能力弱和学习习惯不好,教师布置的学习任务往

往会有学生不去完成，因此，教师能够利用的时间较短，降低了口语教学的效率。而应用微课对中职学生进行教学，可以巧用微课来进行翻转课堂的尝试，可以将一些根据课堂上的知识点制作的微课上传，让学生课前自主下载或在线观看学习。学生可以根据自己的学习水平，自主把握学习进度、学习的时间和空间，可在线上与老师、同学进行交流，提高学生的学习兴趣。如在普通话训练的学习中，笔者把"声母辨正与舌操""韵母辨正与唇操""声调辨正与训练"等系列微课在课前上传，供学生提前学习，这些微课设计新颖，内容鲜活，助学性强，是针对粤方言地区学生学习普通话的困惑和教学的难点进行制作的，既能突破指导辨正发音隐形性的瓶颈，使语音学习直观生动显形化；又能突破普通话教学的时空局限，让教学双方真正"无距离"，架起从理性辨音到实际正音的桥梁，从根本上解决有效辨音正音的实际问题，帮助学生克服普通话学习的最大障碍，能有效引导学生自主学习普通话，提高普通话的表达能力，达到有效正音。这样，学生在课程上更有针对性地解决自己学习的困惑和难点，提高学习效率。教师也可以充分利用课堂上有限的时间，与学生进行面对面的正音，检查学生学习的情况，提高课堂教学有效性。

（二）课中活用微课学习

1. 解决教与学的难点问题

中职幼儿教师口语课程是为了让学生掌握幼儿教师从事教育教学活动时的工作用语，也就是用标准的普通话表达教育教学要求的幼儿教师专业用语。在以往普通话教学中，笔者感悟最深的问题：一是指导发音的隐形性导致听辨学习的盲从性；二是不同方言的差异性制约教学训练的有效性。网络上虽然有一些学习普通话的视频网页，但系统性不够，针对性不强，实用性不高，没有与方言的比较，缺乏指导发音框架训练的直观演示，缺乏适合广西人学习普通话的教学资源。因此，针对学生学习平翘声母、舌面音声母存在的困难，笔者专门制作了微课"平翘声母发音训练""舌面音声母发音训练"等系列微课，向学生直观展现平舌音、翘舌音和舌面音的发音动程，指出它们的发音要领，同时展示舌操动作（舌头在口腔的训练），突破指导辨正发音隐形性的瓶颈，从而使语音教学直观生动显形化，从根本上解决传统普通话教学的隐形性等诸多问题。

2. 促进口语技能的训练

学生在学好普通话的基础上，重点掌握必要的一般口语交际和教育口语的常识、方法和技巧。课堂上，如果单纯依靠教师的讲解和示范很难激发学生学习兴趣，同时面对较有难度的方法和技巧学生很难理解和把握，因此，教师可以借助微课，利用文字、图片、视频等多种形式，再配以适当的解说帮助学生把握知识点。如一般口语训练中，讲故事的技能是幼儿教师从教的一项重要的基本功，因此，这是学前教育专业学生学习的一个重点内容。学习中，学生掌握了讲故事的要求和基本技巧了，但对从拿到故事文本到如何运用技巧绘声绘色地讲幼儿故事这一过程，没有十分直观的认识。教师利用微课小主题的特点，把如何处理故事文本，把文稿变讲稿；如何塑造故事角色，用声音造型；结合故事特点，设计适当的态势语等方法和技巧；利用精炼的文字、生动的动画和形象的示范，把讲幼儿故事的方法和技巧融合在一起制作成3个小微课"文本的修改""角色塑造""态势语设计"，形象直观地引导学生如何一步一步学会技巧、运用技巧绘声绘色地讲幼儿故事，感受讲演的快乐。学生通过观看微课，既解决了教师把大部分时间用于解释说明，又能让学生利用有限的课堂时间完成对知识的理解和掌握，留出比传统课堂更多的时间进行师生互动，学生也有更多机会进行口语练习，让教师更好指导学生进行技能的训练。

3. 提供师生互动平台

在口语教学中，案例讲解是一个教学难点。尤其在幼儿教师教学和教育口语板块的学习中，如果只看文字材料，学生很难进入情境，很难体会口语能力提升的作用。如果只看视频，学生缺乏必要的知识点拨，很难有所启发，真正地提升口语能力。案例的讲解不仅需要视频的展示，更需要教师的适时点拨和梳理。因此，案例讲解式的微课在口语课堂中运用可谓是恰到好处。[2]

在职业口语训练时，结合专业特点，通过微课展示了两位幼儿园教师对待幼儿不节约用水的不同做法，对教师所用的教育语言进行了必要的文字标注，在关键处配以画外音。通过对比，可以让学生形象直观地感受到幼儿园教师应该如何运用教育口语，并组织学生对此展开讨论，形成正确观点。同时，微课有利于学生参与教学活动，针对中职学生动手能力强、活泼好动的特点，教师可以邀请学生参与微课的设计与制作，拍摄情景剧或学生模拟上课，把口语交际的过程、教育教学情境演示出来，既可以让学生主动去了解和学习要掌握的知识点，为学生提供展示的平台，又能在播放过程有效地激发学生的学习兴趣。例如，在教学口语"导入语"的训练中，在课前给学生布置预习任务：进行大班语言活动"萤火虫"的导入语设计。四组学生设计不同的导入语形式，最后推选代表演示，由教师拍摄视频，制作成微课，在课堂上训练时播放，师生一起进行点评，学生学习兴趣高，参与面广，学习效果明显。"说服语训练"微课的内容是两位学生到幼儿园以教师的身份对发生争执的幼儿进行劝说的真实案例，在课堂上播放，由学生共同点评，教师总结，让学生的技能训练能更好地对接工作岗位。

（三）课后用好微课拓展

幼儿教师口语的学习，只依靠课堂的时间是远远不够的，因此，教师可以通过简短的微课来帮助学生了解和学习更多的知识和技能，完善课后知识拓展，帮助学生完成由知识到技能的转化。课后教师也可以提供一些微课给学有余力的学生进一步学习。中职学生的基础参差不齐，学有余力的学生会出现"吃不饱"的现象，这些微课可以是相关知识的阅读材料、语料练习、小测试或是对某一知识点的深化等，引导学生拓展知识，自我检测，拓展提高。教师还可以根据学生的技能训练和作业的情况，了解学生学习的难点和知识盲点，有针对性地制作微课，每个微课解析的知识点都不同，重点说明解决的疑问不同，把微课上传到班级云端，学生可以随时随地用手机登录下载进行学习，它不受时间和空间的限制，不影响课程的进度，课后学生可以根据自己的接受能力，不断地重复学习[3]。

（四）及时评价改进微课

每个训练版块教学完成后，教师要及时检查口语微课的教学效果。通过练习、竞赛，让学生小组合作完成任务等方式来检测学生是否已经完全掌握了知识点，理解学习内容，形成技能。教师要注意收集学生的知识盲点、技能训练的难点，以便对微课进行修改。每次微课教学后，可以让学生提出修改的意见和建议，让学生更多地参与到微课的制作中，进一步激发学生学习幼儿教师口语的兴趣和积极性，增强学生学习的动力。微课在经过实际教学的检验后，根据发现的问题和收集到的意见，教师可在选题设计、课例拍摄、后期制作等一系列环节方面进行完善，确保不断提高微课的质量，才能更好地为教学服务。

四、结语

综上所述，微课在中职幼儿教师口语教学中的应用，为课堂注入了崭新的教学活力，也是顺应时代教育发展的需求。微课对中职口语教师也提出了更高的要求，教学相长，要求教师必须娴熟地掌握微课的制作方法和应用技术，明确"微课"教学目的，提高教学技巧，突出重点，化解难点，加强训练学生幼儿教师口语能力的针对性、实效性，真正发挥微课的作用，提高学生自主学习的积极性，不断提升学习效果和教学质量。不断实践，不断改进，集思广益，相互分享，让"微课"使中职幼儿教师口语教学事半功倍、发展创新。

参考文献

[1] 杜悦."翻转课堂"：翻什么转什么坚守什么 [N]. 中国教育报，2014-09-08.

[2] 李巧兰. 浅谈微课在中职口语交际课的实践和探讨 [J]. 时代教育，2015（8）：140-141.

[3] 周冠祥. 微课在中职语文课堂教学中的应用探究 [J]. 职教通讯，2016（9）：63-68.

理实一体化教学在"模拟电子线路"课程中的应用

谈文洁

(广西机电工业学校)

摘　要："模拟电子线路"是电子类专业核心的专业基础课程，也是电子类专业知识和能力体系的重要支柱之一，学好这门课程对学习专业课起到关键作用。文章阐述了推行理实一体化教学的必要性，通过在中职"模拟电子线路"课程教学中的实践应用，探索在有限的学时内采用有效的教学方式激发学生的学习兴趣，调动学习的积极性，促进课程教学达到最佳效果。

关键词：理实一体化教学；课程；效果

一、中职学校教学现状及理实一体化教学的必要性

兴趣与信心是学生获取知识的前提，教师为完成教学任务而对接受能力并不好的学生灌输过多的书本理论，不仅浪费时间，而且使学生逐渐失去学习兴趣和信心。

中职学生大多数是因为升不了普通高中才进入中职学校学习的，通过对学生的问卷调查发现，中职生对理论知识的学习难以提起兴趣。教师如果按传统教学方式授课，以理论教学为主，则会使中职学生对学习产生枯燥、乏味感，从而加重学习难度，影响学生对专业学习的信心。所以，从生源情况和学生的兴趣来看，中职的课程教学应改变传统的授课方式。如何改变传统的教学模式，是值得研究的话题。

理实一体化教学即理论与实践一体化教学法。突破以往理论与实践

相脱节的现象，教学环节相对集中。它把专业理论课和技能训练课进行组合教学，将课堂理论教学与实验、实训、实习等实践教学环节有机结合起来。通过设定教学任务和教学目标，让师生双方边教、边学、边做，让学生在真实的现场感知、现场操作过程中学习专业理论知识，培养专业操作技能。突出学生动手能力和专业技能的培养，充分调动和激发学生学习兴趣的一种教学方法。这是中职教学中非常实用的教学方法。

二、"模拟电子线路"课程理实一体化教学实践

"模拟电子线路"是中职电子类专业核心的专业基础课程，也是电子类专业知识和能力体系的重要支柱之一，学好这门课程对学习专业课起到关键作用。由于该课程内容多且较为抽象枯燥、实践能力要求高、课时相对较少，学生普遍有畏难情绪。在有限的学时内，采用有效的教学方式激发学生的学习兴趣，调动学习的积极性，变被动为主动，方能达到最佳效果。我们尝试将理论实践一体化教学模式合理应用到"模拟电子线路"课程教学中，具体做法如下所述。

（一）编写理实一体化的校本教材

在学期开课之前，深入了解社会与企业的需求，结合电子专业职业资格认证要求，确定理论、实践一体化的课程教学目标，设计好每一教学模块。教学模块设计，一要突出能力培养；二要体现学生主体地位；三要以任务驱动的项目化形式开展教学，调动学生的学习兴趣，充分发挥学生的主观能动性，培养学生的创新能力，提高学习效率。

《模拟电子线路》校本教材采用模块化结构，以模块—任务—活动的模式来编写，教材分为6个模块：整流滤波电路、基本电压放大电路、运算放大器的运用、功率放大器的应用、直流稳压电源的测试、正弦波振荡电路的应用。每个模块都配有学习导航，让学生了解每一个模块的学习程序和方法，在每个活动内容安排上，理论知识以必须、够用为度，注重学生技能的培养，突出理论实践一体化教学，缩短理论与实

践教学的距离。

(二) 课堂教学渗透理实一体化教学理念

在课堂教学中，学生是活动的主体，要根据授课的内容用不同的教学方法把学生的积极性调动起来，理论和实际充分结合，激发学生的学习兴趣。

1. 任务驱动式教学

任务驱动式教学法是一种典型的以学生为中心的教学方法，学生在教师的指导下亲自处理一个任务的全过程，在这一过程中学习掌握教学计划内的教学内容。其特点是"以任务为主线，教师为主导，学生为主体"，改变了以往"教师讲，学生听"的被动教学模式，创造了学生主动参与、自主协作、探索创新的新型教学模式。例如，在讲授"模块四——功率放大器的应用"中的"任务二——集成功率放大电路"内容时采用了任务驱动式教学法。

（1）创设情境。打开多媒体教室的有源音箱，播放一首乐曲给学生听后，提问学生"通过什么途径能实现放大声音的功能？"然后拿出一块家用有源音箱电路板给学生观察，不难发现其是由两片集成运算放大器构成的前置放大电路和一片集成功率放大器构成的功率放大电路板。

（2）确定任务。要求每团队找出一个双声道音频功率放大电路。

（3）自主学习、协作学习。团队进行分工、收集资料、讨论电路并确定最佳方案。

（4）展示评价。每个团队展示各自确定的电路，教师对团队的表现和电路进行评价。

2. 实物演示和实验教学

俗话说"百闻不如一见"。实物演示和实验教学，有真实感，能加强对电路的感性认识，消除学生的畏难心理。例如，在讲授二极管时，以实验室为主课堂，让学生目睹不同类型的二极管的外形，小组合作连接电路测试二极管的特点，检测二极管的好坏，观察二极管在实际电子产品中的应用，使学生对二极管建立深刻的感性认识，激发学生的学习兴趣及信心，彻底转变讲授电子元器件时觉得抽象、枯燥、难学的印象。

3. 多媒体教学

利用计算机多媒体的声、光、图像对电子电路的工作原理、现象及相关的概念等进行模拟和仿真，进行多媒体课件演示，以解决一些用黑板难以阐述清楚的问题。例如，利用多媒体技术来模拟桥式整流电路的工作原理和电压波形的形成规律比一般的语言描述形象生动，能激起学生的学习兴趣。

4. EDA 仿真教学

针对学时缩减与内容剧增的矛盾，解决思路是将 EDA 仿真软件引入课堂，采用 EWB 电路仿真软件非常适合"模拟电子线路"课程的辅助教学，EWB 仿真功能十分强大，很便捷的电路模拟软件，在电脑上就可以模拟出自己设计的电路的运行效果，可以直接从屏幕上看到各种模拟电路和数字电路的输出波形。在教学中利用虚拟仪器可以进行电路实验，仿真电路的实际运行情况，熟悉常用电子仪器测量方法。帮助学生理解电路，消化吸收所学内容，提高教学质量和教学效率。EWB 仿真软件是用于电子电路基础设计的电路仿真软件。

（三）在理实一体教学中培养学生合作意识

现代社会生活和科学工作中，各种方式的交流合作十分重要，许多工作不可能由单独的个人完成，合作可以取长补短，增强竞争力。因此，教师在教学过程中要注意培养学生合作意识。例如，在布置任务"各团队找出一个双音频功率放大电路"时，要求每个团队按组长、资料收集员、记录员、陈述员来进行分工，每个学生都有自己的职责，都要完成自己的任务，否则整个团队就无法完成任务。实践证明，学生在合作交流的过程中充分体验到合作的乐趣、成功的喜悦和群体的力量，同时也体会到自己的努力和贡献是有价值的，所有的学生，特别是性格内向的学生，积极性都调动起来了。

（四）多元化的理实一体化评价体系

在传统的教学模式下，学生的考核包括平时表现（20%）和理论知识点考核（80%）。而理论知识点考核就是在学期结束后进行一份理论试卷考试，通过这张考试卷子来对学生和教师进行教学效果的评价，这样的评价模式效果一般，不能真正反映出学生的学习水平，对于目前不喜欢理论课只喜欢实践操作课的中职生来说，更加不适合采用传统的考试模式。

理论实践一体化教学强调对学生自我学习和自我评价能力的培养。教师是学习过程的管理者和指导者，学生是学习的主体，其考试考核方式也要进行改革，考核内容包括理论知识点考核（30%）、实践技能考核（50%）和平时表现考核（20%）。平时表现考核一项由教师根据平时学生课堂的表现（回答问题、讨论时的建议、学习态度）和平时作业的完成情况来评定；实践技能考核取各模块任务技能考核的平均分，在每个任务学习结束时学生根据评分标准进行自我评分、小组评分和教师评分，这样考核的内容将知识、技能、综合能力结合在一起，才能更有效地对学生进行评价。

三、开展理实一体化教学的效果

（一）实现理论课与实践课的结合

理论实践一体化教学采用在实训室讲授理论，边讲授理论边让学生动手操练的方法上课，强调了技能训练在教学中的地位，是培养技能型人才的有效教学手段。

（二）提高教师的专业水平

理论实践一体化教学给专业教师提出了更高的要求，不仅要求专业教师具有扎实的专业理论功底，还要具有熟练的实践技能。因此，在不影响正常教学工作的前提下，要求专业教师深入社会，到企业单位的相应岗位担任一定的工作，使自己对本专业的现状以及发展趋势有比较充分的接触和了解，以丰富自己的实践经验。

（三）调动学生学习的积极性

校本教材的编写和教学是从实践技能和学生兴趣出发，让学生可以在课堂上学习到毕业后所要应用到的操作技能，以实践操作为主的考核评价方式让学生有信心肯定自己的成绩。通过任务驱动式教学的实施，完成了从"要我学"到"我要学"的转变，学生的学习目标明确，因此学习积极性很高。

总之，理论实践一体化教学顺应了现代职业教育的发展趋势，有利于提高学生的全面素质和职业综合能力，体现以能力为本的教育理念，在中职教育教学中应该大力推行。

参考文献

[1] 尤新芳. 一体化教学在 Protel DXP2004 课程中的应用 [J]. 热点，2012（7）：38-39.

[2] 季胜. 一体化教学模式在计算机教学中的应用 [J]. 科技创新导报，2016（33）：55.

[3] 丁畅. 电工电子技术课程如何做好理论与实践相结合 [J]. 新校园，2015（7）：178.

中职英语教学与专业对接的策略探索

韦翠霞

（广西商业学校）

摘 要：随着课程改革的发展和不断推进，课程改革首先在课程内容上进行变革，以便实现学习内容与实践岗位的无缝对接；教学模式创新要以适应职业岗位需求为导向，增强教学的实践性、针对性和实效性。文章以广西商业学校烹饪英语课程教学为例，结合中职学校实际情况，就中职英语教学如何强化其与职业、生活的联系，给出英语与专业教学的对接策略，从而培养学生可持续发展的综合职业能力。

关键词：中职英语教学；专业对接；策略

在国家提出大力发展职业教育的形势下，教育部创建全国 1 000 所国家示范中等职业学校的政策应运出台。中职教育改革发展示范校建设过程中对中等职业教育教学、对学校、对老师提出了更高的要求。

英语是中职学校教育不可缺少的重要文化基础课之一，其教学目标和任务不仅要解决人文性与工具性有效结合的问题，更应以"实用、够用"为原则，强化英语与职业、生活的联系，实现英语与专业的对接，培养学生可持续发展的综合职业能力。以中职烹饪英语教学为例，结合中职学校英语教学实际，谈谈中职英语如何与专业教学对接。

一、明确教学目标增强学习动机

动机与个人的需要和愿望的满足不可分离，教师在教学中要明确教学目标，要让学生明白专业英语的学习目的。一是满足行业需要，具有很强的实用价值；二是英语应用能力和实用知识是职业能力之一，可以很好地辅助岗位工作[1]。

以广西商业学校烹饪专业为例，学校通过与企业行内人士、教育专家的沟通，对未来职业岗位技能、企业用人需求和对学生职业能力结构和需求的调研、分析，再进行课程设置，使课程与专业深度融合。随着国际交往日益频繁、中西烹饪技术的不断融合，以及中国烹饪在世界饮食界占据越来越重要的地位，合作办学的企业要求将英语作为烹饪专业必备的知识及技能，在该专业开设了烹饪英语课程。因此，英语教师要明确专业英语教学的重要性、实践性、课程的主题活动、课程考核办法、课程的标准等。从客观上，改变学生不重视英语学习的态度，使学生意识到"英语是就业的一块敲门砖"，促使学生形成学好英语的愿望，减少学生对专业英语的厌学情绪，使学生面对现实，迈好职业生涯的第一步。

二、根据岗位需求改革教学内容

随着课程改革的发展和不断推进，课程改革首先在课程内容上进行变革，以便实现学习内容与实践岗位的无缝对接。创建国家示范中职学校方案中，也提出了教学内容创新要做到"四个对接"，即以人才培养对接用人需求、专业对接产业、课程对接岗位、教材对接技能为切入点，深化教学内容改革[2]。

中职学校的烹饪英语课程教学到底要教些什么才能满足就业要求呢？为了了解学生在直接对口工作中英语使用情况，进一步了解学生就业工作过程、就业实境和就业过程中英语的使用范围和内容。我们通过对实习学生和企业单位进行追踪调查反馈，了解到当前高星级酒店的用人趋势由单一岗位向多职能、多元化转换[3]。同时对员工的服务态度和服务英语应用能力提出了较高要求。例如，烹饪专业的学生不仅要掌握厨房、烹饪有关的设施设备、材料、食材名称等英语知识，还要能够运用一定的接待服务用语。

学校应该根据就业需要、市场需求对英语教学内容做出调整。在教学内容上超越单纯语言学习思维，与专业技术和工作实务相结合，适当选择补充英语教学材料深化学习内容，增强英语学习的实效性，为企业培养有较好英语语言基础，又有相关职业英语技能的人才。

三、突出英语教学的职业性

创建国家示范中职学校方案中提到教学模式创新要以适应职业岗位需求为导向，深入开展项目教学、案例教学、场景教学、模拟教学和岗位教学，通过数字仿真、虚拟现实等信息化方式，增强教学的实践性、针对性和实效性。

烹饪英语作为一门专业基础必修课，学生只进行口头操练是不够的，一定要与岗位操作培训相结合，以实践能力的训练为重点，适应工作岗位的需要。可以将英语课程设置为项目课程，因为当课程内容以工作项目为中心而组织时，这就始终在提醒学生，这些内容是与工作任务紧密相关的。同时将英语课堂从教室转移到烹饪实训室，学生就会把更多的注意力放在工作任务上而不是知识上，使学生意识到掌握知识是手段，最终的目的是有效地完成工作任务。这样有利于英语教学与专业的深度融合，同时有利于学生实践能力的形成。学生在掌握各种菜肴的制作过程和技巧的同时，又熟练掌握实用单词和菜肴制作过程的英语表达。

四、英语课堂教学培训化

市场对人才的要求非常敏感，社会上很多英语培训机构为了适应一些外资企业职业技术人员的需要，十分注重英语技能教育，提出"生存英语"理念，把英语当作一种技能来教授。许多高星级酒店和涉外酒店注重对员工的生涯规划和职业培训，包括外语培训。有些酒店会考核新员工的英语，甚至与薪资绩效挂钩，以促进职场英语学习[4]。

在职业教育新理念下，英语课程强调着眼于学生终身能力的培养，借鉴企业培训方法，将英语技能作为必须掌握的项目，强化实践技能训练，使学生在掌握知识的同时，还要懂得就业的实际运用。这就要求教师将课堂教学与培训形式相结合，提高学生的综合运用能力。将课堂教学以培训的方式来组织，以多样化、小班化、模块化、课前班会化（班前会）等方式训练，让学生熟悉相关英语技能知识，培养综合职业素养，收到良好的教学效果。

烹饪英语课堂教学，在一个特定的模拟情景中进行训练，如学校烹饪操作实训室，将课堂教学任务与实训相结合起来，借鉴酒店培训流程要求，开展班前会→检测上次所学内容→布置新任务与要求→分工分组演练→模块过关检测等活动。通过教师的组织、学生的演练，在仿真提炼、愉悦宽松的场景中，促使学生学习相关专业词汇和表达，既活跃了教学气氛，又锻炼了学生的临场应变、实景操练的能力，增强了他们的实际应用能力。

五、运用企业平台强化英语技能训练

21世纪，职业教育注重理论学习与实践知识、技能的融合。让学生跨入社会、走入企业。学校与企业合作办学，建立校外实习实训基地，成为职业教育的必经途径之一。实践活动能最大限度地拓展学生的学习空间，学生通过实践，发现问题和解决问题，体验和感受生活，培养创新精神和实践能力，发展综合运用知识的能力。只要学校为学生创造学习英语、使用英语的环境，就会在开放的教学环境中得到最佳的英语教学效果。

利用校企合作平台，中职烹饪专业学生到北京、上海、杭州、广州等大城市的高星级酒店实习、工作，甚至出国，接触来自世界各地各行各业的人士，需要使用英语与人沟通交流，深刻体会到学习英语的重要性和必要性。在实际生活、工作中，学生逐渐学会使用英语，真正做到在真实的实践中学习，提高了英语实际运用能力。因此，学

校要尽可能将课堂教学延伸到实践训练中，使学生走出教室，融英语知识于专业实践中，不断提高英语水平，这不失为英语教学的一项成功之举。

六、教师深入企业提高职场英语技能

中职学校的英语教师大多毕业于师范院校英语专业，从学校到学校，缺乏任教专业知识和经验。在教学过程中，容易偏向从语言到语言的教学，缺乏行业英语背景知识和再现语言语境[5]。中职生毕业后直接走向职业，在职业岗位上学生依托相应工作技能和工作实境运用英语完成技术操作。如何发展学生的职业岗位所需的语言技能呢？

我们认为，教师必须学会自主反思、不断拓宽英语专业知识面，具有跨学科的横向意识和思维，要走出课堂，走进行业，常与专业教师和行家进行有效沟通交流，了解职业特点，掌握职业岗位英语。同时，针对英语教师的专业结构和自身特点，开设专业基础知识培训。通过跨专业、跨学科培训，拓展英语教师的知识结构和教学空间，促进中职学校英语教师向"一专多能"发展。

总之，依据"以服务为宗旨、以就业为导向、以能力为本位"的现代办学理念，挖掘英语课程中蕴含的职业元素，根据专业属性和学习要点，把英语和专业课教学结合起来，实现中职英语教学与专业的有效对接，以就业为导向，提高中职英语教学的实用性，提升学生的综合素养，更好地服务职业岗位。

参考文献

[1] 伍丹. 对职业教育英语教学的反思与改革 [J]. 产业与科技论坛，2011 (5)：192 – 193.

[2] 教育部，人力资源社会保障部，财政部. 关于实施国家中等职业教育改革发展示范校建设计划的意见（教职成〔2010〕9 号）[R]. 教育部办公厅，2010.

[3] 郭沈珏.竞争与合作的魅力——双语教学目标下中职烹饪英语口语有效教学策略的探索与实践[J].考试周刊,2011(72):118-120.
[4] 肖佳怡.浅谈中职旅游英语教学如何与现代旅游行业对接[J].教师,2009(20):77-78.
[5] 孟冬梅.中职英语教学与专业课教学之整合[J].职业教育研究,2011(1):54-55.

财务智能化引发中职会计专业教学改革的思考

吴艳琼

(河池市职业教育中心学校)

摘 要：由于会计从业资格证取消、财务机器人的出现，导致中职会计专业的人才培养的变化。文章分析财务智能化对会计行业的影响，指出目前中职会计专业教学中存在的问题，给出相应的教学改革对策，包括加强学生理财方面的技能训练、整合专业教学内容、灵活运用现代职业教育教学法、注重学生学习能力的培养、考评方式多元化、组建优秀的专业团队，为中职会计专业教学改革提供新的思路。

关键词：财务智能化；中职会计专业；教学改革

一、财务智能化对会计行业的影响

（一）财务智能化概述

智能财务是覆盖财务流程的智能化，它的基础是基于业务与财务相融合的智能财务共享平台，其核心是基于商业智能的智能管理会计平台，其发展是基于人工智能的智能财务平台。财务智能化是自动化、智能化、社会化的协同，要求通过智能交互、自然语言交互，给非财务人员提供便捷的帮助。例如业务部门的领导查询收入数据，不需要了解专业复杂的财务数据结构与功能，而是通过财务智能助手，可以用语音、自然语言交互的方式直接查询收入数据[1]。

人工智能实质是一门学科，目标是要探索和理解人类智慧的奥秘，把这种理解尽可能地在机器上实现,从而创造具有一定智能水平的人工智能机器,在大数据的支撑下,帮助人类执行那些计算量大、耗时、操作规范化、重复性强的手工作业,以更低的成本和更快的速度实现自动化[2]。智能财务是把管理会计的专业能力和数据时代的大数据和互联网技术结合起来,融合企业的业务和财务,帮助企业管理者和财务工作者实现从事后的记录价值到实时的创造价值的转变。由于企业管理问题多种多样,从成本到绩效,从员工收入到激励机制,从业务数据、客户数据、运营数据到最终反映的财务数据,财务数据的事后价值远远小于财务数据的规划价值、预测价值、过程管理的分析价值,所以智能财务把管理会计的无边界定义用技术的无限扩展能力实现出来。人工智能的发展,让智能财务走向智慧财务,智慧财务是善于思考、能够科学分析数据,正确判断自然语义,进行人工智能的思考和方案的推荐,等等,为企业管理者提供有价值的经营决策数据。技术和时代不断变化,但财务的本质却始终不变,智能财务解决问题要着重把业财融合起来,把控制好业务源头的风险,提前规划好需要提供的财务支持、提升的效率、要留下的数据多维度标签、设定的场景,等等,通过技术按照这些设计来追踪、判断、控制、分析、记录。通过智能财务的解决方案,将原来企业的各种面上问题实质性地解决,最大化地提升企业的业绩和效率。

(二) 财务智能化对会计行业的影响

我国从 1990 年颁布的第一部《会计证管理办法(试行)》到 2017 年新的会计法颁布,会计行业的准则是越来越规范,也说明了国家对会计行业的重视。来自财政部信息截至 2017 年 11 月,累计约有 2 487 万人报名参加全国会计专业技术资格考试,约 625 万人通过考试取得了相应资格,其中初级约 443 万人,中级约 169 万人,高级约 13 万人。会计从业资格证取消之后,初级会计就变成了会计行业的入门证书。目前 2018 年初级会计报名正在进行中,预估计报考人数将会超过 400 万。大量的基础会计人员的涌入,会计行业的竞争压力进一步扩大。2017 年会计证取消和财务机器人的出现,意味着会计行业改革已经开始,给约 2 000 万持证会计员带来冲击,一场会计行业的洗牌在所难免。

1. 人工智能不会取代整个会计行业

目前的财务机器人是机器人流程自动化,是基于计算机编码以及基于规则的软件,通过执行重复的基于规则的任务将手工活动进行自动化的一种技术。只能做一个模拟人工操作流程的软件,简单的、替代人力的方式,并不会对企业的生产和管理流程做出改变。随着人工智能的快速发展,未来财务人工智能可以实现更多的功能。人工智能在大数据的引入下,将企业的财务管理与日常生产经营管理相结合,这不仅较大提升企业财务管理的水平、拓展财务管理的功能,还会大大促进财务管理向管理会计的拓展和升级,促进企业的战略、业务和财务一体化,企业各级管理人员可以对日常发生的各项经济活动进行规划与控制,帮助决策者做出各种专门决策,从而改善经营管理,更好地创造和维护价值,提高企业经济效益[3]。

目前,财务软件已普遍使用,财务共享中心在国内快速发展,人工智能已悄然进入了会计行业。财务共享下,软件应用中展现出强大的运算能力及数据存储及处理能力,很大程度上减轻了财务人员的工作量和时间耗费,提高了工作效率。当会计行业遇上人工智能,会计行业未来的财务团队的人才结构要转变,企业会将财务人员分为战略财务、业务财务、核算财务,战略财务和业务财务数量将超过基础核算人数,财务会计的普通核算型工作将会被财务机器人替代,基础核算人员会面临大量的失业或转型,但是人工智能不会取代整个会计行业[4]。当人工智能引入财务工作后,在保证快速获取市场信息、有效处理财务信息、准确转化决策信息的同时,还要能够确保人工智能运用过程中的安全和可靠,而在目前的技术及安全环境下,财务数据的泄露或崩溃都可能给企业带来难以弥补的损失[5]。人工智能在引入财务工作的过程中,其安全性、可靠性仍然需要不断地研究和改进,另外人工智能也难以达到面对复杂问题做出专业判断和决策的能力,所以人工智能只能取代一些流程性、标准化、程序性、基础性的工作,但"智能"取代不了人类"智慧",应该也不可能取代整个会计行业[6]。

2. 人工智能将促进财务会计向管理会计转化

虽说人工智能不可能取代整个会计行业,但在人工智能的侵入下,

8类财务人员将会被淘汰：不会学习的财务人员；不会管理的财务人员；不会沟通的财务人员；不会服务的财务人员；不会财务与业务相融合的财务人员；不会创造价值的财务人员；不会跨界思维的财务人员；不会大数据的财务人员。随着经济的发展，会计专业也在日新月异地变化着，新的会计制度日趋完善，会计行业发展趋势更倾向于会计核算、战略财务、业务财务、财务分析、财务管理工作，会计岗位对财务人员的要求也越来越高。

随着未来人工智能的飞速发展，人工智能对会计行业发展的推动作用很大，能够大幅度提高会计信息的质量、会计行业的工作效率、降低人力成本；还能更好地防范风险，提高企业竞争力，促进传统财务工作模式的改进。伴随着会计处理全流程自动化、会计决策分析智能化和会计服务共享化等趋势的到来，财务基础工作将更加专业化，大量程序性的财务基础工作将被人工智能所取代，未来对财务人员的要求趋向管理化。财务人员为了适应未来发展，必须从基础性的、程序性的、重复性的会计核算工作，转向更有价值的、需要更多职业判断的、基于大数据的数据分析和挖掘等更高层次的会计管理工作，财务人员必须从财务会计向管理会计转化，才能顺应人工智能的发展。不同类型的财务人员可以寻找不同的转化方向，比如向专家化发展：精通准则的会计专家、精通资本运作的金融专家、精通行业的管理会计专家、内控和风险专家、税务专家、信息系统财务专家，等等。

二、中职会计专业教学现状[7]

（一）中职生学科基础差

中职会计专业的教学对象无论参与中考与否、考的分数多少、应届或往届一律可以就读，多数为参加中考后未被普通高中录取的学生，学生面对很多学科知识不能正常理解和掌握，甚至存在畏学、厌学、惧学的心理。中职生的学习基础普遍偏低，加上他们年龄偏小，学习上缺乏积极性和自主学习能力，专业知识理解难度大，学生容易对学习产生厌恶心理，学习效率低。中职会计专业学生自身起点低，与高职、大学本科会计专业学生参加同类考试时，总是居于下风。外加会计工作的特殊性，用人单位对录用中职生不放心，会计专业学生对口实习、就业难度大。长此以往，促使恶性循环的发生，职校的美誉度降低，社会对职教的信誉度下滑，也影响中职学校会计专业教学的质量。

（二）教学内容更新滞后

近几年来，会计新业务不断涌现，我国会计制度、会计准则也发生了很大的改变。在社会经济迅猛发展的今天，中职会计专业教材更新慢，教学内容滞后，新会计规章制度、经营管理制度等知识的更新和推广都无法做到与时俱进。很多学校的教材、会计模拟资料等仍是几年前的，所用的教材与实训平台不配套，教学内容严重滞后，学校教学与会计工作岗位实务严重脱节。教学停留于脱离实际的经济业务处理，缺乏真实感，学生的兴趣就会逐渐变淡。还有些学校在选择会计教材时侧重于理论的分析以及会计制度的单一解释，这就使得学生在走上工作岗位之后仅仅知道固定的会计法规，而无法将这些法规进行灵活运用。现有专业主干课程在内容上还存在着相互割据，又过多重复等问题，多数教师仍然照本宣科，没有进行改革整重教学内容，更不用说与财务工作岗位对接，教学过程中流于形式或纯粹为了学生考证而进行专业课程的教学的现象较为普遍。

（三）教学手段和教学方法陈旧

教师教育思想观念落后，现代教育技术手段应用不多，实验室建设与实践基地建设严重滞后，校企合作不够紧密，"教师念讲义、学生记笔记、考试背笔记、考后都忘记"的现象较普遍。目前中职学校大多数会计专业团队改革创新能力有待增强，尤其是经济欠发达地区由于工资、福利待遇低，难以吸引会计专业师资，相当一部分会计教师是其他专业的教师转行而来，有的甚至没有经过专业的会计知识培训，部分会计教师专业基础不扎实、专业理论不熟、专业技能不精，教师授课时只能照本宣科，讲解流于表面，教学重心没有真正向实践技能训练方面转移；教学内容注重于准则、制度的讲解，过分强调会计核算内容；缺乏对会计工作岗位的认识和调查研究，没有按照会计岗位所需的专业知识和专项能力组织教学，使实践课内容缺乏实效性和针对性，教学效果不理想。

（四）考核方式单一

大多数中职学校会计专业教学考核制度仍继续沿用一成不变的笔试考核，这在一定程度上抑制了学生学习的积极性，不利于促进学生学习，也不利于促进学生个性与能力发展。学生成绩考评基本上沿用传统闭卷、笔试形式的期末考试评价方式，仅以一次成绩作为成绩评价标准，缺乏科学性，忽略了实践能力的测试。这种纸上谈兵的考评体制，造成校企人才评价标准脱节，严重影响了学生实际操作技能的锻炼和综合素质的提高，从而对学生的职业生涯发展产生了一些负面的影响。

三、中职会计专业学生培养的思考

智能时代、智慧社会对财务人员工作提出了更高的要求，传统的财务人员已经难以满足用户的多样化需求。以计算机和互联网为代表的信息技术，为会计专业的变革和发展提供了新的手段，作为中等职业教育中的重点专业之一的会计专业，如何突破原有的教学局限，改善教学效果，培养企业需要的会计人才，是中职会计教育教学面临的现实问题，值得思考。不思变，培养的人才则不能适应未来，将被社会淘汰。

（一）中职会计专业学生发展的需要

尽管中职学校教学对象的起点低，但中职生可塑性大，涉世不深，敬业精神较强，能将所学用于实践，比较受小微企业青睐。中职生升学创业选择机会更多，出路也越来越宽广；除就业外，可以参加普通高考、成人高考上大学继续深造，也可以参加专为中职升高职设置的"3+2""2+3"高考，进入高等职业技术学院学习；成绩优异的中职毕业生，还可以通过中职对口招生升入本科院校学习。

(二) 财务机器人的冲击

财务机器人将人工智能引入会计基础工作中，能够有效处理会计核算、报表编制、数据统计及汇总等工作，这对于传统的会计人员来说产生了一定的冲击。财务机器人不断冲击传统会计，财务工作朝着无纸化、智能化、自动化的方向发展的趋势越发不可逆，越来越多的财务基础性工作会被快速替代，导致会计行业的普通财务人员工作越来越难找。达沃斯论坛就机器人发展前景的最新调研指出，到2020年，最有可能被机器人抢走饭碗的岗位包括低端制造业的生产、销售、会计等，对会计这一社会需求相对稳定的岗位带来了前所未有的挑战，对财务人步步紧逼。

BBC基于剑桥大学研究者的数据体系分析了365种职业在未来的"被淘汰概率"，会计位列第三，被取代概率高达97.6%。我国2 000余万会计人员唯一的出路是尽快进行职业角色的转变，避免别人已经走过的转型弯道并且争取弯道超车。如果漠视甚至抗拒这种变革，原地隔岸观火，就必然会被淘汰，就像当年会计电算化来临，抱着"算盘"不放的人就因为没能跟上时代步伐被迫出局了。

(三) 社会对会计人才的需求

目前，我国企业发展大都处于剧烈的转型期，企业财务部门成为衔接公司战略、运营与绩效的桥梁纽带，发挥着统筹公司整体资源配置，并发挥准确衡量、全程控制和监督的重要作用。资深注册会计师、南通市注册会计师协会副秘书长刘志耕曾指出，在不远的将来，人工智能不仅会进一步夯实和拓宽自己在财会、审计领域的应用范围，而且还会向纵深及横向发展，如财务人工智能会将企业的财务管理与日常生产经营管理相结合。这不仅会大大提升企业财务管理的水平、拓展财务管理的功能，而且还会大大促进财务管理向管理会计的拓展和升级，促进企业的战略、业务和财务一体化，使得企业各级管理人员能据以对日常发生的各项经济活动进行规划与控制，并帮助决策者做出各种专门决策，从而更好地改善经营管理，更好地创造和维护价值，提高企业经济效益。

新时代的财务人员不仅要能记账，还要了解生产、业务、物流、战略等多个领域。未来人力会更多地投入在需要我们分析、判断、思考、决策的方向上，财务机器人处理完的数据和报表，只有人类用自己的优势，具有思考分析的头脑，解读出数据背后的信息，才能转化为对企业经营有用的决策。未来财务会计能够和财务机器人合作，更高效地完成工作，将会走得更远。这需要我们进行中职会计专业教学改革，培养适应社会需求的人才。

四、中职会计专业教学改革的对策[8]

（一）加强学生财务技能训练

近几年来，我国的职业教育取得了长足的发展，中职学校为企业输送了成千上万的财会人才。由于企业注重会计证，把取得会计从业资格证作为入职的条件，所以不少会计专业的学生在学校中学习专业知识变成纯粹是为了应付会计证的考试，拼命读书是为了能够取得工作的"敲门砖"，而不是为了满足自身对于专业技能的追求，也没有考虑职业生涯的可持续发展，考到了会计证以后更是放松了继续学习的劲头。许多学校也以"考证"引导教学，一切都为考证服务，教师忙于编制考证教材，忙于辅导考证，一味地追求考证通过率，忽视学生会计实操能力的培养，造成会计专业学生入职后难以马上胜任财会实战工作。

加强校企合作深度，引入企业行业专家，真账引入校园，开展教学改革，加强学生在财务方面的技能训练，突破"上岗证教育"，重视专业技能培养，使学生具备从事会计工作的专业能力，强化学生的专业素质，提高他们从业的自信心，从而实现自己的职业理想。

（二）整合专业教学内容

中职学校的会计专业教学，首先要做好对会计岗位的分类，分析会计职业的需求，编制合理的会计专业教学计划，并结合国家的相关规定，对学生进行严格的培训，让中职学生了解会计变革，做好职业生涯规划，能在毕业之后顺利通过初级会计职称考试，获得初级会计资格证书。根据现在的会计教学任务与教学目标，逐个分解会计的知识点，编制为新型的实训项目。为提高专业教学的效益性和经济性，体现培养人才的实用性，各课程教材内容先进行合理整合，杜绝各课程之间教学内容的重复现象。

随着企业经济管理手段的加强，许多中小企业更注重财会人才的综合素质，即有相当的经济视野和扎实的专业技能，这就要求中职学校会计专业教学改革围绕未来社会需求进行，既要注重专业技能的培养，也要重视会计职业道德教育。专业课程中能融入企业文化及加强学生会计职业道德的教育，因此，需要综合现阶段的培养目标，重组课程体系，进行会计专业课程改革。课程教学内容中要结合实际案例，运用儒家伦理等切实加强会计职业道德教育，提高学生的会计职业道德，才能更好地培养学生的综合素质。在专业教学过程中融入职业素养，培养学生具有诚信的品质，坚守职业操守，不要因为金钱的诱惑而断送职业生涯，更不要因为一己之私损害国家和企业的利益。通过宣传教育以及职业道德课程相结合，使职业价值理念贯穿到学生的整个职业教育当中去，潜移默化中影响学生的职业观、人生观和价值观。此外，还要加强对不良价值观的教育，设置红色警戒线，提高学生警惕，学会为自己的行为负责，为自己的职业生涯负责。只有思想上有了正确的方向，才能够在行动上秉承理念，做一个遵纪守法的人，成为一个对国家对社会有用的人才。

（三）灵活运用现代职业教育教学法

在会计教学的方式、内容及环节上做出了改变，学生能够及时接受新的会计专业知识内容，在教师的引导下，学生能够灵活运用所学知识到会计实践中，能够快速提高实践能力。如在会计专业课程的教学中引用案例教学法，让学生接触的理论知识由书面的转为当前企业实际，由学生进行讨论、分析，将枯燥的理论知识变得形象生动起来，让学生了解如何运用所学知识解决实际问题，进而不断提高解决实际问题的能力。在教学过程中恰当运用多媒体教学，灵活运用模拟、角色、案例教学法、情境教学法等现代教学法，激发学生学习的兴趣，提高学生学习的积极性和主动性，帮助学生更好地掌握理论知识，提高专业技能水平。

（四）注重学生学习能力的培养

虽然会计从业资格证取消了，但是用人单位还是比较注重财会岗位应聘者的学习背景和工作能力的。会计职称考试的变革对中职学校的会计教学带来了许多影响，需要对其采取相应的措施，通过明确教育目标提升中职学校会计专业学生的学习质量。教育目标的内容主要包括如何学习、怎样做人、怎样合作、如何进行创新，等等。教师在会计教学工作当中，注重学习能力的培养，要特别注意学生的知识储备状况。当今社会对会计人员实际动手能力的要求越来越高，中职会计专业学生是当前会计人员中层次较低的人员，为了更好地满足社会对人才需求，必须有较强的解决实际问题的能力，需要中职生具有学习能力，在提高专业技能的同时，还要提高自己的综合能力，才能在社会竞争中处于优势。

中职生仅凭借中等层次的专业技能，是不可能在这个激烈的社会竞争情况下脱颖而出的。中职学生到了社会工作岗位或者继续升学时，要树立终身学习的观念，积极提升自身的业务能力和专业水平，向更高层次发展。学校内培养的会计人才要奠定学生的学习基础，培养学生的学习能力，为学生从中等教育过渡到高等教育起到承上启下的作用。从升学角度看，中职学校会计专业人才培养方面，还要考虑在会计教育上有远见有视野，培养学生钻研的能力，树立终身学习的理念，实现会计职业的可持续发展。

（五）考评方式多元化

课程考核采用多元化方式，从重视学习结果的总结性评价向"学习过程的过程性评价和总结性评价"并重的考核方式，不断提高学生动手操作能力。成绩的评定除了提高实践技能比例外，还考核平时提问、实践任务完成情况、讨论发言及其他一些灵活的考核方式，通过教师评定、学生自评、学生互评、企业参与评定等方式进行多元化的教学评价。

（六）组建优秀的专业团队

中职学校在吸收人才上虽然有学历要求，专业理论性强，但很多会计专业教师是应届毕业生，不了解企业生产经营的具体流程，缺乏实操经验，很难培养具有实战经验的学生。有些中职学校要求教师下企业顶岗实践，甚至作为评定职称的条件，由于师资缺乏，在真正实施时往往无法善终。也有些中职学校要求教师考取企业会计职称，作为提高待遇的鼓励政策，但许多教师即使取得会计职称，也没有从事过企业会计工作，对实践教学无益。中职学校会计专业教学改革离不开师资团队建设，组建优秀专业团队是必然趋势。要培养适应社会经济发展的会计专业学生，需要有好的会计教师、优秀的教学团队。因此，中职学校迫切需要加强"双师型"教师团队建设，提高教师实操业务能力，建立起一支实操经验丰富的技能型师资队伍。

中职会计专业团队建设的基础是人尽其才，才尽其用。专业团队由于分工不同所发挥的作用也有所差异，在能力建设方面，除了考虑现有的合理布置外，还需要考虑在未来两三年内社会的发展所需要的专业人才，在团队人员结构上早做规划。每个团队成员都存在一定的短板，由于教师存在学科差异、工作经历差异、年龄结构差异等，在沟通、理解新知识、接受新理念等方面都会产生偏差。为了弥补短板，中职学校要加强团队成员间的交流和培训，制定政策鼓励专业团队成员走出学校或者聘请企业行业专家到校指导、培训，培养整个团队的学习氛围，提高专业团队的综合素质。

参考文献

[1] 美通社．元年科技：2017智能财务元年已开启［EB/OL］．http：/news．yesky．com/328/292432328．Shtml．

[2] 知与谁同．《中国人工智能学会通讯》—5.18人工智能的含义［EB/OL］．https：//yq．aliyun．com/articles/21605．

[3] 郑敏. 探析会计信息化与人工智能结合所带来的影响 [J]. 现代经济信息, 2017 (21): 232.

[4] 黄柳苍. 人工智能发展对会计工作的挑战与应对 [J]. 教育财会研究, 2017 (2): 197-198.

[5] 吴金克. 论人工智能与财务信息化 [J]. 财会学习, 2018 (11): 17-18.

[6] 向桂芳. 人工智能异军突起下的会计何去何从 [J]. 现代经济信息, 2017 (1): 262.

[7] 胡利元. 探讨中职会计专业实践教学的现状及改革建议 [J]. 时代教育, 2018 (10): 64-65.

[8] 倪清翠. 中职会计专业教学现状和模式改革 [J]. 职业, 2018 (6): 46-47.

中职电子类专业课"趣味化教法"的实践研究

谢 伟

(南宁市第六中等职业技术学校)

摘　要：课堂是教师教学思想、教学能力、教学艺术的综合体现，也是促进学生在知识、智能、情感等方面全面发展的主渠道。论文针对中职电子类专业课教学存在的学生基础差、教材理论性强、教学方法和评价滞后等问题，开展"趣味化教法"课堂教学，并提出具体的实施方案。

关键词：电子类专业课；趣味化教法；因材施教；自主学习

一、问题的提出

针对当今社会电子科学技术的快速发展、社会劳动力结构的调整、人才需求规格变化的现实，有人预言："未来社会将是一个电子智能的世界。"然而，作为向社会、企业输出一线技能型人才的中等职业学校教育，在电子类专业教学中仍存在着教学与社会产业结构不相适应、跟不上行业的人才需求与发展速度等现实问题。社会现实与我们多年的教学研究表明，尽管中等职业学校每年有相当数量的电子类毕业生走向社会，但从人才质量上看，存在着毕业生专业技能素养达不到行业用人标准，职业道德和职业技能低，还有一定比例的毕业生不能从事电子专业劳动的情况，这导致了学生专业对口就业率低的现状，造成国家职业教育投入的浪费，也影响了中等职业教育的社会声誉，并在招生、经费、设备和就业等方面形成恶性循环，制约了中等职业教育专业的发展。究其原因，这与学校专业课教学形式和教师教学质量、学生动手技能的优劣是密切相关的。所以，如何提高电子类专业课教学质量，研究、改革教学方法，是中等职业电子类专业课教学面临的重要问题。只有教好了学生，社会认可了学生，"出口"顺畅了，"入口"招生、实训场地设备经费投入等方面才能形成良性循环。

二、电子类专业课的特点与教学现状分析

电子专业是理论性强、抽象性强、实践性要求高的学科，对学生的抽象思维和数理分析能力有较高的要求。即使是普通高中学生对电学磁学也感到难学，中职电子专业中的专业技术课程，则比高中物理中电学磁学还要深几个层次。作为一线劳动者培养的中职电子专业学生，还要具备较强的实践动手能力。因此，中职学校要培养出理论和技能全面发展的优秀学生有不小的难度。

目前电子专业的专业课教学主要存在以下问题[1]。一是生源素质与专业培养目标所要求具备的基础能力有较大差距。由于当前高校扩招引发相应的普高热，导致中等职业学校生源数量减少、生源质量严重降低，因此目前中等职业学校的教学对象大多存在抽象思维能力较弱，数学、物理等基础知识薄弱等现象，这直接带来了电子类学生学习基础薄弱、学习难度大的问题，学生普遍对晦涩难懂的理论课程缺乏学习兴趣，喜欢技能实训课。兴趣与信心是学生获取知识的前提，对课堂理论教学，中职学生都处于没有兴趣的被动学习状态，不符合这类学生的认知规律。教师在讲台上滔滔不绝地讲，学生在下面昏昏欲睡、玩手机等等，导致教学效果差。二是使用全国通用教材，侧重理论、偏难，专业技能课课时比例小，没有从学生兴趣出发，学生动手机会太少。虽然近几年各出版社及部分专家也都注意到这些问题，加大力度改进新编了一部分适合中职类的教材，增加了不少的实训项目，由于地区差异、学校实训设备场地及经费的限制，教师没办法按教材上的实训项目开展教学，也影响到教学效果。三是教学方法和教学评价滞后。教师对专业理

论课教学基本沿用"口口传授"的教法，上课基本上就凭一支粉笔、一本教案，学习评价就凭一支钢笔、一张试卷，特别是学习困难的学生大多从"学不了"发展到"不学了"，彻底失去学习信心与兴趣，对理论课学习处于被动的学习状态，从根本上不利于对学生专业素质的培养。因此教师必须改革专业课传统教法，研究适合生源实际的新教法，充分调动学生的学习兴趣，以实现教与学相互适应，培养学生的操作动手能力。这是摆在中等职业教育电子专业教师面前的亟待解决的现实课题。

三、"趣味化教法"的理论依据及实施[2]

中等职业教育的培养目标有着自身的特殊性，它以培养适应社会和行业发展的一线技能型劳动者为目标，学生的动手能力和行业适应能力是其专业素质的核心。这就要求中等职业学校专业课教师改革课堂教学、优化课堂结构，改革以理论教学为主的传统教学方法，大胆改革、创新，摸索适合中等职业教育的教学方法，针对目前电子专业的专业课教学存在的主要问题，我们认为培养学生对专业课的学习兴趣是引导学生学好基础理论和培养专业操作技能的突破口，实施"趣味化教法"，从而提高教学效果，达到培养技能人才的目的。

根据教学的"可接受性原则"，由于中职学生具有较强的好奇心，在学习中对实验的兴趣远高于课堂理论教学的兴趣，教师可将基础知识教学渗透到实验教学中去，使学生在愉快的动手实验中理解与接受基础理论，同时训练技能技巧，手脑并用，这样有利于对知识的理解与记忆。电子类专业爱好者都有体会，学电关键在于多动手，不动手而学好电子是不可能的，许多理论上不懂的东西，在动手过程中都会慢慢被理解、消化。在目前生源现状下，电子专业的教学应该采用"先动手，后理论"，即采用以动手操作为先导，以专业基础为主线，以培养技能为中心，以实验教学为基础的教学方式。先动手实践，获得一定的感性认识，再辅之以理论与原理，这符合认知规律，也比较切合学生实际，能调动多数学生的学习积极性，提高兴趣。这不同于传统课堂教学，也不同于社会上维修部师傅带徒弟形式的教学，是一种"将教学过程趣味化"或"融电子基础理论教学于趣味性实验之中"的教学方法。先动手可以激发学生的兴趣，在兴趣中理解、识记，符合心理学的识记规律，有利于发挥学生的形象思维能力，弥补其抽象思维能力的不足，这也正是因材施教原则的具体体现。教师根据教程中具体的实训实验，在适当时机渗透必要的基础理论教学，使学生在兴趣中接受与巩固基础理论知识，然后引导他们反过来用理论去指导、解释实验现象，形成"实践—理论—实践"的创新型教学法，即"趣味化教法"，它是理论联系实际教学原则的深化和"学以致用"思想的体现。

据此，在学习电子类专业课程时，可暂时规避系统的课堂理论教学，将教材中的基础理论趣味化，提前进行趣味性实验教学，以培养兴趣为目的，先开展实验，在培养、激发了兴趣、好奇心后，再在实验过程中渗透必要的理论教学，将理论知识的传授渗透在一系列的兴趣性动手操作中进行。学生通过系列兴趣性制作，再配合教师在制作过程中有计划的理论引申教学，可以在稳固形成各种技能的同时，也能掌握系统理论知识。如"电子技术基础""电子技能实训"等专业课，均可采用此模式。通过趣味性实验去促进基础知识教学，把"先懂理论后去做实验"变为"从兴趣性动手实验中去学理论"，能在有限的课时中获得技能与理论的双丰收，同时也解决了两者在课时分配上的矛盾。

在具体的实施过程中，首先要求教师能吃透教材、了解学生，针对教材中的基本概念与基础知识，因材施教，并结合实训室现有的设备器材，精心设计相应的趣味性小制作和小实验，设计实验时应考虑到知识的系统性与顺序连贯性，所设计的小制作和小实验要形成系列，与教材相配合。同时，小制作和小实验要具有较强的实用性和吸引力，精心设计，反复试验，并做出样品，使学生对电路的功能坚信不疑，并提高学生动手操作的成功率，以提高多数学生的学习兴趣。如制作晶体管收音机的实训教学，不仅仅是教授学生焊接好电路收音机就能接收信号，还需要进行中频的调整和统调。由于没有专业仪器，造成调整困难，收音机能响的没几个，成功率不高。这类实训项目，没有必要让学生动手，因为这样不但会影响学生的求知欲，还会影响到教师知识的权威性。相反，制作低频功率放大电路则成功率高得多。激发求知欲，创造轻松愉快的心境，教师有计划有目的地将基础理论知识的教学渗透到这种兴趣性实验的过程中。实训活动中的兴趣状态，是学生获取知识的最佳时机，教师在教学中，要多为学生创造并把握这种时机，随时挖掘实验中蕴含着的基础理论知识，进行引申讲解，使学生在获得技能技巧的同时，牢固掌握基础理论。以低频功率放大电路教学为例，学生完成电路制作后，可以学习到功率放大电路的类型，如OTL、OCL电路类型，通过测量功率放大电路中点电压，让学生知道中点电压的伏数，它们有何区别、有何优缺点，等等。显然，这种教学方式，并没有忽视与削弱基础理论教学，反而促进了基础理论知识的掌握。所不同的只是教学的形式发生了变化，通过"趣味性系列小制作"这座桥，沟通了"基础理论"与"技能操作"两个环节，使学生获得基础理论和操作技能的双丰收，达到"理论知识本位"与"技能能力本位"的统一。

这种以教师为主导的"趣味化教法"的教学方式，使教师的主导作用与学生的主体作用有机地结合，增加了学生自主学习时间和动手机会，训练了学生操作技能，使学生在动手中摸索、发现、理解原理，调动了学生的学习乐趣，学生的自主性得到充分发挥。同时，学生可以自主支配学习时间，自主钻研电路，自主学习能力得到培养。由于教师采用的不是单纯的动手操作，是渗透着一定量的系统基础理论知识的动手活动，因而在动手中也促进了学生基本素质和智力的发展，有利于提升学生社会行业适应能力，为学生的可持续发展奠定了基础。

"趣味化教法"的关键在于设计系列小制作、小实验。实训器材建议采用学生部分自费、学校部分补贴的方法比较合适，这样做学校既可以少花钱，学生也比较爱护实训器材。初学时，教师为学生设计或选择电路，为学生集体购买与组织器材，电子类元件在相关市场均可配齐，学生最好人手一套，这样有利于课外作业的布置，也增加了学生的钻研机会和制作的责任心，学生课外可以反复练习，透彻理解，教学效果远超过学校实验室的以小组为单位的教材中的电子实验。这类小实验制作，可以在实验室也可以在教室中进行，减少专业实验室的占有率。而小制作类的初期实验规模小，使用仪器不多，因此，可以将部分实验移到教室中进行，这样对课堂理论与实验操作均有利，容易实现"讲讲练练，讲练结合"。这种教法的组织，最好在中职一年级就开始，多数学校在一年级上学期开设"电子技术基础"课程，在下学期开设对应的课程"电子技能实训"和其他专业课，使兴趣性动手活动延迟到了下学期。对于基础素质差的学生，电子基础理论接受能力也差，容易造成学生在入学时就对学好"电子"失去信心，产生厌学心理，认为自己不是学习电子专业的"料"，到一年级下学期才开始电子制作实验，则为时已晚，这也是造成中职一年级下学期期初学生流失率情况严重的主要原因之一。学生动手能力的培养应提前到一年级上学期开始进行，教师应在小制作、小实训活动之前，可以对相关知识及电子技术课程中的内容作些简单介绍，使制作活动得以实施。

经过多年教学实践，反复比较、研究，我们采用的"趣味化教法"教学方式，使大部分学生热爱电子技术专业，基本功与基础知识比较扎实，动手制作能力与电路分析能力明显提升。经过适当引导后，学生大多具有触类旁通的能力，部分学生还进入每年一届的校级技能比赛训练团队，参加市级技能比赛并获取好成绩。而大部分学生到了实习期，在企业中由师傅带领学习相关技能都比较轻松，获得用人单位的肯定。可以说，在中职学校电子类专业课堂教学中推广"趣味化教法"，是行之有效的，并且具有持久的生命力。

参考文献

[1] 陈国兴. 项目教学法应用于中职电子技术专业的实践探索 [J]. 中国科教创新导刊, 2010 (24): 30 - 31.

[2] 方孔婴. 电类课程"趣味化教法"的创新与实践 [J]. 机电产品开发与创新, 2017 (5): 160 - 162.

微课在小提琴教学中的实践与运用

徐 健

(广西艺术学院附属中等艺术学校)

摘 要：当今互联网已经成为我们日常生活不可或缺的一部分，特别是互联网技术的运用，让沟通的方式更加便利和迅捷，各种新型的传播手段层出不穷，其中就包括微课，它作为服务于教师专业成长和促进学生学习的一种新型教学模式，在我国还处于新生阶段。因此，如何利用微课的优势和特点，有效地辅助小提琴专业教学，是值得教、学双方共同研讨的。文章就如何将微课运用于传统小提琴教学进行了阐述。

关键词：微课；小提琴教学；传统教学模式

在网络快速发展的新形势下，包括手机在内的各种数字移动终端出现在学习中，让学生的学习方式悄然发生改变。他们可以在任何时候、任何地点选择自己所需要的任何内容来学习，传统的单纯教师讲学生听的教学方式已不再是金科玉律。在此情况下，具有短小精悍、生动有针对性特点的微课就应运而生了。

在课堂教学中，微课可以有效地调动学生的学习积极性，但将其引入小提琴传统的"一对一"教学模式，会产生怎样的效果，值得我们探讨。

一、微课的概述

(一) 微课的含义

微课是指在教学设计思想的基础上，使用图像、图片、动画等多媒体技术就一个具体的知识点，在不超过十分钟的时间里进行细致的有针对性的讲解。在其教学内容中，微课所讲授的内容呈点状和碎片化，每一个点不仅可以是考点归纳、教材解读、题型精讲，还可以是学习方法的传授以及教学经验等技能的沟通和展示。微课是课堂教学的有效补充和辅助手段，它是适应网络时代文化知识传播与沟通的新方式。

（二）微课的起源

2007年，美国科技教育实践家萨尔曼·可汗制作了4 000多个时长控制在10分钟之内的数学和科学方面的视频并将其上传到网上，供大家学习。2008年，美国的戴维·彭罗斯教授，以精简视频的方式，将教学目标和内容结合起来，明确提出了"微课"的概念。

（三）微课的特点

1. 时间短

微课的时长一般控制在10分钟以内，短小精练是其首要特点，可谓是课堂"黄金时间"的再现。

2. 视频容量小

一个10分钟以内的微课容量几十兆，以MP4的视频格式保存，在当前的网络带宽下完全可以流畅地在线播放和下载保存到本地，可以反复或者跳跃观看，提升了学生学习的自主性。由于微课视频不大，它在教师和学生间的传播和携带很方便，并让移动教与学成为可能。

3. 主题突出、讲解具体

一个完整的微课就突出一个教学主题。这个主题一般是学习中的难点、重点，整个微课就是围绕着这个知识点展开突破和讲解。

4. 制作简便

包括Camtasia Studio，微软的Office PowerPoint、Adobe Premiere、Adobe Photoshop等在内的多种编辑软件，可以让教师快速、精美地设计微课教学视频，正因为制作难度低，众多教师都可以参与进来，丰富了教学的资源和教师之间的沟通，提高教学的质量。

5. 及时性强

微课还可以让学习者在学习过程中将疑问或者建议通过网络沟通软

件或者微信等移动 App 提交给制作者，让教师得到及时的反馈，学生也能得到更详尽的及时回答。

二、微课在我国的应用现状

从 2012 年开始，佛山市教育局的胡铁生率先在我国启动了微课建设。他征集了超过 3 000 节优质课，参与教师超过 2 000 人，覆盖"小、初、高"各学科的重点和难点，点播次数超过 100 万次，深受师生的喜爱。内蒙古的李玉平团队以简单、趣味的微课创作作为出发点，极大地促进了微课的有效使用和传播。2013 年，教育部全国高校教师网络培训中心，举办了首届全国高校微课教学大赛。这是网络中心成立 6 年来，首次举行大规模在线开放公益比赛，全国省级赛区共有 31 个，参与比赛的高校超过 1 600 所，参赛选手超过 12 000 多人，受到了高校教师的大力支持和积极响应。如今，中小学乃至大学的教学中，微课都得到了师生和家长们的关注。

三、传统教学模式与微课教学模式的比较

长期以来，小提琴的教学基本都是采用"一对一"的教学模式。教师根据学生的情况，有针对性地安排授课内容[1]。在课堂教学中，讲解和示范是教学的主要手段，学生多以模仿的方式进行学习。课后学生只能凭借自己的印象进行练习。在学习了一段时间之后，由教师单方面来评定学生的学习情况和学习效果。由此可见，传统教学模式对教学成效的评定基本取决于教师的判断。

虽然传统教学模式具有针对性强的优势[2]，但其不足之处也十分明显：其一，在教学过程中，教师占主导地位，学生始终处于被动状态。学习的内容和学习的成果鉴定，都由教师来掌控和决定。其二，教师的讲解具有即时性，课后学生只有凭借记忆来回忆课堂的内容。因此，易出现学生课下不练习的现象，未达到学习要求。

微课所讲授的内容呈点状、碎片化。它内容中心点突出、语言简明

扼要，为了吸引学生，教师还需运用更高的教学技巧。同时，微课还具有多平台转化运行特点，极大地方便了学生课后学习。例如，当学生在学习一首乐曲时，他要对乐曲的时代背景、风格特点、乐曲重点以及技术难点等有所了解，而教师就可以把这一个个的知识点，制作成一个个的微课视频，让学生随时随地观看学习。

传统的教学方式，有固定时间和地点，学生在课后的零散时间不能充分用来学习，而微课却解决了这一难题。随着手机的普及，下载微课视频变得简单容易，学生可以根据自己的情况，挑选并下载一些自己不懂或不太懂的微课视频到移动终端，供他们随时随地进行学习。在播放过程中可以随时暂停，学生能最大限度利用碎片时间。因此，微课是传统教学方式的一种重要补充和拓展。

四、微课在小提琴教学中的实践与运用

（一）微课对小提琴教学的意义

将微课运用到小提琴教学中，对整个小提琴专业的教学有着非常积极的意义，主要体现在以下三点。

第一，微课视频在小提琴教学当中起到了视听一体化的直观效果，它的互动性可以极大地激发学生的学习兴趣和注意力。微课以其简短、趣味、针对性强、通俗易懂等特点，让学生形象地了解作品，有效地模仿作品，最终融入作品中，起到了很好的入门引领作用。

第二，微课的制作以学生为中心，让学生主动发现问题、思考问题，给学生提供自主学习的环境。理解课堂中的疑点，掌握作品中的难点，加深学习中的重点，是学生课外延伸的个性化学习的最好载体，让课堂和课余相辅相成。

第三，微课使教师的教学水平得到提升。首先，微课题材的选择，要求教师对自己的教学内容要清楚，教学的目标要明确。微课的题材广泛，可以是重点难点、可以是课前导入，也可以是课后练习，等等，教师选择其一来制作。制作微课的同时，也让教师对教材内容有了更深入的理解。其次，微课的制作要求教师能熟练掌握多媒体制作的各种技

术。教师要学会制作一个融教学设计、课件制作、视频编辑等为一体的主题资源包。同时，教师在备课时，要充分吃透教材，要能考虑到实际操作时的情况，在授课时把握好教学的节奏，用简练的、学生易于理解的语言把一个知识点讲透。这样才能制作出一节精彩的微课。

（二）微课在小提琴教学中的实践与运用

通过一定实际操作的积累，教师可以考虑从以下三个阶段将微课运用于小提琴的教学过程当中。

1. 准备阶段

由于学生的个体差异，每个学生在学习同一首乐曲时，出现的问题和掌握乐曲的情况都不尽相同。因此，教师要将学生的学习情况以列表的形式分类登记并存在电脑里。例如：姓名、曲目、学习时长、出现问题、回课情况等。教师在掌握了这个学生的学习进度后，就可以合理地安排其下一步的学习内容。另外，教师还应当提前将作品的相关信息进行收集，如作品的背景、曲谱、视频、音频资料等，便于之后教学工作的开展。

2. 实践阶段

教师可先根据学生的情况将作品中的难点制作成微课视频。在开始授课前，教师先放一段与授课内容相关的音画皆美的微课，视频的播放可以让学生躁动的情绪安静下来，逐渐进入学习的状态里。在授课过程中，当教师发现学生的演奏出现偏差时，可以采用以下方式帮助学生改进：第一，采用传统的教学方式——亲自示范，让学生直观感受演奏要领；第二，采用多媒体的方式辅助教学，教师可将事先准备好的图片或微课视频通过电脑或手机打开，让学生自己观察，通过对比找出差异；第三，运用多种多媒体的设备辅助学习，如摄像机、录音机、照相机等。将学生出现的问题捕捉下来，运用微课的放大功能让学生能客观地看到自己的不足，从而使演奏质量得以提高。

其次，微课在提高学生艺术表现力这个层面上，也发挥着非常积极的作用。我们可以根据学生学习的作品，在网络上将演奏家们的视频、音频资料收集下来，把精彩的部分编辑成一段五至十分钟的微课。在学生学习的过程中，教师可以和学生一边观看视频一边研究，从中客观地了解不同演奏家是如何演绎同一部作品的。通过微课视频，学生们不仅开阔了视野，还为将来深入地学习其他作品奠定了基础。

此外，在单个课堂教学即将结束时，教师可将本节课的核心知识点，制作成一个个的微课视频，学生可以利用课余时间反复地观看、揣摩、领会、思考。使课堂教学的重点难点在脑子里变得清晰，课后练习的目的性也就更明确。

3. 评价阶段

传统的小提琴教学，只有教师才能对学生的学习效果进行评定[3]。而微课教学则打破了这一亘古不变的规则，它使评定变得更加客观和具体。首先，学生通过观看微课，了解学习内容，对如何完成学习也有了自己的想法，可以对自己的学习做出预评定。在接下来的学习阶段，学生根据教师的要求，按照自己的想法进行练习。其次，一次次的微课学习记录，也让教师对学生的学习情况更加了解，对学生的学习效果的评定就不会太过于主观。还有利于教师为学生合理地制订下一步的教学计划。最后，微课教学可以把教师评价与学生评价结合在一起，教师教学目的越明确，学生的学习方向性就越强。

总之，不管采用哪种教学模式都是为了培养学生自主学习、终身学习、勤于动手、获取新知识、分析解决问题、交流与合作的能力。在WEB2.0时代，通信发达、网络普及，教育理念也应与时俱进。微课既能帮助教师专业成长又能满足学生最大限度地利用空余时间按需学习。因此，将微课运用于小提琴的教学当中，是利用了现代科学技术，使传统的小提琴"一对一"的教学模式，在当今社会有了一个新型的呈现，可以促进教师的专业化教学。

参考文献

[1] 赵惟俭. 小提琴教学研究 [M]. 北京：人民音乐出版社，1995：15.

[2] 刘建军，刘民衡. 实用小提琴演奏法 [M]. 北京：人民音乐出版社，1999：8.

[3] [苏] 尤·伊·扬凯列维奇. 小提琴演奏与教学 [M]. 刁蓓华，译. 北京：人民音乐出版社，2002：12.

中职"护理学基础"课程实训教学的设计
——以"血压测量法"为例

周小菊
（梧州市卫生学校）

摘 要："护理学基础"是对各专科和各系统疾病的病人及健康人群进行具有共性生活护理和技术护理服务的一门学科，是中等卫生职业教育护理专业一门重要的专业核心课程。如何结合中职生特点，确保课堂教学高效性，教学设计起到至关重要的作用。文章以"血压测量法"实训教学设计为例，从教学内容与分析、教学目标、教学重难点及其解决方法、学情分析及教法应对、教学过程设计、教学评价与反思等方面，探索中职卫生学校"护理学基础"课程实训教学设计。

关键词：中职卫校；护理学基础；实训教学；教学设计

"护理学基础"是对各专科和各系统疾病的病人及健康人群进行具有共性生活护理和技术护理服务的一门学科，是中等卫生职业教育护理专业一门重要的专业核心课程[1]，它包括护理基础理论和操作技能，是连接临床工作的重要桥梁。护理操作技能是本课程重要的教学内容，如何结合中职生特点，确保课堂教学高效性，教学设计起到至关重要的作用。课程改革要求"以人为本""以培养学生的科学素养为根本"，因此，"护理学基础"实训教学必须以课程改革理念为指导，探索合适的教学设计方案，使课堂教学充分体现教师主导、学生主体的思想，不断提高实训教学效果，最终提高学生技能操作水平和应变能力，成为高素质的护理技能型人才。

"血压测量法"是"护理学基础"实训教学中的重要内容之一，我们以"血压测量法"为例，探索中职卫生学校"护理学基础"课程的实训教学设计。

一、教学内容与分析

血压是循环系统中的重要测量指标,也是衡量机体功能客观而重要的指标之一,临床上通过对血压变化的动态分析来了解疾病的发生、发展、转归与危险征象,从而为预防、治疗和护理工作提供依据[2]。因此,作为一名护理人员必须掌握血压的测量法,这也是教学中要求重点学习和掌握的内容。为了使学生能较好掌握教学重点、突破难点,在教学中采用翻转课堂、案例分析、演示、角色扮演等方法进行授课,发挥学生课前自主学习,加强课堂实践环节,激发学生的学习兴趣,调动学生的主观能动性,从而提高教学效率和效果。

二、教学目标

1. 知识与技能目标

通过本次课的学习,使学生掌握血压测量的目的、操作流程、注意事项、正常值,能正确完成血压的测量。

2. 过程与方法目标

通过布置学生课前自主学习,让学生自主练习,通过学生参与案例分析、角色扮演等教学活动学习血压测量法相关知识,并学会运用所学知识解决实际问题,如培养学生护理工作岗位能力、团队合作精神、自主探究能力等,以达到情感、态度、价值观目标的实现。

3. 情感、态度与价值观目标

学生能与病人有效沟通,关心爱护病人,培养学生树立"以病人为中心"的护理理念,构建良好的职业情感和职业道德。

三、教学重难点及其解决方法

1. 教学重难点

(1) 教学重点:血压测量的目的、操作要点、注意事项、正常值。

（2）教学难点：血压测量的操作手法、注意事项，血压测量值的判断。

2. 解决方法

（1）学生课前观看"血压测量法"的视频、微课，分组自主练习，并拍摄练习视频发给教师。教师通过观看学生练习视频，总结出需在课堂上帮助学生解决的重点、难点问题。

（2）案例分析：通过呈现一例高血压患者的病情，采用提问等方式了解学生血压测量法的相关知识掌握情况，有针对性进行讲解。

（3）教师演示操作要点及纠正学生课前练习存在错误手法等。

（4）学生两人一组互相扮演护士和患者进行练习、相互纠错，抽查学生图像回放，教师点评总结。

（5）分组探究影响血压测量准确性的 4 个因素，通过对影响血压测量准确性的 4 个因素的实践和检验，让学生认识到掌握正确血压测量方法的重要性。

四、学情分析及教法应对

1. 学情分析

（1）本次课授课对象是护理专业二年级学生，已学习大部分"护理学基础"课程的内容，具有"护理学基础"基本理论知识和护理操作技能。学过生命体征测量的相关理论知识及体温、脉搏、呼吸的测量方法，并认识到生命体征测量技术在今后临床工作中的重要性。

（2）中职学生理解和接受理论知识能力较差，但形象思维较为活跃，模仿能力也较强，对实践操作比较有兴趣，不喜欢满堂灌的理论讲授，因此采用理实一体化教学。

（3）互联网时代，学生喜欢玩手机，通过网络接受各种资讯信息。因此课前要求学生通过班级 QQ 群观看血压测量法的视频、微课并自行练习，同时用手机拍摄自主练习视频发给教师。

2. 教法应对

为了使学生能较好掌握教学重点、突破难点，在教学中采用翻转课堂、案例分析、演示、角色扮演等方法进行授课，发挥学生课前自主学习的积极性，加强课堂实践环节，激发学生的学习兴趣，调动学生的主观能动性，从而提高教学效率和效果。

五、教学过程设计

（一）课前准备（课前 2~3 天）

1. 教学内容

布置学生观看血压测量法视频、微课，要求学生自主练习血压测量，并用手机拍摄视频发给教师。

2. 教师活动

布置学生复习"生命体征评估及护理"的理论知识及预习血压测量法的实训内容；布置学生制作血压测量的操作流程图；上传"血压测量法"的视频、微课到班级 QQ 群。

3. 学生活动

观看操作视频、微课；以学习小组为单位（每小组 10 人），在操作室两两互相配合、自主练习并拍摄视频发给教师。

4. 设计意图

让学生温故知新，使新课顺利进行；利用任务驱动法让学生制作操作流程图，利于学生自主探究；课前播放操作录像，让学生从感性上认识规范的操作程序；学生课前自主练习并拍摄视频发给教师，找出需课堂上重点解决的问题；分组学习，培养团结协作精神。

（二）知识回顾（10 分钟）

1. 教学内容：展示案例，引出新课

患者，女，54 岁，干部。一年前发现劳累或生气后常有头晕、头痛、头晕，非旋转性，没有恶心和呕吐。休息后则完全恢复正常，不影响日常工作和生活，因此未到医院看过。近期头晕、头痛症状加重，到医院就诊。查体：体温 36 ℃，脉搏 90 次/分，呼吸 20 次/分，血压 164/100 mmHg。问题：

（1）什么是血压？血压的正常值是多少？如何判断高血压？

（2）该患者入院时血压是否正常？如异常，属哪种情况？

（3）如何正确测量血压？

2. 教师活动

通过案例，提问学生血压正常值，高血压的判断及分级等知识，并结合高血压病的临床情况，引出本课题——血压测量法，强调血压监测的重要性。

3. 学生活动

看教学案例展示，思考并回答相关问题。

4. 设计意图

首先由情景案例引入新课，使教学贴近临床激发学生学习热情；其次对学生进行提问，了解学生对上次课理论知识的掌握情况，加强学生对知识的记忆，同时使学生有疑惑、有思考、有收获。

（三）新课教学（88分钟）

1. 教学环节一：教师讲解、演示（15分钟）

（1）教学内容：学习血压测量法相关知识和操作要点。

（2）教师活动：提问学生血压计种类、构造及血压测量的目的、注意事项，了解学生课前自主学习情况；结合学生课前自主练习拍摄视频中出现的问题，讲解血压测量的要点；请一名学生扮演病人，配合教师测量血压，同时分步讲解并演示血压测量的部位、手法、注意事项。

（3）学生活动：学生回答问题、观察、反思、提出疑惑。

（4）设计意图：课件展示，现场教学，重点讲解测量血压的步骤、动作，并采取讲授与演示同步教学，使技能难点得以化解，实现理论实践一体化教学。

2. 教学环节二：学生分组练习血压测量法，错误手法抓拍回放（28分钟）

（1）教学内容：同学两人为一组，分别扮演护士和病人按照操作流程进行血压的测量，每组同学互换角色完成血压测量法的练习，同时体验角色情感。用相机抓拍学生的错误操作，并回放图像纠错。

（2）教师活动：巡回指导学生练习操作，并用相机抓拍学生的错误操作，回放图像，让学生自己找出错误的地方，及时纠正，引以为戒。

（3）学生活动：每两名学生为一小组，分别扮演护士和病人，并通过角色交换，进行实际操作练习，出现疑难点无法解决时，请教教师。认真观察回放的图像，找出错误之处并纠正。

（4）设计意图：通过角色扮演分组练习，增强学生实践操作技能，真实地体验护士的治疗角色，培养学生的责任心及护患沟通能力；抓拍学生练习中的错误图像，用于对学生操作练习的分析、纠错、评价。

3. 教学环节三：学生回示，检测学习效果（10分钟）

（1）教学内容：随机选择两名学生分别扮演护士和病人进行血压测量法的操作回示，其余学生在旁观看；教师引导学生分析、点评、互动纠错。

（2）教师活动：对学生血压测量法操作的抽查情况做总结、释疑。

（3）学生活动：操作回示，在教师的引导下进行分析、点评、互动纠错。

（4）设计意图：先鼓励学生自主参与课堂回示、多发言、多提问，以此增加师生互动，发散学生思维，激发学生的求知欲，锻炼其综合素质。

4. 教学环节四：分组探究，检验影响因素（20分钟）

（1）教学内容：选用李玲、蒙雅萍主编，人民卫生出版社出版的《护理学基础》第3版教材，对教材184页【注意事项】中第3点——影响血压测量的4个因素，进行实践和检验。

（2）教师活动：分发任务，讲解探究方法。

（3）学生活动：先按正确方法测量血压，再按要求完成各种影响因素的血压测量，并做好记录，每小组汇报测量结果。

（4）设计意图：通过对影响血压测量4个因素的实践和检验，让学生认识到掌握正确血压测量方法的重要性，并在今后工作中严格按照血压测量的操作规程执行。

（四）课堂小结（5分钟）

1. 教学内容

总结血压测量方法的学习重点、难点内容；结合护士执业资格考试要求，进行目标检测。

2. 教师活动

引导学生回顾血压测量方法的内容，总结教学的重点、难点；展示目标检测题，组织答题，评价教学效果。

3. 学生活动

回顾、消化血压测量方法的学习要点，完成目标检测题。

4. 设计意图

通过对知识的回顾及目标检测题练习，有利于学生对知识的巩固。

（五）布置作业（2分钟）

1. 教学内容

布置课后作业：一是课后以学习小组为单位，每名学生自行组合练习血压测量法两次以上，下次实训课按学习小组抽考，平均成绩计为本组学生的平时成绩。二是课后实践探究，为何测血压要做到四定：定时间、定部位、定体位、定血压计，要求下次课汇报探究结果。三是每个学习小组通过网络、QQ群等对"如何解决血压计和听诊器交叉感染的问题"进行讨论，并在下次课提交讨论结果。

2. 教师活动

教师布置作业，提出要求。

3. 学生活动

学生做好记录，按要求完成作业。

4. 设计意图

通过课后作业，加强学生对知识的巩固和延伸；通过下节课抽考，督促学生完成课后练习。

六、教学评价与反思

本次课，课前布置学生观看操作视频、微课，要求学生以学习小组为单位自主学习,利于学生自主探究,培养学生自主学习能力和团队合作精神。通过情景案例提问、回顾相关知识,引入新课,使教学贴近临床,激发学生学习热情。通过教师讲解新课内容、演示操作要点及自主学习中存在的问题,学生互换角色分组练习,随机抽查两名学生回示,分组探究检验影响血压测量准确性的4个因素共四个环节完成教学。本次课教学目标制定恰当,教学重难点突出,在教学过程中充分利用现有教学资源,采用翻转课堂教学法、案例教学法、演示法、角色扮演法等多种教学方法,在重教法的同时注意对学生进行学法的指导,运用自主学习法、小组合作、问题探究法、角色扮演等方法,以调动学生学习的积极性,激发学生的学习兴趣。同时注重培养学生的实践能力,整个过程要求学生积极参与,体现学生的主体作用。课后布置作业,要求学生自行查阅资料完成,增强自主学习及拓宽知识面。从学生上课的气氛、掌握知识和技能程度,对学生的知识、技能、职业素养目标进行评价,本次课收到了良好的教学效果。存在的不足是,本次课教学时间较紧迫,而角色扮演法中时间的不可控性增加,但教师在课堂上把握好每一个环节,能保证在规定的时间内顺利完成教学。

参考文献

[1] 李玲,蒙雅萍. 护理学基础 [M]. 北京:人民卫生出版社,2015:361.

[2] 李玲,蒙雅萍. 护理学基础 [M]. 北京:人民卫生出版社,2015:163.

广西中职生诚信状况调查及对策研究[①]

方 莉

（南宁市卫生学校）

摘 要：时下人际交往中，人们越来越关注自己和他人的诚信度，诚信度成为社会生活中个人信誉的优质名片。文章从生活诚信、学业诚信、交往诚信、网络诚信、经济诚信等5个方面对广西6所中职学校800多名学生开展诚信状况的问卷调查数据进行系统分析，提出了改进诚信状况的对策。

关键词：中职生；诚信状况；调查；对策

一、问题提出

孟子云："诚者，天之道也；思诚者，人之道也。"虽然历经数千年，但当今社会诚信缺失现象仍然时有发生，情节恶劣者严重污染社会风气。为此，《社会信用体系建设规划纲要（2014—2020年）》指出：全面推进包括政务诚信、商务诚信、社会诚信等在内的社会信用体系建设。要完善奖惩制度，让守信者处处受益、失信者寸步难行，使失信受惩的教训成为一生的"警钟"。[1]中职生是一个特殊群体，他们刚从中学进入职业学校，短暂学习之后又即将迈入社会。他们正处于成人、择业的关键时期，这个阶段形成的人生观和职业观对他们今后的生活和事业至关重要，因此有必要了解中职生的诚信观念和诚信状况，帮助其养成诚实守信的行为习惯。基于此目的，我们对广西6所中职学校学生诚信状况进行抽样调查，分析调查数据并提出对策。

---

① 基金项目：2014年度广西中等职业教育教学改革一级立项项目"在中职生诚信教育中建立守信激励和失信惩戒教育机制的实践探索"（GXZZJG2014A038）。

二、研究设计与实施

课题组主要采用问卷调查法,辅以访谈法,对南宁市卫生学校、广西银行学校、北海中等职业学校、南宁市第三职业技术学校、广西南宁技师学院、广西工商学校等6所中职学校的护理、口腔修复工艺技术、汽修等10个专业的835名在校中职生进行调查。调查内容包括经济诚信、学习诚信、生活诚信、网络诚信、交往诚信等5个方面。共发出835份问卷,回收有效问卷813份,回收率为97.4%。经收集、分析数据后得到以下结论。

三、研究结论

总体结论:意识层面上,广西中职生的诚信状况良好。但在具体行为方面,还有待教育引导,帮助其养成良好的行为习惯。如对"你是否能做到诚信?"这一问题,63%的学生认为自己"基本能"做到诚实守信,这反映了中职生在意识形态方面诚信状况良好。

(一)生活诚信方面

大部分中职生热情善良,乐于助人。如表1所示,仅有12.8%的中职生对社会媒体的宣传完全信任,大部分中职生会视情况将自己手机借给向他求助的人。这说明,他们虽然对社会诚信认可度不高,但还是愿意尽力帮助需要帮助的人。

表1 中职生生活诚信的调查

选项	问题2:你是否会相信媒体广告 人数/人	百分比/%	问题3:你是否会将手机借给陌生人打电话 人数/人	百分比/%
A. 会	104	12.8	93	11.4
B. 不会	169	20.8	144	17.7
C. 不一定会,视情况而定	540	66.4	576	70.8

通过问卷结果可见：中职生的诚信度在特定环境下比较高。对于"在食堂，用餐人很多，你通常_____"问题，中职生选择"总能排队"的占 91.0%、"有值班老师就排队"的占 4.6%、"插队"的占 4.4%，说明在熟人环境中，学生能够按照中职生日常行为规范要求来约束自己。

对于"当你过马路遇红灯（此时无车辆开过来），有很多人闯红灯，你会怎么做？"问题，中职生选择"闯过去"的占 11.8%、"赶时间的情况下，闯过去"的占 17.7%、"等绿灯亮了，再过马路的"的占 70.5%，说明大部分学生遵守交通规则。

针对上述两个问题，我们通过访谈了解到：中职学校从学生入学起，就对学生进行安全教育和行为规范要求，并在日常生活中不断进行强化教育和监督检查。

（二）学业诚信方面

我们在调查中发现，中职生在学业方面的失信现象比较严重。对于"你是否会向老师如实反馈课堂上未能掌握的某些知识点？"问题，仅有 27.7% 的学生选择"会"，对于"你是否有抄袭作业的经历？"这一问题，仅有 9.2% 的学生选择"绝无"。从问卷统计数据及教师的访谈中得知：大部分中职生没有养成良好的学习习惯，他们学习目的不明确，做一天和尚撞一天钟的学习态度在一定程度上决定了他们的学业诚信状况。

中职生在考试中的"互助"现象主要体现在协助作弊和撒谎两方面。如表 2 所示：对于"是否会在考试中给好友抄答案？"和"同学要逃课，你会帮他向老师'合理说明'吗？"两个问题，半数以上的学生选择"会"或是"视情况而定"。中职生综合素质偏低、分析能力偏弱，尚未能完全明辨是非利害，导致其在不应当的场合对同学伸出"援助"之手。

表2 中职生学业诚信的调查

选 项	问题9：你是否会在考试中给好友抄答案 人数/人	百分比/%	问题10：同学要逃课，你会帮他向老师"合理说明"吗 人数/人	百分比/%
A. 会	174	21.4	494	60.8
B. 不会	306	37.6	250	30.8
C. 视情况而定	333	41.0	69	8.5

（三）交往诚信方面

对于"缺乏诚信的人会使自己在他人心中的形象大打折扣"的说法，选择"同意"的达88.0%；对"你身边值得信赖的朋友有_____人？"，近13.5%的学生选择"0"（即没有值得信赖的朋友）。从中我们发现一个窘境：一方面中职生认为他们只信赖和认可诚信的人，但另一方面部分中职生身边缺少的就是诚信之人。这反映出部分中职学生的生活环境（家庭、朋友圈）对其人生观和健康人格的形成产生了不利的影响。

从表3可以了解到：62.1%的中职生曾在生活中受到欺骗，但他们仍能坚守诚实守信的做人原则，这点让我们很欣慰。30.1%的学生"开始怀疑自己是否应该保持诚信"，这说明他们的思想还处于不稳定状态，会受家庭、朋友、学校等外在环境的影响而改变。

表3 中职生交往诚信的调查

问题18：假如你在生活中坚持诚信的原则，却受到别人的欺骗。这时你的态度是_____		
选 项	人数/人	百分比/%
A. 诚信是我做人的原则，不论在什么情况下都坚持基本原则	505	62.1
B. 虽然仍坚持诚信，但是开始怀疑自己是否应该保持诚信	245	30.1
C. 老实人吃亏，放弃自己的诚信原则	63	7.7

（四）网络诚信方面

网络是当今社会学习、生活、交往的重要平台和获取信息的主要渠道。它给我们带来便利的同时，也给很多涉世不深的中职生带来困惑。调查显示，92.3%的同学意识到网络信息不完全可信，但实际生活中还有37.5%的学生"曾经在网上有受骗经历"。这部分学生如果不经过正确引导，有可能会采取"以其人之道还治其人之身"的手段报复社会，造成更坏的影响。

（五）经济诚信方面

对于捡到钱包这类关于经济的问题，80.3%的学生表示会"拾金不昧"；高达34.3%的学生选择"换掉手机卡"来解决手机欠费的问题；48.7%的学生会通过"夸大家庭经济困难或隐瞒经济实情"申请助学贷款或特困生补助。这部分学生过分注重经济利益，不惜牺牲诚信来换取钱财。另外，通过访谈还了解到，部分学生追求物质享受，为得到更多财物，往往编造谎言欺骗父母或同学。

四、中职生诚信教育对策

为帮助中职生树立良好的诚信观念、培养良好的诚信行为习惯，我们成立了"在中职生诚信教育中建立守信激励和失信惩戒教育机制的实践探索"课题研究小组。课题组根据调查结果，从中职生的学习、生活、人际交往等多方面加强组织管理、教育教学活动和校园文化建设，构建全方位的诚信教育机制，充分发挥学校在诚信教育中的核心地位，促进中职生诚信行为的养成和诚信品质的提升。

（一）重视中职生诚信教育

为确保诚信教育的执行力，学校建立、健全诚信教育的领导组织机构，成立由学校领导、教学管理部门（德育教研室和各专业教研室）和学生管理部门（学生科、校团委）相互合作的"诚信教育工作小组"。充分发挥各部门效能，形成由从校长到学生的纵向联系和班与班、学生与学生之间的横向联系构成的多级管理网络，从组织管理上保证学校诚信教育工作的顺利实施。

（二）建立健全中职生诚信机制

以诚信评价标准为突破口，以诚信档案建设为重点，建立一套中职生守信激励和失信惩戒机制，形成自律与他律相结合的约束机制，杜绝"破窗效应"。

1. 建立健全中职生守信激励和失信惩戒的评价标准

评价标准的制定要充分体现社会主义核心价值观的内涵，其内容涵盖学生在学习（如考勤情况、学习态度、考试态度等）、生活（如中职生日常行为规范、社会法律法规等）、人际交往（如网络生活诚信记录等）以及其他方面的具体表现。学校采取奖罚分明的措施，一方面，在校园内为守信学生开辟"绿色通道"，建立守信激励机制，褒奖诚信者，让诚信度高的学生享受无人监考、免证借书、饭卡透支等待遇；将学生的诚信度与评优评先和就业工作推荐相挂钩，让守信学生充分感受到讲诚信带来的回报，在校园时时受益、事事收益。另一方面，对于说谎、考试作弊、恶意欠费等行为建立失信惩罚机制。失信归根结底是缺乏或丧失自我责任感和社会责任感的表现。根据失信的轻重度对学生处以不同惩戒，如口头或书面批评、公示或组织他们到社区、福利院、养老机构做义工等。惩戒不是目的，是手段，希望他们通过参加公益活动感受到社会大家庭的互信、互助和互利，找回缺失的责任感，回归诚信的队伍中。

2. 建立信息化的中职生诚信档案

依据上述守信激励和失信惩戒的评价标准，建立信息化的中职生诚信档案，构建网络诚信管理系统。在学生管理系统中加入学生诚信情况的条目，给每位学生建立诚信记录档案，设置学习、经济、网络、交往等明细项目；科学合理地划分学生诚信状况等级，并对具有中度、重度失信行为的学生记录自动呈现预警状态，提醒管理部门对此类学生加强教育和惩戒；及时更新档案，对整个学校和学生个人的诚信状况进行动态分析;将诚信档案放入个人档案,并将诚信档案的最终等级作为一项重要内容录入就业推荐书。

(三) 以学校为主渠道实施诚信教育

职业学校的主要职责不仅仅是培养"有技能"的学生,更重要的是教育学生做一个"有品德"的从业者。将诚信教育融入学校日常教学活动,在潜移默化中规范学生的道德行为。

具体做法是,一方面,编写包含中职生学习生活、经济生活、人际交往等诚信教育内容的教材,将诚信教育课程化;另一方面,结合学科要求和特点,在传授专业知识和技能时,渗透诚信教育,实现诚信教育学科化。诚实守信是任何一名职业人理应恪守的职业道德,针对各职业的具体要求,广泛在中职生中开展职业道德宣传和教育,让这些即将走向职场的学生尽早熟悉相关职业道德规范并依据这些规范指导自己的行为,从而实现诚信教育职业化。

(四) 开展知与行统一的诚信教育活动

要实现诚信"知"与"行"的统一,单靠课堂教育是远远不够的,它需要在实践过程中不断地修正自己的行为和认知,提升诚信品质。校内,以校园活动为载体,学校团委和社团通过诚信教育主题班会、道德讲堂、考试前的诚信宣誓等活动,将形式多样的诚信教育贯穿到学生学习、生活中的每一个细节,把守信激励和失信惩戒机制切实落实到每个学生的方方面面。校外,加强宣传导向,把诚信教育活动与实习、社会实践结合起来,使即将踏入社会的中职生成为诚信使者的自觉接受者、宣传者,为他们日后作为诚信社会人奠定基础。

(五) 营造诚信校园文化环境

校园文化建设是一个广泛的、多层次的系统工程。我们从以下三方面营造"人人知诚信、人人讲诚信"的诚信校园文化环境,把诚信文化因子注入校园文化。一是以主题教育活动为载体,把诚信教育结合到文化活动之中,如:举办以"诚信"为主题的征文、辩论赛、知识竞赛、海报等评比活动;二是在校园长廊、操场、教室、宿舍等场所营造诚信教育氛围，让学生感到诚信教育就在身边，如建立无管理员图书室、无售货员小店、便民药箱等；三是加强师德师风建设，发挥优秀教师、优秀学生干部在诚信教育中的示范作用，邀请诚信模范宣讲诚信事迹。

在诚信调查中，我们很欣慰地看到"诚信"依然是当今中职生的主流态度，这表明大多数中职生在日常生活和学习中有诚信观念，会用诚信约束自己的行为。"千教万教教人求真，千学万学学做真人。"课题组针对调查中暴露出的问题提出措施和建议，积极引导人生观和世界观形成关键期的中职生学做"真人"，成为"真人"。

参考文献

[1] 国务院. 社会信用体系建设规划纲要（2014—2020年）[EB/OL]. http://www.gov.cn/zhengce/content/2014-06/27/content_8913.htm.